영적 전쟁의 성서적 원리

리로이 아임스

출판사
TO KNOW CHRIST AND TO MAKE HIM KNOWN

네비게이토 선교회는
국제적이며 복음적인 기독교 기관이다.
예수 그리스도께서는 자기를 따르는 자들에게
"너희는 가서 모든 족속으로 제자를 삼으라"
(마태복음 28:19)는 지상사명을 주셨다.
네비게이토 선교회는 세계 모든 국가에서
예수 그리스도의 일꾼들을 배가시켜
이 지상사명의 성취를 돕는 것을
근본 목표로 하고 있다.

네비게이토 출판사는
네비게이토 선교회의 문서 선교를 담당하고 있다.
본 출판사에서는 그리스도인의 영적 성장을 돕는
서적과 자료들을 출판하여,
그리스도인의 삶의 기초가 견고한
헌신된 제자로 성장하게 하고,
나아가 성숙한 인격과 지도력을 갖춘
일꾼이 되도록 돕고 있다.

No Magic Formula

LeRoy Eims

Translated by permission
Title originally published in English as
No Magic Formula
by NavPress, a ministry of The Navigators
© 1977 by The Navigators.
Korean Copyright © 1986 by Korea NavPress

예수 그리스도의 승리를 힘입어
마침내 승리를 쟁취한
폴 리틀 형제를 추모하면서
이 책을 냅니다.

차 례

추천의 말   11
머리말   15
1. 당신은 영적 승리자가 될 수 있다   19

제1부 – 기초 훈련(이스라엘 백성의 광야에서의 준비)
2. 여기에 당신의 방패가 있다   47
3. 책임   69
4. 스스로 높아지지 말라   95
5. 가장 중요한 요소   117
6. 싸움터의 용사   141
7. 최선에 대한 적   163

제2부 – 공격 개시일, 가나안(약속의 땅에서 이스라엘의 전투)
8. 준비…   187
9. 돌격!   207

10. 계속 진격!　229
11. 수많은 기적들　243
12. 곤경에서 눈을 돌려라　263
13. 만능 전술은 없다　283

저자 소개

리로이 아임스는 네비게이토 선교회의 여러 중요한 직책을 맡아 주님을 섬겼습니다.

오랜 세월 동안 그는 사람들을 그리스도께로 인도하며, 주님의 제자와 일꾼으로 세워 주는 일에 큰 관심을 기울였고, 그 일에 전 생애를 바쳐 왔습니다.

그는 또한 전도, 제자 훈련, 리더십 등에 관하여 많은 책을 쓴 저술가이자, 미국과 세계 많은 나라를 여행하면서 수양회 등에서 말씀을 전하는 뛰어난 연사이기도 합니다. 그는 본서 외에도 다음과 같은 귀한 책들을 저술하여 제자삼는 사역을 크게 확장시켰습니다.

- 제자삼는 사역의 기술
- 그리스도인 성장의 열쇠

- 당신도 영적 지도자가 될 수 있다
- 동기를 부여하는 지도자
- 사도행전 속의 제자 훈련
- 위로부터 난 지혜
- 이렇게 전도하라
- 하나님께서 들으시는 기도
- 추수하는 일꾼
- 믿음의 선한 싸움
- 제자가 되는 길
- 제자의 삶을 위한 매일의 말씀

추천의 말

이 책을 읽으면서 나는 이 책이 오늘날 발행되고 있는 그 어느 책 못지않게 시기적절하다는 생각이 들었습니다. 마침 기아, 빈곤, 교회 제도, 교회 성장 등에 관한 여러 권의 책을 읽어 왔던 터라 그 점이 더욱 분명했습니다. 이 책은 구약성경을 바탕으로 우리 신앙에 필요한 구약의 교훈을 드러내 보여 주고 있다는 점에서 시기적절하며, 따라서 바로 "현재"를 위한 책입니다.

목사로 봉직하면서 지난 수년간, 나는 보수적 복음주의 신앙인들 가운데 무언가 심히 결여된 것이 있다는 것을 느껴 왔습니다. 믿음, 신앙, 제자 등 성경에 나오는 좋은 말들의 의미가 퇴색되어 가고 있으며, 거룩하신 절대자를 의식하고 경외하는 마음이 일상생활과 예배 속에서 사라져 가고 있는 것 같습니다. 물론 그런 말들이 쓰이긴 하지만 공허한 데 그쳐

버리고 맙니다. 그리스도인의 신앙과 삶은 어쩐지 천박하고, 피상적이며, 밋밋하고, 얄팍하고, 학적이며, 지식적인 공론에 흐르고 있습니다.

모든 일에 방법만을 점점 더 강조하는 나머지 그 방법은 기계적인 것과 요령으로 전락해 버리다 못해 이제는 눈속임에까지 가깝게 되어 버렸습니다. 편리와 기술과 물질 위주의 이 시대 문화 풍토는 우리도 모르는 사이에 그리스도인들의 신앙과 생활을 침식하여, 급기야 우리는 성경적인 가치관에 따라 살기보다는 이 세상의 조류에 영합하여 이 세상의 가치관과 행동을 본받고 있는 실정입니다. 하나님을 믿고는 있으나 하나님 없이 살아가며 성경을 가지고는 있으나 성경 없이 살아감으로써 영적 에너지가 고갈되어 삶은 점차 힘을 잃어가고 있습니다.

이러한 점들을 관찰하면서 우리는 우리 신앙에서 구약의 교훈을 최소한 어느 정도는 상실해 버렸다는 것을 점차 깨닫게 되었습니다. 우리는 신약성경을 구약으로부터 분리시켜 버렸고, 결국 우리의 유산, 즉 우리 신앙의 선조인 하나님의 옛 백성들이 우리에게 남겨 준 만고의 지혜를 버리고 있었던 것입니다. 그래서 나는 전에 없이 진지하게 구약성경을 연구하게 되었고, 그 결과 나의 사고와, 생활과, 가르치는 일에 가히 혁명적인 결실을 얻게 되었습니다.

이제 실제적인 믿음의 생활 태도를 가지고 믿음을 실천했던 저자에 의하여 이 놀랍고 실제적인 책이 나오게 된 것은 참으로 반가운 일이라 아니 할 수 없습니다. 리로이 아임스는 전력을 다하여 말씀을 공부하는 사람입니다. 그의 책을 보면 성경 말씀을 주의 깊게 공부한 흔적이 역력합니다. 그의 책에는 판에 박은 듯한 진부한 내용이 없이, 참신하고 상상력이 넘치며 독창적이고 세심하게 말씀을 관찰한 결과 얻어진 내용들로 가득 차 있습니다.

우리는 지금 전쟁 중이며, 선대의 어떤 그리스도인들보다도 더 큰 위험 가운데 처해 있습니다. 뿐만 아니라 우리 시대의 적이 세우는 전략은 더욱 교활하고 음흉한 것입니다. 우리 믿음의 조상들이 믿음 가운데서 경험하고 쌓아 올린 업적들은 바로 이런 상황에 처해 있는 우리의 삶에 교훈을 주기 위해 기록되었습니다. 세속주의, 물질주의, 불신 풍조의 위세에 눌려 교회 및 교회가 표방하는 모든 것이 침식되어 가고 있는 이 시대에 리로이 아임스는 하나님의 백성들에게 개인적으로 또 전체적으로 승리의 삶을 살 수 있는 지침과 모범을 제시했습니다.

이 책은 우리를 믿음과 삶이 일치된 온전한 신앙생활로 이끌어 줍니다. 우리가 이 책의 교훈과 지침을 진지하게 받아들인다면, 생활로부터 분리된 신앙이 아니라 생활과 일치된 신앙을 갖게 될 것입니다. 저자는 단지 성경을 더 잘 알기 위해서가 아니라, 실생활과 연관해 성경 말씀을 어떻게 적용하며 순종해야 하는지를 알기 위해 네비게이토 선교회의 형제 자매들과 함께 진지하게 성경을 연구한 사람입니다. 그에게 있어서 교리는 의무를 부과하는 것이요, 믿음은 실천을 요하는 것입니다.

이 책은 이와 같은 순례의 길을 걸어가는 믿음의 사람들에게 큰 도움을 줄 것입니다.

워싱턴 D. C.
제4 장로교회 담임목사
리처드 C. 핼버슨

머리말

나는 전쟁을 혐오합니다. 전쟁에 관련된 모든 것들을 증오합니다. 포탄에 갈기갈기 찢겨진 전우의 시신, 쑤시는 근육, 바짝바짝 마르는 혀, 물집투성이의 발, 잠 한숨 못 자고 초긴장 상태로 지새워야 하는 밤과 낮, 빗발치는 기관총탄, 작열하는 박격포탄, 지뢰, 난무하는 포탄의 파편 속을 뚫고 상륙작전을 감행해야 하는 공포. 제2차 세계대전 중 해병대에 복무한 나에게 이런 것들은 영화에나 나오는 이야기가 아니라 실제 상황이었습니다. 나는 원하지도 않았고 좋아하지도 않았지만, 그런 것들에 맞닥뜨리지 않을 수 없었습니다.

그리스도인이 된 지금도 내 마음에는 삶 가운데서 부딪히는 영적 전투에 대하여 그때와 똑같은 반응이 나타납니다. 폭풍우를 만나지 않고 순풍에 돛 단 듯 나아가길 원합니다. 골치 아픈 일이 일어나지 않기를 바랍니다. 하지만 현실은 우리의 바라는 대로만 되지 않습니다.

성경을 읽어 보면 하나님의 백성인 우리는 지금 분명 전쟁을 치르고 있습니다. 우리는 전장에 나와 있습니다. 신약성경만 보더라도 군대 용어가 여기저기 나와 있습니다. 이를테면 에베소서에는 전신갑주를 입으라고 경계하고 있고, 디모데에게 보낸 서신서에는 믿음의 선한 싸움을 싸우고 그리스도 예수의 좋은 군사로 고난을 받으라고 권고하고 있습니다. 야고보와 바울 사도는 늘 깨어 기도에 힘쓰라(투쟁하라)고 말합니다.

믿음은 마귀의 화전을 소멸하는 방패며, 하나님의 말씀은 검으로 불려지고 있습니다. 가상의 적을 두고 한 이야기가 아닙니다. 그는 실제 적과 맞붙어 진짜 전쟁을 하였던 것입니다.

구약성경은 이 모든 것에 대해 실감나게 보여 주고 있습니다. 하나님의 백성들이 각종 전쟁과 전투를 위해 준비한 것을 기록한 기사들은 모두 우리들을 위한 교훈이요, 변함이 없으신 우리 하나님께서 오늘날 어떻게 역사하시는가를 생생하게 보여 주는 실례들입니다. 구약성경을 통하여 우리는 영적 조상들의 삶을 재현해 볼 수 있으며, 오늘날 우리의 영적 삶에 필수적인 교훈들을 배울 수 있습니다.

영적 승리는 하나님의 자녀들이 받은 유산입니다. 예수님은 오셔서 마귀의 일을 파하셨습니다. 그러므로 그를 따르는 우리는 이미 개선하는 대열에 서 있습니다.

이 책이 우리 영혼의 적과 맞서는 데 필요한 교훈과 격려와 영감을 얻는 데 쓰임받게 되기를 기도하면서, 영적 전쟁에 참여하고 있는 나의 모든 전우들에게 드립니다.

1
당신은 영적 승리자가 될 수 있다

관련 구절: 출애굽기 12:29-15:27, 신명기 8:2-3, 로마서 15:4, 고린도전서 10:11, 고린도후서 10:4, 에베소서 6:10-20, 골로새서 2:15, 디모데후서 2:3

영적 승리는, 예수 그리스도와 긴밀한 교제 가운데 거하며 하나님의 방법으로 승리를 얻고자 하는 모든 그리스도인들에게 이미 약속되어 있는 것입니다. 그것은 영적 슈퍼스타들에게만 해당되는 것이 아닙니다. 모든 그리스도인은 계속되는 영적 전투에서 승리자가 될 수 있습니다.

전투는 여기저기서 끊임없이 전개되기도 하고 끝나기도 하며, 그 양상은 각양각색입니다. 어떤 싸움은 쉽게 이기기도 하지만, 어떤 싸움은 까다롭고 힘겹고 고달프기도 합니다. 나는 제2차 세계대전 중 해병대에 복무하면서 이 점을 아주 생생하게 실감했습니다. 때로는 전투가 믿을 수 없을 정도로 치열하여 사상자가 속출합니다. 그러다가 사태가 약간 누그러지면 잠시 숨 돌릴 여유가 생겨서 한순간 눈을 붙이거나,

그렇게까지는 못해도 간단히 뭐라도 먹을 수는 있습니다.

영적 전쟁도 이와 마찬가지입니다. 우리의 적은 결코 쉬는 법이 없습니다. 그러나 가끔 전투가 소강상태에 접어들 때는 있습니다. 그 틈을 이용하여 우리는 숨을 돌리고, 긴장을 풀며, 시야를 새롭게 하고, 하나님의 말씀을 섭취합니다.

신참내기 해병대원 시절, 나는 고참들이 늘어놓는 장황한 이야기에 빨려 들어 넋을 잃고 듣곤 했습니다. 그들은 니카라과에 있을 때의 이야기며 우리 해병의 영웅 체스티나 레드 마이크와 함께 근무할 때의 이야기 등을 늘어놓곤 했습니다. 고참 해병대원들은 옛날 해병대는 이러이러했다고 이야기하면서 우리 신병들을 동정과 경멸이 뒤섞인 눈으로 내려다보곤 했습니다.

대학 시절 나는 갓 구원받은 그리스도인으로서도 그와 같은 일들을 경험했습니다. 학교 예배당에서는 아프리카나 중국에서 주님을 섬겨 온 십자가의 노장 전사들이 강연을 하곤 했습니다. 그들은 오랜 세월 동안 변함없이 그들을 인도해 오신 하나님의 신실하심에 대해 이야기하기도 했고, 말할 수 없을 정도의 역경 속에서도 주님을 섬긴 일화들을 이야기하면서, "지금까지 50년 동안 주님을 섬겨 왔지만, 주님은 단 한 번도 나를 저버리지 않으셨습니다"라는 식의 말을 덧붙이는 게 보통이었습니다. 그 말을 들으면서 나는 마음을 온통 빼앗긴 채로 앉아 있곤 했습니다. 그러면서 '나도 나아가서 영원한 결실을 안겨 줄 전투에 뛰어들어야지' 하고 결심하면 내 마음은 떨리고 심장은 흥분에 싸여 힘차게 뛰곤 했습니다.

영적 전투가 벌어지고 있는 전장은 수없이 많습니다. 일반적으로 어떤 사람이 어떤 싸움터에서 전투를 하고 있는가는 그가 안고 있는 문제점을 보면 알 수 있습니다.

우리 해병 중대가 펠렐류에서 상륙작전을 전개할 당시 우리가 안고 있던 문제점은 전형적인 "전방"의 어려움이었습니다. 탄약은 딸리고, 교신 상태는 불량했으며, 옆 전우는 왼쪽 팔이 날아가 버렸습니다. 아군 탱크와 지프가 적의 지뢰 때문에 망가지기 일쑤였고, 식수도 귀했습니다. 우리는 잠 한숨 못 자고 진군해야만 했습니다.

그 작전에 투입되기 전 우리 부대는 그 작전 지역에서 수백 마일 떨어진 작은 섬에 주둔했었습니다. 그러면 그곳에서는 모든 게 순조로웠는가 하면 결코 그렇지도 않았습니다. 그곳에서도 갖가지 문제에 끊임없이 시달렸었습니다. 다만 펠렐류 상륙작전 때와는 그 종류가 달랐을 뿐입니다. 텐트에 물이 새어 들어왔고, 어떤 전우가 밤새 코를 고는 바람에 다른 전우들은 모두 잠 한숨 못 잤습니다. 야외에서 영화를 볼라치면 도중에 비가 쏟아졌습니다. 군화 속에 게가 기어 들어와 있기 예사였고, 쇠파리, 모기, 불개미 떼에게 끊임없이 시달림받아야 했습니다. 유일한 위안이 되는 편지 한 통 제대로 못 받을 때가 너무 많았습니다. 배급되는 커피마저 어떤 때는 너무 진하고, 어떤 때는 너무 싱거웠습니다.

영적인 면에서도 전방에서 벌어지는 전투가 있고, 후방에서 벌어지는 전투가 있습니다. 어떤 사람은 이웃 사람의 구원을 위해 근심하고 있는 반면에, 어떤 사람은 교회 탁아소의 아기 담요 색깔이 마음에 안 들어 속상해하기도 합니다. 걸핏하면 자기 넥타이를 매고 나서는 친구의 행동을 못마땅해하고 있는 사람도 있고, 아픈 자녀를 위해 밤새워 기도하는 사람도 있습니다. 또 교회의 특송 담당자와 개인적인 마찰 때문에 교회를 떠나려고 하는 사람이 있는가 하면, 선교 헌금을 마련하기 위해 밤낮없이 열심히 일에 몰두하는 사람도 있습니다. 이런 것들이 다 전투입니다. 형태와 규모도 각양각색입니다. "전방"도 있고 "후방"도 있습니다. 하나님의 나라를 확장시키는 데 직접 관련된 것이 있는가 하면, 자기 자신이나 부차적인 문제와 관련된 것도 있습니다.

  본서는 영적인 전쟁을 다루고 있으며, 하나님께서 이스라엘 백성들을 애굽에서 건져 내셔서 약속의 땅으로 인도하시면서 그들에게 가르쳐 주신 위대한 교훈들을 골자로 하고 있습니다. 여기서는 광야에서의 수십 년간의 준비 과정, 가나안의 숱한 전투, 그리고 그 여러 전투에서의 승리와 관련지어 하나님께서 가르쳐 주신 교훈들을 살펴보도록 하겠습니다. 이러한 상황들을 통하여 승리에는 결코 만능 전술이 없다는 것, 다시 말하면 하나님께서 자기 백성들을 가르치시고 인도하셔서 승리를 주시는 데에는 한 가지의 고정된 방법만을 사용하시지는 않는다는 사실을 알게 될 것입니다.

구약성경을 공부하는 이유

바울은 구약성경을 넓은 시야로 바라볼 수 있는 성경 말씀을 한 구절 보여 주고 있습니다. "저희에게 당한 이런 일이 거울이 되고 또한 말세를 만난 우리의 경계로 기록하였느니라"(고린도전서 10:11). 이해하시겠습니까? 이스라엘 백성들에게 일어났던 일들은 이 시대를 살아가고 있는 우리들에게 교훈을 주기 위해 기록되었습니다.

사도 바울은 또한 이렇게 말했습니다. "무엇이든지 전에 기록한 바는 우리의 교훈을 위하여 기록된 것이니, 우리로 하여금 인내로 또는 성경의 안위로 소망을 가지게 함이니라"(로마서 15:4). 여기서 우리는 다시 한 번 우리의 일상생활 가운데서 살아 역사하는 구약성경을 마주 대하게 됩니다. 구약의 각 페이지 페이지마다 우리를 지도해 주는 산 교훈과 모범들이 가득 실려 있습니다.

이 뜻을 깨닫는 순간, 구약성경은 살아 움직이기 시작합니다. 우리는 구약을 통하여 우리 자신의 모습을 거듭거듭 바라보게 됩니다. 이스라엘 백성들이 그들을 멸망시키려고 뒤를 바짝 추격해 오는 애굽인들로부터 도망치는 대목을 읽을 때, 바로 당신 자신을 그 장면 속에 등장시켜 볼 수도 있습니다. 당신이라면 그 상황에서 어떻게 하시겠습니까? 오른쪽으로 피하지도 못하고, 왼쪽으로 달아나지도 못합니다. 앞에는 바다가 가로막고 있고, 뒤에는 창칼로 무장한 고도로 훈련된 애굽 군사들이 병거를 몰아 쫓아오고 있습니다.

구약성경을 통하여 우리는 하나님께서 이스라엘에게 어떻게 승리를 주셨는지를 배울 것입니다. 때로 우리는 이스라엘 백성들이 왜 패배를 맛보았는지도 보게 될 것입니다. 결국 우리는 이 모든 말씀을 통하여 우리의 영적 전쟁과 승리에 관한 진리들을 발견할 것입니다.

전쟁과 승리의 이야기를 하는 이유

전쟁이라는 주제는 성경 전체를 통하여 커다란 맥을 이루어 흐르고 있습니다. 여기에는 하나님의 나라와 사탄의 나라 사이에 긴긴 세월 동안 계속되어 온 불꽃 튀는 전쟁이 기록되어 있습니다. 천국과 지옥은 서로 휴전을 선언하는 법이 없습니다. 빛과 어두움은 결코 섞이지 않을 것입니다. 그리스도와 사탄은 어떤 협정도 절대로 맺을 수 없습니다.

예수 그리스도에 관한 성경상의 첫 예언은 영적 전쟁이라는 맥락 속에 들어 있습니다. 하나님께서는 여자의 후손(그리스도)의 발뒤꿈치가 상할 것이나 최후 승리는 그에게 돌아간다고 약속하셨습니다. 그는 뱀의 머리를 상하게 하고 그 싸움에서 이긴다고 했습니다(창세기 3:15 참조). 그러나 그때까지는 불화와 반목과 전쟁이 계속될 것입니다.

그리스도께서는 십자가에서 죽으심으로써 마귀의 나라에 치명타를 날리셨습니다. "정사와 권세를 벗어 버려 밝히 드러내시고 십자가로 승리하셨느니라"(골로새서 2:15). 지금도 전쟁은 이곳저곳에서 끊임없이 계속되고 있지만 대세는 이미 결정되었으며 언젠가는 사탄이 완전히 격퇴되고 말 것입니다.

신약시대의 신자들은 그리스도인의 생활을 전쟁으로 보았

습니다. 그 예로 바울은 군대 용어를 사용하여 에베소 성도들을 권면했습니다. "종말로 너희가 주 안에서와 그 힘의 능력으로 강건하여지고, 마귀의 궤계를 능히 대적하기 위하여 하나님의 전신갑주를 입으라. 우리의 씨름은 혈과 육에 대한 것이 아니요, 정사와 권세와 이 어두움의 세상 주관자들과 하늘에 있는 악의 영들에게 대함이라"(에베소서 6:10-12). 그는 또한 고린도 교인들에게 상기시키기를, 그들의 싸우는 병기는 육체에 속한 것이 아니요, 하나님의 강력이라고 했습니다(고린도후서 10:4 참조).

바울 당시에 진실이었던 것은 오늘날에도 진실이며, 구약의 수많은 전쟁 이야기는 하나님의 목적과 사탄의 목적 사이의 충돌에 대하여 밝혀 주는 풍부한 자료가 되고 있습니다. 창세기로부터 요한계시록에 이르기까지 정의와 불의, 선과 악, 빛과 어두움 사이의 갈등은 끊임이 없습니다.

하나님은 승리를 위해 자기 백성들을 준비시키신다

우선 예비 단계로 하나님께서 애굽에서 종살이하던 자기 백성들을 구해 내신 후 그들을 어떻게 다루셨는지 살펴보겠습니다. "바로가 백성을 보낸 후에 블레셋 사람의 땅의 길은 가까울지라도 하나님이 그들을 그 길로 인도하지 아니하셨으니, 이는 하나님이 말씀하시기를 '이 백성이 전쟁을 보면 뉘우쳐 애굽으로 돌아갈까' 하셨음이라. 그러므로 하나님이 홍해의 광야 길로 돌려 백성을 인도하시매 이스라엘 자손이 애굽 땅에서 항오를 지어 나올 때에"(출애굽기 13:17-18).

여기서 첫 번째로 주목할 것은 하나님이 그들을 인도하셨다는 사실입니다. 비록 도중에서 백성들은 때때로 그 사실을 의심하였지만, 모든 것을 주관하신 분은 하나님이셨습니다. 하나님이 그들을 떠나게 하셨고, 어느 길로 가야 할지를 선택하셨습니다. 모세가 방향을 제시하였지만 그들의 실제 인도자는 하나님이셨습니다.

성경 전체에 스며들어 있는 기본적인 약속은 하나님께서 그 백성들을 인도하신다는 것입니다. 성경에서 인도의 확신은 승리의 확신만큼이나 기본적인 것입니다. 하나님은 우리를 인도하기에 능하시며, 인도할 만반의 준비를 갖추고 계시며, 인도하기를 열망하고 계십니다. "이 하나님은 영영히 우리 하나님이시니 우리를 죽을 때까지 인도하시리로다"(시편 48:14).

주님께서는 우리에게 길을 보여 주실 뿐만 아니라, 우리 앞서 가시며 인도해 주십니다. "자기 양을 다 내어 놓은 후에 앞서 가면 양들이 그의 음성을 아는 고로 따라오되"(요한복음 10:4). 그리스도께서는 선한 목자시며 우리는 그의 푸른 초장의 양입니다. 처음부터 끝을 알고 계시는 주님을 따라갈 때, 주님께서 우리를 향한 크신 사랑 가운데서 우리를 가장 좋은 길로 인도하시리라는 확신 가운데 우리는 평안히 쉴 수 있게 됩니다.

"너희의 구속자시요 이스라엘의 거룩하신 자이신 여호와께서 가라사대, '나는 네게 유익하도록 가르치고 너를 마땅히 행할 길로 인도하는 너희 하나님 여호와라'"(이사야 48:17). 주님은 스승이요 인도자로서 우리의 눈을 밝히시며 우리의 발걸음을 지도하십니다. 주님을 오래 따르면 따를수록 우리는 그 지혜와 능력과 선하심을 더욱더 신뢰할 수 있게 됩니다.

하나님께서는 실제로 어떤 수단으로 우리를 인도하십니까? 성경은 "사람이 마음으로 자기의 길을 계획할지라도 그 걸음을 인도하는 자는 여호와시니라"(잠언 16:9)고 말하고 있습니다. 네비게이토 선교회의 창시자인 도슨 트로트맨은 하나님께서 우리에게 사고력을 주신 것은 곧 엄청난 지침을 주신 것이라고 말하곤 했습니다. 우리는 이성적인 존재로서 생각하고 계획하는 능력을 가졌습니다. 따라서 목표를 설정하고 그것을 성취할 수 있는 수단과 방법을 생각해 낼 수 있습니다. 그러나 이 일을 모두 하나님의 영광을 위하는 테두리 안에서 해야 합니다. 그렇게 할 때 우리는 하나님께서 우리로 고삐 풀린 망아지처럼 헤매게 내버려 두시지 않을 것이라는 기쁜 확신 가운데 살 수 있게 됩니다. "너는 범사에 그를 인정하라. 그리하면 네 길을 지도하시리라"(잠언 3:6). 때로 하나님의 길은 우리의 의도 또는 그 당시에는 바르게 보이는 것들과 다를 수도 있습니다. 그러나 염려 마십시오. 우리의 눈이 하나님께 고정되어 있을 때, 하나님께서는 우리의 생에서 큰일들만 인도하시는 것이 아니라 우리가 딛는 작은 발걸음도 한 걸음 한 걸음 인도하십니다.

애굽에서 가나안으로 통하는 길은 두 갈래가 있었습니다. 하나는 일주일도 안 되어 닿을 수 있는 지름길이었고, 다른 하나는 광야로 돌아가야 하는 훨씬 길고 힘든 길이었습니다. 하나님께서는 먼 길을 택하여 자기 백성들을 인도하셨습니다. 왜 그랬을까요? "네 하나님 여호와께서 이 사십 년 동안에 너로 광야의 길을 걷게 하신 것을 기억하라. 이는 너를 낮추시며 너를 시험하사 네 마음이 어떠한지 그 명령을 지키는지 아니 지키는지 알려 하심이라. 너를 낮추시며 너로 주리게 하시며 또 너도 알지 못하며 네 열조도 알지 못하던 만나를 네게 먹이신 것은, 사람이 떡으로만 사는 것이 아니요 여호와의 입에서 나오는 모든 말씀으로 사는 줄을 너로 알게 하려 하심이니라"(신명기 8:2-3).

그 광야는 이스라엘 백성의 학교요, 도장이요, 훈련소가 되었습니다. 그들은 머지않아 그 모든 것을 실천에 옮겨야 했습니다. 다시 말하면 광야에서 배운 교훈들을 약속의 땅에서 치를 전투에 응용해야 했습니다.

이와 똑같은 원리가 오늘날 우리에게도 적용됩니다. 하나님의 사랑과 은혜로 말미암아, 주님의 인도를 따르며 삶 가운데서 얻는 경험들은 앞으로의 삶에서 주님을 더욱 잘 섬기고 더욱 그를 의뢰할 수 있도록 격려해 주며 우리를 훈련시켜 줍니다.

때때로 이스라엘 백성들은 재난을 당하게 되는데, 결국 그런 결과를 초래한 것은 바로 자신들의 교만 때문이었다는 것을 배우게 되었습니다. 그런 경험들을 통하여 하나님께서는 그들을 겸손하게 만드셨습니다. 하나님께서는 그들에게 자신들을 올바르게 보는 시야를 주셨고, 하나님을 의지하도록 가르치셨습니다.

　하나님께서는 시시로 광야 시험장에서 그들의 순종을 시험하셨고, 그때마다 그들의 내적 동기가 드러나게 되었습니다. 이스라엘 백성이 경험한 것들을 읽어 보면, 영적 훈련은 군사 훈련보다도 요구하는 것이 훨씬 많다는 사실을 깨닫습니다. 훌륭한 군사는 많이 있어도 진짜 하나님의 사람은 드뭅니다. 강철은 두들기면 단단해지지만, 돌멩이는 두들기면 부스러질 뿐입니다. 하나님은 우리를 좋은 군사로 삼길 원하십니다.

　예수 그리스도의 제자로서 하나님의 군대에 입대하는 순간부터 우리의 강화 훈련은 시작됩니다. 비록 그 훈련이 어렵긴 하지만 거기에는 역설적인 사실이 숨어 있습니다. 즉 힘든 시험과 훈련 속에서 기쁨과 찬양의 노래를 알게 됩니다. 우리는 하나님의 영원하신 목적에 따라 함께 움직이고 있는 존재임을 깨닫고 그 영원하신 목적에 따라 우리를 창조하셨음을 발견할 때 우리 마음에는 큰 평화가 자리 잡게 되고 우리 가슴은 한없는 즐거움으로 고동칩니다.

　애굽에서 이스라엘 백성은 비참한 모습의, 아무 소망도 없는 억눌린 노예 상태에 있었습니다. 그들은 하나님의 일에 대해서는 전혀 모르고, 서로 미워하며 다투고 애굽 우상들에 빠져 있었습니다. 하나님께서 그런 백성을 애굽으로부터 가나안까지 곧바로 인도해 내실 수는 없었습니다. 온 세상에 축복을 전하고 지도하는 백성으로 사용하시기 위해 그 백성을 준비시키는 데는 시간이 필요했던 것입니다. 오래 참으시는 가운데 하나님께서는 그들을 가르치셨고 그들이 받을 만한 때에 계명을 주셨습니다.

시편 기자는 말했습니다. "또 바른 길로 인도하사, 거할 성에 이르게 하셨도다"(시편 107:7). 때로 겉보기에는 기나긴 길이며, 힘든 길이고, 심지어 틀린 길처럼 보이기도 하지만, 하나님의 길은 바른 길입니다. 하나님께서는 스스로 하시는 일을 근본부터 알고 계시며 항상 우리에게 최선의 것을 주시려는 마음으로 가득 차 있습니다. 우리는 그것을 믿고 의뢰할 수 있습니다.

성경은 이스라엘 백성들이 전쟁에 대비한 준비가 전혀 되어 있지 않았기 때문에 하나님께서 그들을 광야 길로 행하게 하셨다고 기록하고 있습니다. 그들의 정신과 기상은 노예 생활로 인해 파괴되어 있었고, 하룻밤 사이에 벽돌 찍는 일꾼에서 검을 든 전사로 탈바꿈할 수는 없었습니다. 야비하고 거친 가나안 족속들이 이 오합지졸 백성들보다 훨씬 더 강했습니다.

하나님께서 우리의 체질을 아신다는 사실을 깨닫는 것은 축복입니다. 그분은 우리가 흙에서 난 것을 기억하십니다. 하나님은 우리에게 먼저 작은 시험을 겪게 하심으로써 앞으로의 큰 전투들도 감당할 수 있도록 해주십니다. 때때로 하나님은 우리로 하여금 광야를 통과하게 하시지만 그곳에 그냥 버려두지는 않으십니다. 그것은 엄청난 축복입니다. 우리는 시련 가운데 있을 때에도 하나님께서 우리를 끝까지 인도하사 복지에 이르게 하신다는 확신을 가질 수 있습니다.

그러면 하나님께서 우리를 끝까지 돌보아 주시는 것을 어떻게 확신할 수 있습니까? 하나님께서는 이스라엘 백성들을 어떻게 다루셨습니까? "또 저희가 송아지를 부어 만들고 이르기를, '이는 곧 너희를 인도하여 애굽에서 나오게 하신 하나님이라' 하여 크게 설만하게 하였사오나 주께서는 연하여 궁휼을 베푸사 저희를 광야에 버리지 아니하시고…"(느헤미야 9:18-19). 하나님께서는 이스라엘의 엄청난 죄악에도 불구하고 그들에게 신실하셨으며, 우리에게도 이와 마찬가지로 신실하실 것입니다.

시련의 필요성

자, 이제 우리, 탐구 여행을 떠나 봅시다. 먼저 이제 막 애굽을 나와 홍해를 마주 대하게 된 이스라엘 자손들부터 살펴보겠습니다. 그들은 좌로도 우로도 갈 수가 없었습니다. "바로가 가까워 올 때에 이스라엘 자손이 눈을 들어 본즉 애굽 사람들이 자기 뒤에 미친지라, 이스라엘 자손이 심히 두려워하여 여호와께 부르짖고"(출애굽기 14:10).

여기에서 이스라엘 자손이 고민했던 두 가지 원인을 주목해 보십시오. 첫째, "애굽 사람들이 자기 뒤에 미친지라." 그들은 외부로부터 압력을 받고 있었습니다. 둘째, "이스라엘 자손이 심히 두려워하여." 그들은 내적으로 두려움을 안고 있었습니다.

그리스도인은 끊임없이 이런 식의 맹렬한 집중 공격을 받고 있습니다. 사도 바울은 자신의 생생한 경험을 기억하면서

"밖으로는 다툼이요, 안으로는 두려움이라"(고린도후서 7:5)
고 썼습니다. 그리스도의 몸 된 교회 밖에는 공공연한 십자가
의 원수들과 양의 옷을 입은 이리들, 즉 잘못을 일삼고 진리를
좀먹으면서도 자신을 의의 일꾼으로 가장하는 거짓 사도와
일꾼들이 있었던 것입니다. 그들은 바울을 옥에 가두거나 죽
이려고 했으며 끊임없이 헐뜯고 거짓말을 했습니다. 이 싸움
도 격렬하고 불꽃이 튀었지만, 한편으로 내적인 싸움도 계속
되었습니다. 바울은 두려움에 대하여 이야기하고 있습니다.
그의 마음에는 늘 형제들로 인한 근심과 염려가 있었고, 답답
한 일을 당하며, 낙심이 되기도 했습니다.

이런 종류의 딜레마에 대한 기사를 읽으면 우리는 그 문제
가 바로 우리의 문제라는 것을 실감할 수 있습니다. 우리가
대처해야만 하는 외부적인 위협은 상존합니다. 재정적 부담
이 가중되기도 합니다. 부모와 자녀 관계가 좋지 않을 때 우리
의 세대 차는 더욱 심해져 갑니다. 질병에 걸려서 고통과 슬픔
을 맞기도 하고 엄청난 병원비를 감당하기도 해야 합니다.
우리 교회에는 긴박한 필요가 있습니다. 주일학교는 관심을
기울여 달라고 아우성입니다.

외부로부터 오는 문제와 아울러, 참으로 대항하기 힘든 내
적인 문제도 있습니다. 우리 자신의 육신의 연약함이 우리를
괴롭힙니다. 우리를 보고 "마음에는 원이로되 육신이 약하도
다"(마태복음 26:41)라고 하신 예수님의 말씀을 시인할 수밖
에 없습니다. 다른 사람이 우리를 오해할 때 우리는 실망으로
가슴 아파합니다. 마음은 무거워지고, 머릿속으로는 해결하

려고 애쓰면서도 기백은 시들어 버립니다. 바야흐로 전쟁이 시작되어 여기저기서 치열한 전투가 벌어집니다. 성경을 읽다 보면 인간은 태어나서 괴로움만 겪는다고 하는 말씀에 고개를 끄덕이게 됩니다. 우리 경험이 그렇다고 말해 주고 있습니다.

이스라엘 자손들은 자신들이 그런 상황에 처해 있는 것을 발견하고는 불평하기 시작했습니다. "그들이 또 모세에게 이르되, '애굽에 매장지가 없으므로 당신이 우리를 이끌어 내어 이 광야에서 죽게 하느뇨? 어찌하여 당신이 우리를 애굽에서 이끌어 내어 이같이 우리에게 하느뇨? 우리가 애굽에서 당신에게 고한 말이 이것이 아니뇨? 이르기를, "우리를 버려두라. 우리가 애굽 사람을 섬길 것이라" 하지 아니하더뇨? 애굽 사람을 섬기는 것이 광야에서 죽는 것보다 낫겠노라'"(출애굽기 14:11-12).

일찍이 인간에게 베풀어진 가장 큰 축복 가운데 하나를 그들은 받았습니다. 그러나 가장 잔인한 속박으로부터 구출되어 나오자마자 그들은 불평부터 하기 시작했습니다. 이런 양상은 오늘날에도 마찬가지입니다. 우리에게 어떤 자유가 주어질 때마다 우리는 대개 어떤 어려움에 부딪히게 됩니다.

모세의 대답을 주목해 보십시오. 그는 화를 벌컥 낸 것이 아니라 오히려 백성들을 위로하려고 했습니다. "너희는 두려워 말고 가만히 서서 여호와께서 오늘날 너희를 위하여 행하시는 구원을 보라. 너희가 오늘 본 애굽 사람을 또다시는 영원히 보지 못하리라. 여호와께서 너희를 위하여 싸우시리니 너희는 가만히 있을지니라"(14:13-14).

그러자 기이하고 놀라운 일이 일어났습니다. "이스라엘 진 앞에 행하던 하나님의 사자가 옮겨 그 뒤로 행하매 구름 기둥도 앞에서 그 뒤로 옮겨 애굽 진과 이스라엘 진 사이에 이르러 서니, 저편은 구름과 흑암이 있고 이편은 밤이 광명하므로 밤새도록 저편이 이편에 가까이 못하였더라"(14:19-20).

이 시점에서는 이스라엘 백성들에게 인도가 필요 없었습니다. 필요한 것은 하나님의 즉각적인 보호 조치였습니다. 그때까지 그들을 인도했던 그 구름 기둥이 위치를 바꾸어 그들과 애굽 군대 사이를 막아섰습니다. 우리는 여기서 귀중한 교훈을 얻을 수 있습니다. 우리에게 필요한 것이면 무엇이든지, 하나님께서 채워 주신다는 것입니다. 때때로 우리가 보기에는 좀 더딘 것처럼 생각되지만 하나님의 시간표는 완벽합니다. 이 이야기가 어떻게 끝났는지를 우리 모두가 잘 알고 있습니다. 하나님은 자기 백성을 구원하시고 원수를 멸망시키셨습니다. 그러나 우리가 이 다음에 궁지에 몰리면 이 사실을 기억할 수 있겠습니까?

극렬히 타는 풀무 속에 던져진 히브리 청년들은 빠져나갈 길이 없었습니다. 그러나 그들은 구원받았습니다. 사자 굴로 향하던 다니엘은 다시 못 올 길을 밟는 것 같았겠지만 다시 돌아왔습니다. 16명이나 되는 감시병들이 지키고 있는 가운데 옥에 갇혀 있던 베드로는 동이 트기만 하면 처형을 당하게 되어 있었습니다. 그러나 감시병들이 잠든 사이에 옥문이 열리고 그는 당당히 걸어 나왔습니다.

우리는 너무나 쉽게 포기해 버리고 마는 때가 지나치게 많습니다. 어쩌면 당신은 지금 애굽 군대와 홍해 사이에 끼어 오도 가도 못하는 이스라엘 백성처럼 절망에 빠진 듯한 상황에 처해 있는지도 모르겠습니다. 가만히 서서 하나님의 구원을 바라보십시오. 그분을 신뢰하십시오. "그러므로 우리가 담대히 가로되, '주는 나를 돕는 자시니 내가 무서워 아니하겠노라. 사람이 내게 어찌하리오' 하노라"(히브리서 13:6).

이스라엘 백성이 원수의 손으로부터 구원받은 후 맨 먼저 한 일은 하나님을 찬양한 것이었습니다. 그들은 하나님께서 해주신 일과 앞으로 틀림없이 해주실 일에 대하여 노래했습니다. 그들의 마음은 믿음, 감사, 찬양으로 가득 찼습니다. 그러나 얼마 후 마라의 물가에 이르러서는 쓰디쓴 물을 마셔야 했습니다. 그와 같은 실망과 곤경에 처하게 되면 우리는 하나님을 의뢰할 수도 있고 불평을 할 수도 있습니다. 이스라엘 백성들은 불평 가운데 빠졌습니다.

그것은 치명적입니다. 불평은 쓴뿌리로 이어질 수 있는데, 이 쓴뿌리는 큰 파괴력을 가지고 있습니다. 쓴뿌리를 품고 있는 사람은 자신의 불만을 다른 사람에게 퍼뜨립니다. 누군가에게 적개심을 가지고 있는 사람은 기회가 생기는 대로 다른 사람 앞에서 그를 깎아내리려고 하는데, 쓴뿌리는 이런 식으로 퍼져 나갑니다. 그러나 그 쓴뿌리의 가장 파괴적인 영향은 그 사람 자신에게로 돌아옵니다. 독성 물질은 그것을 담는 그릇을 먼저 오염시키는 법입니다.

초등학교 다닐 때, 보이 스카우트 캠프에 간 적이 있습니다.

참가자는 각자 집에서 과일 통조림이나 채소 통조림을 가져오게 되어 있었고 나머지 일체는 캠프 측에서 제공하기로 되어 있었습니다. 그 당시 우리는 집안 형편이 어려워 정부에서 나오는 "구호물자"를 받고 있었습니다. 구호물자 가운데는 통조림도 있었는데, 대개 결함이 있는 것들이었습니다. 통조림 깡통 딱지가 다 벗겨지고 없어져 그 안에 든 내용물이 무엇인지 알 도리가 없었습니다. 나는 할 수 없이 아무거나 하나 들고 캠프장에 갔습니다. 막상 뚜껑을 따보니 속에 든 것은 단맛이라고는 하나도 없는 그레이프프루트 주스였습니다. 한두 컵 따라 마셨을 때, 모두들 모닥불 가까이 와서 따끈한 초콜릿을 배급받아 가라는 광고가 있었습니다. 너무 비싼 거라 집에서는 구경조차 못한 따끈한 초콜릿을 먹게 되다니, 뛸 듯이 기뻤습니다. 나는 쪼르르 앞으로 달려 나가 내 컵에 초콜릿을 가득 받아 들고 한 모금을 들이켰습니다. 도저히 믿어지지 않았습니다. 어쩌다 맛보게 된 따끈한 초콜릿 맛치곤 너무나 괴상망측했습니다. 왜냐고요? 컵에 약간 남아 있던 시큼털털한 주스 때문이었습니다. 할 수 없이 아까운 초콜릿을 쏟아 버리고 컵을 씻어 낸 뒤 다시 모닥불 곁에 가서 조금만 더 달라고 했습니다. 그러나 더 이상은 안 된다고 했습니다. 한 사람에 딱 한 컵이 규칙이기 때문이었습니다.

불평은 쓴뿌리를 퍼뜨릴 뿐만 아니라, 우리의 영적 성장까지도 방해합니다. 성장하기 위해서는 우리 영혼을 하나님의 말씀으로 살찌워야 할 뿐더러, 실망과 시련을 당할 때 믿음으로 이겨 나가야 합니다. 그러면 우리가 당하는 시련으로 말미암아 우리는 더욱 하나님 가까이로 나아가게 됩니다. 그렇지 않으면 마귀는 그것을 우리와 주님 사이를 갈라놓는 쐐기로 사용하여 주님과의 교제를 파괴시켜 버립니다. 하나님과의 교제에서 벗어난 사람은 성장하지 못합니다.

이스라엘이 마라의 쓴 물에서 갈증으로 고통당하던 때와 비슷한 어려운 상황 가운데서, 다윗은 하나님께로 더욱 가까이 나아갔습니다. "하나님이여, 주는 나의 하나님이시라. 내가 간절히 주를 찾되 물이 없어 마르고 곤핍한 땅에서 내 영혼이 주를 갈망하며 내 육체가 주를 앙모하나이다"(시편 63:1).

우리의 영혼에 쓴 맛을 주는 어려운 때에는 하나님의 절대 주권적인 사랑에 대한 우리의 믿음이 시험대 위에 오르게 됩니다. 그런 때에 하나님의 완벽하신 통치에 대한 우리의 기본적인 태도가 드러나는 것입니다. 그의 손이 모든 일에 함께하고 계심을 알 때 우리의 불평은 확고한 믿음으로 바뀔 것입니다.

여기 우리에게 위로가 되는 말씀이 있습니다. 마라의 쓴 물을 지나 저편에는 무엇이 기다리고 있었는지 알고 계십니까? 엘림의 단물이었습니다. "그들이 엘림에 이르니 거기 물 샘 열둘과 종려 칠십 주가 있는지라, 거기서 그들이 그 물 곁에 장막을 치니라"(출애굽기 15:27).

우리 각 사람은 몇 차례 인생의 쓴 물을 맛볼 때가 있습니다. 아직 마라의 쓴 물에 접해 보지 못했다면 앞으로 그럴 때가 있을 것입니다. 누구도 예외일 수는 없습니다. 어떤 그리스도인들은 문제가 있다는 것은 곧 실패한 것이며, 영적이지 못한 것으로 그릇 알고 있습니다. 그들은 그리스도인의 삶 가운데는 어떠한 고난이나 눈물도 있어서는 안 된다고 생각하고 있습니다.

한번은 어느 기독교 기관에서 온 사람들에게 말씀을 전한 적이 있는데, 모임이 끝난 후 책임자는 참석자들에게 원하는 사람들은 나와 상담을 할 수 있다는 광고를 했습니다. 이렇게 해서 몇 사람이 나를 찾아왔습니다. 그들은 한결같이 "어떤 문제가 있어서 온 건 아닙니다"라는 말로 이야기를 시작했습니다. 그러나 이야기가 진행되면 온갖 문젯거리들을 다 털어놓았고 우리는 함께 하나님의 말씀을 찾아보고 기도했습니다.

그리스도인들에게는 어려운 일이 생기지 않는다는 생각은 아무 근거도 없는 비성서적인 생각입니다. 예수님의 말씀을 들어 보십시오. "이것을 너희에게 이름은, 너희로 내 안에서 평안을 누리게 하려 함이라. 세상에서는 너희가 환난을 당하나 담대하라. 내가 세상을 이기었노라 하시니라"(요한복음 16:33).

지금까지 내가 경험한 바로는 생활 가운데 어려움이 있을 때 그 어려움이 오히려 하나님과 더욱 친밀하고 아름다운 교제로 이끌어 주었고, 하나님의 사역을 위하여 더 큰 열매를 맺게 해주었습니다. 하나님의 사람들은 고통이라는 모루 위에서 다듬어집니다. 성령께서는 우리의 삶 가운데 있는 어려움을 통하여 더욱더 그리스도의 형상을 닮아 가도록 이끌어 주십니다. 더욱 폭넓은 쓰임새, 더 풍성한 열매, 더 깊은 교제, 더욱더 그리스도를 닮은 인격은 마라의 쓴 물을 통과할 때 얻을 수 있는 축복입니다. 모든 것은 우리의 반응에 달려 있습니다. 우리를 마라의 쓴 물로 인도하신다고 하나님을 원망하면, 결코 엘림의 단물과 열매가 주렁주렁 열린 종려나무 숲에는 이르지 못할 것입니다.

오늘 당신이 마라의 쓴 물 가에 서 있다면, 하나님의 선하심에 대해 찬양과 감사를 할 수 있도록 은혜를 구하십시오. 그렇게 되기가 쉽지는 않습니다. 그러나 타조처럼 머리만 모래 속에 처박고 아무 문제가 없는 척해 봐야 소용이 없습니다. 바울은 "이 장막에 있는 우리가 짐 진 것같이 탄식한다"고 했습니다(고린도후서 5:4 참조). 삶 가운데서 겪게 되는 재난들은 비록 무거운 짐이긴 하지만 하나님은 그의 큰 목적을 위해 그것들을 사용하십니다.

넉넉히 이김

하나님이 광야에서 이스라엘 백성들을 훈련시키신 것을 공부해 보면 참으로 흥미진진합니다. 그 훈련은 장차 가나안에서의 전쟁에 대비하여 그들을 준비시키신 하나님의 방법이었으며, 이와 같은 방법으로 그의 백성들을 단련시키는 데는 40년이라는 긴 세월을 필요로 하셨습니다. 그러나 그 과정을 통해 그들은 400년간의 노예 생활로 인해 무기력하고 피동적인 노예 민족에서 정복 민족으로 탈바꿈했습니다(여호수아 참조).

그리스도를 영접할 때 우리는 오랫동안 죄에 매였던 노예 생활로부터 구원을 받습니다. 하나님께서는 우리를 택하셔서 우리로 하여금 예수 그리스도를 통하여 정복자 이상의 사람이 되도록 변화시켜 주십니다(로마서 8:35-39 참조). 이것은 우리 모두를 위한 하나님의 계획입니다.

만약 당신이 가나안 전쟁에 대비하여 이스라엘 백성을 준비시키기 위한 훈련 프로그램을 작성한다면 어떤 것을 준비했겠습니까? 400년에 걸친 노예 생활로 인하여 그들의 인격은 피폐해져 있었습니다. 불평불만이 몸에 배어 있었습니다. 매일같이 고달프고 절망적인 일들이 그들에게 일어났습니다. 폭군이 휘두르는 채찍의 고통을 견뎌야 했습니다. 해가 뜨는 것과 동시에 배고픔과 고통과 피로의 하루가 시작되었습니다. 패배감과 좌절감에 휩싸여 툭하면 서로 으르렁거렸습니다. 그들은 아무도 신뢰하지 않았습니다.

모세가 그들을 돕기 위해 돌아왔을 때도 그들은 그가 진정으로 자신들을 위해 온 것은 아니라고 생각해 버렸습니다. 그들은 자기 외에는 아무에게도 주의를 기울이지 않았습니다. 관능적인 욕구를 만족시켜 주는 애굽의 우상에 빠져들어 우상숭배가 그들의 영혼 깊숙이 스며들어 있었습니다. 그들은 이방 종교의 보편적인 관행이 되어 있던 추하고 퇴폐적이며 부도덕한 생활 방식에 깊이 오염되어 있었습니다.

일을 할 때면 그들은 가능한 한 꽁무니를 뺐습니다. 어떤 명령이 주어지면 요령을 부려 어떻게든 모면하려고 했습니다. 비겁한 수를 써서라도 살아남는다면 그걸로 족하게 여겼습니다. 감독자들의 회초리와 채찍과 잔혹함이 그들의 기를 꺾어 버렸습니다. 그들은 애굽인들 앞에서 굽실거리며 아첨했습니다. 나는 모든 반대자들을 공포와 죽음으로 다스리는 독재국가들의 통치 결과가 어떻게 나타나는지를 본 적이 있습니다. 그런 나라 사람들에게서 볼 수 있는 것은 생기 없는 눈, 축 처진 어깨, 지척거리는 발걸음이었습니다.

하나님께서는 이런 백성을 그 엄청난 결함에도 불구하고 정복 민족으로 변모시키고자 하셨습니다. 그들은 바야흐로 약속의 땅으로 진군해 승리의 깃발을 휘날리며 하나님을 찬양하게 되어 있었습니다. 하나님께서는 그로부터 몇 세기를 두고 그들을 크게 쓰고자 하셨습니다.

하나님께서 택하긴 하셨지만 솔직히 그들만큼 부적합한 민족도 없었습니다. 그러나 하나님의 방법은 우리들과는 다릅니다. 그는 적은 것에서 많은 것을 내실 수 있습니다. 그는 슬픔에서 기쁨을, 패배에서 승리를 이끌어 내실 수 있습니다. 매일 매시 세계 도처에서, 하나님은 예수 그리스도를 믿고 그의 나라에서 쓰임받기 위해 훈련받으러 그의 학교에 들어오는 사람들을 민족, 생활환경, 종교적 배경에 관계없이 다 인도하십니다.

그리하여 이스라엘 백성은 하나님과 함께하는 대모험의 장도에 올랐습니다. 그러면 하나님께서는 그들에게 무엇을 가르치고자 하셨습니까? 어떻게 그의 목표들을 성취하려고 하셨습니까? 이에 대한 해답들을 얻고자 할 때 우리의 공부는 흥미진진하고도 보람 있는 공부가 될 것입니다. 우리 자신의 삶에 필요한 생생한 교훈들을 발견하며, 새로운 승리의 길, 헌신과 예배의 길로 들어서게 되면, 하나님의 진리는 틀림없이 우리의 마음을 벅차게 할 것입니다.

　다른 모든 것보다 현저히 두드러지는 한 가지 큰 교훈이 있습니다. 그것은 그리스도 안에서 승리의 만능 전술은 없다는 것입니다. 한 가지 간단한 전략을 배워 가지고 그것에만 의존해서 전쟁이 끝날 때까지 버틸 수는 없는 것입니다. 창조적인 우리 하나님은 다양성을 좋아하십니다. 하나님은 어떤 시점에서는 어느 한 길로 우리를 인도하시다가, 우리가 그 길에 만족하고 안주하게 되면 그 방향을 바꿔 분명치 않은 다른 길로 우리를 인도하기도 하십니다. 물론 그렇게 하시는 목적은 그리스도를 따르고 섬기는 우리의 생활에 발전을 가져다줄 새롭고 가치 있는 어떤 것을 가르치시려는 데 있습니다.

　나는 오늘날까지도 네비게이토 선교회의 창시자인 도슨 트로트맨의 생전의 모습과 그가 한 말들을 생생하게 기억하고 있습니다. 그는 우리를 자기 집 거실이나 때로는 수양회장에 모아 놓고 우리의 마음에 깊이 박히게 다음과 같은 말을 하곤 했습니다. "여러분, 만능 전술은 없어요. 혹시라도 있다고 생각한다면 바로 그 순간 전술은 잃어버린 겁니다."

　이어서 그는 그 말의 의미가 무엇인지를 구체적인 예를 들어 설명했습니다. 그가 즐겨 사용하던 한 가지 이야기는 채터누가에서 열린 빌리 그래함 전도 대회 때 있었던 일이었습니다. 그는 그의 사역을 도와줄 몇몇 신참 네비게이토 형제들을 데리고 다니곤 했습니다. 그들의 일은 의자를 정리하고, 양육 자료를 배부하며, 여러 가지 심부름을 하는 것이었습니다. 그 전도 대회가 끝나고, 그들 중 한 형제는 다음 전도 대회에서도 일을 좀 해달라는 부탁을 받았습니다. 도슨은 평상시 하던 대로 그 새 도시, 새 스타디움, 새로운 환경을 일일이 조사하면서 그 상황에 맞는 새로운 프로그램을 짜기 시작했습니다. 그러던 어느 날 그 젊은 형제는 그를 주시하고 있다가 중대한 실수를 했습니다. 도슨이 그 새로운 선교지에 맞는 새로운 양육 계획을 부지런히 세우고 있는데, 그 형제가 이렇게 말했던 것입니다. "형제님, 왜 일을 이런 식으로 하시죠? 그건 우리가 채터누가에서 하던 방법이 아닌데요."

 기억하십시오. 지금까지 아무리 많이 배웠어도, 항상 더 배워야 할 것이 있는 법입니다. 지금까지 아무리 큰 성공을 거두었어도 보다 더 좋은 방식이 있을 수 있습니다. 지혜는 채터누가에서 종말을 고한 것이 아닙니다. 또한 당신도 그리스도인으로서의 성장과 봉사에서 아직은 완벽에 이르지 못했습니다.

 거대한 사막을 가로질러 가는 이스라엘 자손들을 따라가면서 분명히 보게 될 한 가지 진리는 바로 이것입니다. 그 길을 가면서 하나님께서는 한 고비 한 고비를 넘길 때마다 마음 깊숙이 교훈을 새겨 주실 것입니다. 그것은 예기치 못했던 색다른 교훈일 것입니다. 그러나 그것은 급소를 찌르며 그 백성들의 삶을 변화시킬 것입니다. 이스라엘과 함께 한 교훈에서 다음 교훈으로 넘어가면서, 성령의 능력으로 우리 자신들의 삶에 적용될 수 있는 진리들에 깨어 있도록 합시다. 우리 인생의 여정에는 평탄한 길만이 아니라 곳곳에서 굽이와 굴곡이 우리를 기다리고 있습니다. 우리의 지도자요 안내자를 따라가면서 우리는 많은 진리들을 생생하게 보게 됩니다. 그러나 결코 만능 전술은 얻지 못할 것입니다.

연구 주제

1. 이스라엘 자손들은 처음에 어떻게 해서 애굽에 가게 되었는가? 하나님께서는 왜 그들을 그리로 보내셨는가? 창세기 37-50장
2. 하나님께서는 어떤 순서를 따라 그의 백성을 애굽에서 건져내셨는가? 출애굽기 1-12장
3. 지도력의 중요성.
4. 싸움이 없이는 승리도 없다는 원리.
5. 승리에 대한 하나님의 약속(로마서 8장).
6. 그리스도인의 전투와 그 보호 조치(에베소서 6:10-20).

적용:

나는 이 장에서 가르쳐 주는 내용들을 어떻게 나 자신의 삶에 적용할 수 있을까? 자신이 실천할 수 있는 몇 가지 구체적인 일들을 적어 보도록 하자.

제 1 부

기초 훈련

이스라엘 백성의 광야에서의 준비

2

여기에 당신의 방패가 있다
믿음의 교훈

관련 구절: 출애굽기 16-17장, 이사야 40-41장, 다니엘 2장,
요한복음 7장, 사도행전 16장, 고린도전서 10장

약속의 땅에 들어갈 준비를 하는 가운데 이스라엘 자손들이 배워야 했던 첫 번째 교훈은 바로 믿음이었습니다. 광야 40년간 그들이 의지할 분이라곤 여호와 하나님밖에 없었습니다. 안내 지도도 하나님이 가지고 계셨고, 식량도 하나님이 가지고 계셨습니다. 그분만이 이스라엘 백성들을 입히시고 신기실 수 있었습니다. 이렇게 그들은 이 황량한 광야, 미지의 시험장으로 들어섰습니다. 그들의 처지를 한번 생각해 보십시오. 과학 문명의 발달로 온갖 편안하고 안락한 생활을 누리고 있는 우리의 입장에서 보면 그들의 형편은 정말 애처롭고 딱했습니다. 그들에게는 하나님밖에 없었습니다. 그러나 바꿔 말하면 하나님이야말로 그들이 필요로 하는 전부였습니다.

18세기 살을 에는 어느 추운 겨울날, 온 나라가 극심한 기아로 허덕일 때, 스코틀랜드의 어느 동네에 체구도 작고 가냘프고 나이 지긋한 부인이 동전 몇 닢을 손에 꼭 쥐고 가게에 들어섰습니다. 그녀는 푼돈짜리 몇 가지를 이것저것 골라 샀습니다. 마지막 동전 한 닢이 남자 이렇게 말했습니다. "이걸로는 등잔 기름을 사서 성경을 읽어야지. 이 춥고 기나긴 겨울밤을 지새우기에는 이것보다 더 위안이 될 게 없거든."

그녀의 약하고 구부정한 모습을 생각만 해봐도 애처롭고 안타까운 마음이 들 것입니다. 정말 **불쌍하다**는 생각이 절로 일어날 것입니다. 그러나 그녀가 동정을 받아야 됩니까? 그녀에게 위로가 되는 유일한 것은 하나님의 말씀밖에 없었다는 것은 사실입니다. 그렇습니다. 그녀는 춥고 배고팠습니다. 그러나 그녀는 춥지도 배고프지도 않습니다. 그녀는 하나님의 발아래 앉아, 하나님이 함께하시는 놀라운 감격을 누렸습니다. 그녀가 세상에 살 동안 가졌던 전부는 하나님뿐이었습니다. 그러나 바꾸어 말하면 하나님은 그녀가 필요로 했던 전부였습니다.

이 이야기 속에는 놀라운 교훈이 들어 있습니다. 하나님 말고 우리에게 참으로 필요한 것이 뭐가 있습니까? 하나님께서 우리에게 필요한 것을 공급해 주시고, 우리를 위로해 주시고, 인도해 주시고, 가르쳐 주시며, 힘을 주시지 않습니까? 우리의 많은 문제 가운데 하나는, 우리는 하나님 말고 또 다른 어떤 것을 의지하게 되었으며, 결국에는 그것이 하나님의 자리를 차지하게 된 데 있지 않나 생각합니다. 가나안을 향해

가는 히브리인들에게는 그렇지 않았습니다. 그들에게는 하나님이 전부였습니다. 이들도 여행을 시작할 즈음에는 하나님을 거의 몰랐습니다. 여호와 하나님은 과연 믿을 만하며, 의뢰할 만한 분이신가? 이에 대한 답이 즉시 주어져야 했습니다. 많은 교훈이 필요했고 또 중요했지만, 이것보다 더 결정적으로 중요한 것은 없었습니다. 하나님을 의뢰하는 것이 무엇보다 중요한 문제였기에 하나님께서는 그들에게 믿음의 교훈부터 가르치기 시작하셨습니다.

일상적인 필요를 위해 하나님을 의뢰함

우리는 기꺼이 예수 그리스도를 믿고 의뢰하기로 결단함으로 구원을 받습니다. 능히 죽음에서 우리를 구원하시고 영원토록 우리를 보호하시고 인도해 주실 수 있는 그분의 능력을 확신함으로 평안과 안식을 누립니다. 그 열쇠는 말씀의 약속을 믿는 믿음입니다. "또 증거는 이것이니, 하나님이 우리에게 영생을 주신 것과 이 생명이 그의 아들 안에 있는 그것이니라. 아들이 있는 자에게는 생명이 있고, 하나님의 아들이 없는 자에게는 생명이 없느니라"(요한일서 5:11-12).

우습게도 많은 사람들이 영원을 위해서는 하나님을 의뢰하면서도 매일의 삶 가운데 미치는 그분의 능력에 대해서는 믿지를 않습니다. 우리 인체가 시장 가격으로 20달러 정도의 가치밖에 없다고 하는 과학자들도 있습니다. 그러나 영혼의 가치는 어떻습니까? 예수님은 온 천하보다도 더 귀하다고 말씀하셨습니다. 영혼은 영원토록 삽니다. 그러나 인간의 육체는 평균 70년 정도밖에는 못 삽니다. 온 천하보다도 더 귀한 영원한 영혼은 예수님께 맡기면서도, 사라져 없어질 20달러짜리 육체는 맡기길 주저하고 있습니다.

　매일 매일의 필요에 대하여 여호와 하나님을 의뢰할 수 있는가? 이것이 하나님께서 이스라엘 백성들을 훈련시키실 때 첫 번째로 다루신 문제였습니다. "이스라엘 자손의 온 회중이 엘림에서 떠나 엘림과 시내산 사이 신 광야에 이르니 애굽에서 나온 후 제이월 십오일이라. 이스라엘 온 회중이 그 광야에서 모세와 아론을 원망하여 그들에게 이르되, '우리가 애굽 땅에서 고기 가마 곁에 앉았던 때와 떡을 배불리 먹던 때에 여호와의 손에 죽었더면 좋았을 것을, 너희가 이 광야로 우리를 인도하여 내어 이 온 회중으로 주려 죽게 하는도다'"(출애굽기 16:1-3).

　이스라엘 백성이 애굽에서 나온 지 겨우 한 달 반밖에 지나지 않았을 때의 일이었습니다. 본문은 하나님이 그들을 인도해 내셨는지 아니면 모세가 그들을 인도해 내었는지에 대한 토론이 그들 가운데서 있었던 것 같은 암시를 주고 있습니다. 그래서 그들은 모세와 아론에게 "너희가 이 광야로 우리를 인도하여 내어"(16:3)라고 원망했습니다.

　우리도 종종 이와 유사한 반응을 보이곤 합니다. 가는 길이 순탄치 못할 때 우리는 그 상황에 주님께서 함께하시는지에 대해 의문을 품습니다. 우리 딸 베키와 사위 리치는 영적인 성장과 사역에 도움을 받기 위하여 콜로라도로 이사하여 좀 더 훈련을 받는 것이 자신들을 향하신 하나님의 뜻이라고 확신한 적이 있습니다. 리치는 이 일로 콜로라도에 도착한 그날로 거처를 정하고 곧바로 건축 관련 석재를 취급하는 회사에 일자리를 얻게 되었습니다.

 기쁨! 감사! 찬양! 이것은 그들의 당연한 반응이었습니다. 이사를 하는 그들의 마음은 들떠 있었습니다. 그러나 그들이 도착한 지 얼마 안 되어 건축 경기가 갑자기 침체되어 버렸습니다. 일이 없으니 수입도 없을 수밖에 없었는데, 집세도 내야 하고 설상가상으로 머잖아 아기까지 출산할 예정이었습니다. 사정이 이런데도 여전히 하나님께서 그렇게 이사하도록 인도하셨다고 믿을 수 있겠습니까? 그것은 정말로 그분의 뜻이었습니까?

 그 뒤에 일어난 일련의 사건들은 분명히 그렇다고 확신시켜 주고 있습니다. 그러나 주위의 일들이 이리저리 꼬였을 때는 그게 그리 선명하지 못했습니다. 그들이 믿을 것이라곤 하나님께서 그의 말씀을 통하여 보여 주신 몇 가지 약속뿐이었습니다. 그러나 그들은 믿음으로 의지했고 결국 하나님께서는 그들이 곤경을 당할 때 끝까지 돌보아 주셨습니다.

 이런 종류의 문제들은 아무리 훌륭한 그리스도인들에게도 일어납니다. 사도 바울의 경우에도 예외는 아니었습니다. "밤에 환상이 바울에게 보이니, 마게도냐 사람 하나가 서서 그에게 청하여 가로되, '마게도냐로 건너와서 우리를 도우라' 하거늘, 바울이 이 환상을 본 후에 우리가 곧 마게도냐로 떠나기를 힘쓰니, 이는 하나님이 저 사람들에게 복음을 전하라고 우리를 부르신 줄로 인정함이러라"(사도행전 16:9-10). 이것은 택하신 사람들에게 나아가 복음을 전하라는 하나님의 거룩한 부르심이었습니다. 그렇다면 그들이 마게도냐에 도착할 때 어떤 것을 기대할 수 있었겠습니까? 취주악단의 성대한 환영? 구름같이 해변을 뒤덮은 수많은 군중들의 간절한 회개의 기도 소리?

실제로 일어난 일은 전혀 딴판이었습니다. 바울과 그 일행에게 일어났던 일들은 루디아의 회심, 귀신 들린 불쌍한 여종을 영적으로 해방시킨 것, 그리고는 바울이 심한 매를 맞고 차꼬에 채워진 채 실라와 함께 감옥에 갇힌 것이었습니다.

이처럼 낙담되는 상황에서 바울은 어떤 반응을 나타냈습니까? 하나님께서 그들을 이리로 보내신 것이 맞는지 의심했습니까? "밤중쯤 되어 바울과 실라가 기도하고 하나님을 찬미하매 죄수들이 듣더라"(사도행전 16:25). 찬양과 감사의 노래가 말해 주듯이 그는 여전히 믿음 가운데 충만해 있었습니다. 그와 실라가 필요로 한 전부는 바로 하나님 그분뿐이었습니다

일이 잘못되어 가는 것처럼 보일 때 하나님을 의뢰함

광야에서 이스라엘 족속의 모세와 아론을 향한 불평은 사실상 하나님을 향한 불평이었습니다(출애굽기 16:8). 이와 마찬가지로 하나님의 절대주권에 대한 우리의 실제적인 믿음은, 우리가 원하지 않는 어떤 일을 누가 할 때나 우리 삶에 뜻하지

않은 어떤 곤경이 닥쳐올 때 시험대 위에 오르게 됩니다. 때로 우리의 영적 지도자는 우리가 별로 탐탁지 않게 여기는 어떤 일을 우리에게 하라고 하기도 하고, 우리가 볼 때는 틀리다고 생각되는 어떤 일을 손수 하기도 합니다. 이럴 때 우리는 비록 히브리인들처럼 큰소리로 불평을 하지는 않는다 하더라도 마음속으로 소리 없는 논쟁을 하면서 비판하거나 불평을 합니다. 마음속 논쟁이야말로 세상에서 가장 빠져들기 쉬운 것 중의 하나입니다. 왜냐하면 그 논쟁에서는 언제든지 상대방을 누를 수 있기 때문입니다.

 나는 50년대 초에 몇 년 동안이나 끈질기게 나를 떠날 줄 모르던 불평하는 태도의 위험에 대하여 귀한 교훈을 배우게 되었습니다. 그리스도인이 된 후 처음 두 해 동안 나는 아내와 함께 미니애폴리스에 있는 노스웨스턴 대학에 다녔습니다. 거기서 우리는 네비게이토 선교회 지역대표 간사였던 단 로젠버거를 만났습니다. 그는 그 대학에서 성경공부와 양육에 대해 가르치고 있었는데, 아내와 나도 그 강의를 들었습니다. 그는 곧 우리에게 특별한 관심을 기울이며 우리로 하여금 주님과 동행할 수 있도록 도와주었습니다. 뛰어난 은사를 가진 교사이자 지도자인 단은 대개 대여섯 가지 계획들을 한꺼번에 추진하곤 했는데, 그런 것들을 보면서 나는 그와 함께 일하고 싶은 마음이 생겼습니다.

 노스웨스턴 대학에서 3년째 접어들 무렵 도슨 트로트맨은 나에게 시애틀로 와서 고디 도널드슨 부부와 함께 생활하면서 네비게이토 선교회의 사역을 배우는 게 어떻겠느냐고 권고해 왔습니다. 고디는 경건한 사람으로 제자삼는 일을 성공적으로 하고 있었습니다. 그는 전반적인 삶에서 조용하고 신중했습니다. 그는 단과는 정반대의 기질을 가진 사람이었습니다. 그가 어떤 일을 할 때마다 나는 속으로 그를 비판하곤 했습니다. '로젠버거는 일을 그런 식으로 하지는 않았단 말이야.' 물론 그가 단이 하는 식으로 일을 하지 않았던 데는 간단 명료한 이유가 한 가지 있었습니다. 세상에 단 로젠버거는 단 한 사람밖에 없었고, 그 어느 누구도 단과 같아야 된다는 법이 없었지만, 아직 미숙했던 나는 그 점을 이해하지 못했던 것입니다.

그해 여름 나는 단이 강사로 나오는 한 수양회에 참석했습니다. 나는 단과 개인 교제를 할 시간을 얻어 그를 만나자마자 고디에 대한 불평부터 시작했습니다. 그는 인내심을 가지고 내 이야기를 끝까지 다 듣고 나서 "말씀 한 구절 볼까요?" 하면서 성경을 펴서 내게 읽어 주었습니다. "…미리암과 아론이 모세를 비방하니라.… 여호와께서 이 말을 들으셨더라" (민수기 12:1-2).

그는 내 눈을 똑바로 쳐다보며 말했습니다. "하나님께서 리로이 형제의 모든 불평과 투덜거리는 소리를 다 들으셨어요. 오늘 했던 말도 다 들으셨습니다. 형제가 혼자서 마음속으로 벌인 모든 논쟁 소리도 다 들으셨습니다." 이어 그는 약 한 시간 정도에 걸쳐 주님께서는 왜 나와 같은 사람은 쓰실 수 없는지에 대해 설명해 주었습니다. 사실 나는 그때까지 하던 훈련이 끝나면 네비게이토 선교회에서 일하고 싶었는데, 이제 꿈이 그만 다 깨지는 것만 같았습니다. 네비게이토 선교회에서는 불평이나 늘어놓으며 투덜대는 사람을 필요로 하지 않았습니다. 마음이 다 부서진 나는 곧 산기슭으로 가서 오랫동안 기도를 했습니다.

수양회장에 돌아온 뒤 나는 봅 글로크너라는 형제와 이야기를 나누게 되었는데, 그 역시 마음에 몇 가지 영적인 갈등을 안고 있었습니다. 우리는 함께 기도하기로 하고 주님과의 시간을 갖기 위해 운동장으로 나갔습니다. 거기에는 흙먼지가 약 10센티 정도는 쌓여 있었는데, 봅이 우리의 진정한 겸손과 회개하는 마음을 나타내기 위해 그 흙먼지 속에 얼굴을 묻자고 제안했습니다. 우리는 함께 얼굴을 먼지 속에 파묻었습니다. 지금도 봅이 땅에 엎드려 얼굴을 먼지 속에 파묻고 있던 모습이 눈에 선합니다. 나는 그가 기도하는 모습을 흘끗 바라보기도 했는데 기도 대목마다 입 앞에서 작은 흙먼지 바람이 폭폭 올라오는 것을 볼 수 있었습니다.

갑자기 수양회장 예배당의 종이 울렸습니다. 모임 시작 10분 전을 알리는 신호였습니다. 수양회 동안 모임에 늦는 사람이 한 사람도 없었기 때문에 우리는 벌떡 일어나 먼지를 대강 떨고는 예배당 쪽으로 뛰어갔습니다. 예배당 모퉁이를 막 돌아섰을 때 도슨 트로트맨이 내 팔을 붙잡으며 이렇게 말했습니다. "한 가지 물어볼 게 있소 내년에 로젠버거와 함께 워싱턴 D. C.에서 좀 수고해 줄 수 있겠소?" 하나님을 찬양합니다! 나는 용서받았습니다! 하나님께서는 나의 죄를 용서하시고 그의 절대주권에 대하여 몇 가지 가르쳐 주셨습니다. 그는 내게 또 다른 사역의 기회까지 주신 것입니다.

교리적으로 나는 하나님의 절대주권을 믿으며 그가 모든 창조물을 다스리시며 인도하고 계신다고 말할 수 있습니다. 그것은 믿기도 쉽고 설명하기도 쉬운 교리입니다. 그러나 진짜 문제는 "나는 내가 현재 처해 있는 상황에서 하나님의 절대주권을 믿고 있는가? 나는 지금 하나님의 인도하심을 믿고 있는가?" 하는 데 있습니다. 여기에 어려움이 있습니다.

성경에는 하나님의 절대주권에 대하여 확증해 주고 있는 말씀들이 많이 있습니다. 도슨 트로트맨의 아내인 라일라 트로트맨이 고난과 시험 가운데 있는 사람들에게 특별히 즐겨 나누곤 하던 성경 말씀이 한 구절 있습니다. 이 말씀은 우주 안에서의 하나님의 권세에 관하여 짤막하면서도 분명하게 보여 주고 있습니다. "오직 우리 하나님은 하늘에 계셔서 원하시는 모든 것을 행하셨나이다"(시편 115:3). 하나님은 스스로의 뜻을 따라 계획하시고 행하십니다. 간단히 말하면 그분은 어느 때나 모든 것을 주관하고 계신다는 말씀입니다.

도슨 트로트맨과 네비게이토 선교회에 대하여 쓴 베티 스키너의 역작 "도스(Daws)"에 보면 이 기관이 어떻게 하나님의 인도하심을 받아 콜로라도스프링스의 글렌에리에 자리 잡게 되었는지가 나와 있습니다. 도슨은 글렌에리에 와서 그 근처 일대가 내려다보이는 바위 산맥인 레이저벡의 봉우리에 올라 하나님께 기도했습니다. "주님, 주님께서 이곳을 우리에게 주시면 저는 지금 곧 다윗이 했던 것처럼 이것을 주님께 드리길 원합니다. 그리하여 이곳이 주님의 영광을 위해 사용되며 온 세상에 주님의 거룩하신 이름을 알리는 데 사용되도록 하겠습니다." 그는 성경을 펴서 자신의 서약을 증거로 남기기 위해 그 약속의 말씀 장절을 바위 면에 새겼습니다.

도슨이 바위에 새긴 장절 안에는 다음과 같이 하나님의 절대주권에 대해 언급된 부분이 들어 있습니다. "…여호와여, 주권도 주께 속하였사오니 주는 높으사 만유의 머리심이니이다. 부와 귀가 주께로 말미암고,· 또 주는 만유의 주재가 되사 손에 권세와 능력이 있사오니 모든 자를 크게 하심과 강하게 하심이 주의 손에 있나이다. 우리 하나님이여, 이제 우리가 주께 감사하오며 주의 영화로운 이름을 찬양하나이다"(역대상 29:11-13).

이스라엘 백성들은 모세가 그들을 죽이려고 광야로 이끌어 냈다고 그를 힐난했습니다. 사람은 당황하거나 신경이 날카로워지면 정신이 정상을 이탈하는 것 같습니다. 일찍이 모세가 그들을 위하여 애굽인을 한 사람 죽인 적은 있습니다. 하지만 그들을 죽이려고 한 적은 없었습니다. 마땅히 해야 될 일을 했음에도 불구하고 모세와 아론은 "너희가 이 광야로 우리를 인도하여 내어 이 온 회중으로 주려 죽게 하는도다"라고 분개하며 외치는 억울한 소리를 듣게 되었습니다. 주일학교나 교회 모임의 지도자의 경우도 마찬가지입니다. 열 가지 옳은 일을 하다가 단 한 가지만 잘못해도 사람들은 그 한 가지 잘못된 것만 기억하고 비난하는 경우가 종종 있습니다. 모세도 이스라엘 백성들을 위하여 좋은 일을 수없이 많이 하였지만 그들에게 비난을 받았습니다.

혹 하나님께서 이 백성을 죽이려고 하셨다면 그들을 광야로 인도해 들이지도 않으셨을 것입니다. 홍해에서 손쉽게 그들을 멸절시키실 수도 있었습니다. 약 80억 톤의 물에 둘러싸인 그곳에서는 하나님의 손길만이 그들과 죽음 사이를 가로막고 있었던 것입니다. 그 바다를 원래처럼 되게 내버려 두기만 해도 모든 것은 끝장났을 것입니다.

눈앞의 굶주림에 대한 백성들의 불평에 하나님께서는 이렇게 답하셨습니다. "보라, 내가 너희를 위하여 하늘에서 양식을 비같이 내리리니 백성이 나가서 일용할 것을 날마다 거둘 것이라. 이같이 하여 그들이 나의 율법을 준행하나 아니하나 내가 시험하리라"(출애굽기 16:4).

하나님께서는 그들에게 양식을 내려 주셨는데 이것은 그들의 믿음과 순종을 끊임없이 시험하려는 한 가지 방법이었습니다. 백성들은 매일같이 하루 한 번씩 그날 하루 일용할 만나만을 거두라는 명령을 받았습니다. 그들은 하나님께서 매일 필요한 것을 주시리라는 것을 믿고 하나님께 순종해야 했습니다.

우리 그리스도인의 삶은 믿음과 순종이라는 양면성을 지닌 동전과 같습니다. 하나님과 동행하는 삶은 다음 두 가지로 귀착됩니다. 어린아이와 같이 하나님의 선하심과 보살펴 주심과 그의 약속들을 의지하는 것과, 또한 그를 섬기고 그의 뜻을 따라 우리 이웃을 섬기고자 하는, 하나님이 주신 열망이 그것입니다. 하나님을 의뢰하면서도 매사의 선택에서는 자기중심적으로 할 수 있다는 착각에 결코 빠지지 말아야 합니다. 그것은 하나님을 의뢰하는 것이 아니라 오히려 그분을 조롱하는 것입니다. 게다가 하나님을 거의 또는 전혀 의뢰하지 않으면서 우리 자신의 힘과 지혜로 선한 일을 하고자 해서도 안 됩니다. 간단히 말해서, 우리는 의지하고 또 순종해야 합니다.

인생 항로에 파도가 일 때마다 우리 모두는 그 영향을 받습니다. 극심한 시련을 겪을 동안, 하나님이 존재하신다는 것을 의심하지 않을지라도 그의 선하심에 대하여는 의심할지도 모릅니다. 어쩌면 혼잣말로 이렇게 되뇔지도 모릅니다. **참으로 하나님이 나를 사랑하신다면 왜 이런 일이 일어나는 거지?** 이렇게 되면 당신의 삶에서 하나님의 사랑은 실체 없는 냉랭하고 메마른 교리로 전락해 버립니다.

당신의 실수는 "왜?"라는 의문을 품은 것입니다. 우리는 분명 일어나는 모든 일에 대한 이유를 다 알 수는 없습니다. 하지만 하나님은 아십니다. 하나님은 그 비밀을 당신에게 알리실 수도 있고 그렇지 않으실 수도 있습니다. 그건 전적으로 하나님의 소관입니다. 하나님은 당신에게 가장 좋은 것이 무엇인지를 아시며 또 당신을 사랑하십니다.

인생이란 때때로 양탄자의 아랫면을 바라보는 것과 같습니다. 보이는 것이라곤 끈과 매듭 뭉치뿐입니다. 짜임새 있는 모양과 무늬는 윗면에서만 보입니다. 이와 마찬가지로 하나님께서 당신을 그 품에 데려가셔서 모든 것을 시원스럽게 밝혀 주시며 "잘했다!"고 칭찬하시기 전까지는 알 수 없습니다. 하나님께서 욥에게 결코 대답해 주시지 않은 것도 바로

"왜?"라는 질문이었습니다. 욥은 자신이 당하고 있는 시련의 배후에 무엇이 있는가도 이해하지 못하면서 그것을 겪어야 했습니다. 그러므로 당신에게 그런 일이 생긴다면 힘을 내십시오. 다른 사람들도 다 겪는 일입니다.

하나님의 능력도, 그의 선하심과 마찬가지로 의문의 대상이 될 수 있습니다. 사태가 점점 더 절망적으로 되어 갈 때 우리는 점점 더 무력해집니다. 그 문제가 더 이상 악화되지는 않겠지 하고 스스로 위로해 보지만 실제로 더 꼬이게 되면 끝내는 좌절에 이릅니다. 마침내는 하나님도 이 일에 대해서는 어찌할 수 없다고 짐짓 생각해 버리는 지경에까지 이르게 되고 맙니다. 삶이 온통 비애와 절망과 두려움으로 뒤엉켜 버려 자신이 마치 미로에 빠진 생쥐와도 같다는 생각이 들기도 합니다. 이 골목 저 골목 다 돌아보지만 모두 막다른 골목입니다. 마귀는 당신을 비웃으며 비난합니다. 당신은 누군가 좀 도와주길 바라며 울부짖으나 돌아봐 주는 사람은 아무도 없습니다.

그러나 비록 당신 생각에는 하나님이 당신을 잊고 계신 것 같지만 결코 그렇지 않습니다. 그는 어떠한 시험도 견뎌 낼 수 있는 진정한 믿음을 당신 삶 속에 세워 주려고 하시는 것입니다.

예수님은 끊임없이 이 원리를 제자들에게 가르치셨습니다. 한 예로, 어느 날 예수님은 제자들에게 "호수 저편으로 건너가자"고 말씀하셨습니다. 그리하여 그들은 배에 올랐습니다. 배가 나아가는 동안 예수님은 잠이 드셨습니다. 마침 광풍이

호수에 불어 닥쳐 배가 물에 잠기게 되었습니다. 겁에 질린 제자들은 예수님을 깨우며 부르짖었습니다. "주여, 주여, 우리가 죽겠나이다!" 예수님은 잠을 깨신 후 바람과 물결을 꾸짖으시니 곧 광풍은 사라지고 호수가 잔잔해졌습니다. "너희 믿음이 어디 있느냐?" 놀란 제자들에게 던지신 질문이 바로 이것이었습니다(누가복음 8:22-25).

　예수님은 먼저 바람과 물결을 꾸짖으시고, 다음에는 제자들의 믿음 없는 것을 꾸짖으셨던 것을 주목하십시오. 왜 그러셨을까요? 만약 제자들이 주님께서 말씀하신 것을 기억하고 믿었더라면 염려할 것이 없었을 것입니다. 예수님이 "호수 한가운데로 가서 빠져 죽자"고 하셨습니까? 아닙니다. 그는 다만 "호수 저편으로 건너가자"고 말씀하셨던 것입니다. 예수님께서는 일단 당신을 저편으로 데려가고자 하시면, 바람이 불든 물결이 일든 상관없이 그렇게 행하십니다.

의뢰하고 또 의뢰함

이스라엘 백성들이 굶주림에 대하여 불평할 때 모세가 그들에게 한 대답을 통해서 그의 지도력을 엿볼 수 있습니다. 그는 이런 식으로 말하지 않았습니다. "글쎄, 물론 확실히는 모르겠습니다만, 하나님께서 여러분에게 고기와 떡을 주실 거라고 말씀하십니다." 그는 믿음으로 나서서 이렇게 말했습니다. "떡을 주실 것입니다. 여러분은 이 사실을 믿어도 됩니다"(출애굽기 16:8 참조). 비록 그는 고기와 떡을 볼 수는 없었지만,

하나님이 약속하셨기 때문에 틀림없이 주시리라는 것을 알고 있었습니다.

다니엘이 느부갓네살 왕에게, 약간의 시간 여유를 주면 왕이 꾼 꿈을 해석해 드리겠다고 이야기할 때에도 그와 같은 믿음이 있었던 것을 볼 수 있습니다(다니엘 2:16). 다니엘은 그때 "어쩌면 할 수 있을 겁니다" 하고 말하지 않았습니다. 그는 그 일을 하겠다고 말했습니다. 그것은 믿음입니다. 하나님께서는 우리 모두가 바로 그런 믿음의 발걸음을 내딛길 원하십니다.

하나님께서 이스라엘 백성에게 메추라기와 만나를 주신 후에(출애굽기 16:4-36), 새로운 문제가 발생했습니다. "이스라엘 자손의 온 회중이 여호와의 명령대로 신 광야에서 떠나 그 노정대로 행하여 르비딤에 장막을 쳤으나 백성이 마실 물이 없는지라, 백성이 모세와 다투어 가로되 '우리에게 물을 주어 마시게 하라.' 모세가 그들에게 이르되 '너희가 어찌하여 나와 다투느냐? 너희가 어찌하여 여호와를 시험하느냐?'"(출애굽기 17:1-2).

처음에는 양식이 없었고 이제는 물이 없었습니다. 그리하여 백성들은 모세를 불러서 물을 요구했습니다. 왜 그랬습니까? 그가 무슨 식수 탱크라도 지키고 있었습니까? 아니면 물통을 운반하는 낙타 떼의 고삐라도 쥐고 있었습니까? 그렇지 않으면 우물 파는 거대한 기계라도 가지고 있었습니까? 그렇지 않았습니다. 그 역시 백성들과 마찬가지로 곤경에 빠져 있었습니다. 뜨겁게 달구어져 타는 듯한 모래로 둘러싸여 있었습니다. 백성들은 오갈 데 없이 광야에서 죽을까 봐 두려워 모세에게로 왔습니다. 달리 의지할 데가 없었기 때문에 그에게로 왔던 것입니다.

어느 해 여름, 가족들과 함께 어머니 댁을 방문하려고 집을 나섰을 때의 일입니다. 이른 저녁때였는데 난데없이 구름이 몰려오더니 바람이 거세게 불고 비가 퍼붓기 시작했습니다. 별안간 우리 집 뒤쪽으로 난 길에 서 있는 전주에 벼락이 내리치면서 무시무시한 굉음이 나는 것이었습니다. 그때까지 그런 무서운 소리는 들어 본 적이 없었습니다. 아내와 세 아이는 기겁을 하며 내 쪽으로 뛰어왔습니다. 특히, 막내는 새파랗게 질려서 내 품에 와락 안겼습니다. 왜 그랬을까요? 사실은 나도 두렵고 당황스럽기는 그들과 마찬가지였습니다. 이유는 간단합니다. 그들은 달리 기댈 데가 없었으며, 그들에게는 내가 안전을 보장하는 피난처가 되었던 것입니다. 비록 나도 그들을 위해 실질적으로는 아무것도 할 수 없었지만, 그래도 그들은 나에게 기댔습니다. 절망적인 상황에 처해 있던 이스라엘 백성들도 이와 마찬가지였습니다. 모세는 이제 어떻게 할 것인가를 알지도 모를 유일한 사람이었던 것입니다.

"거기서 백성이 물에 갈하매 그들이 모세를 대하여 원망하여 가로되, '당신이 어찌하여 우리를 애굽에서 인도하여 내어서 우리와 우리 자녀와 우리 생축으로 목말라 죽게 하느냐?' 모세가 여호와께 부르짖어 가로되, '내가 이 백성에게 어떻게 하리이까? 그들이 얼마 아니면 내게 돌질하겠나이다'"(출애굽기 17:3-4).

하나님은 무엇이라고 대답하셨습니까? 하나님께서는 이렇게 말씀하셨습니다. "그래, 그들은 네게 돌을 던지려 할 것이다. 네가 감당하기에 쉽지 않을 것이다. 하지만 네가 할 일은 이것이다. 지팡이를 들어 반석을 쳐라."

무리한 말씀이라고요? 하지만 모세는 지팡이로 반석을 내리쳤고, 그러자 반석에서 물이 솟아 나왔습니다. 이 사건에 연관된 구절들을 찾아보면 몇 가지 놀라운 사실들을 발견할 수 있습니다. "광야에서 반석을 쪼개시고 깊은 수원에서 나는 것같이 저희에게 물을 흡족히 마시우셨으며, 또 반석에서 시내를 내사 물이 강같이 흐르게 하셨으나"(시편 78:15-16). 물이 몇 방울 똑똑 떨어진 정도가 아니라, 굽이치는 엄청난 물이 그 반석으로부터 솟구쳐 나왔던 것입니다. 그 수많은 사람과 가축을 충분히 먹이고도 남는 거대한 물줄기였습니다.

예수님은 우리가 그를 꼭 필요로 할 그때에 우리를 찾아 주셨습니다. 주님은 우리에게 물, 곧 자신의 생명을 주시고 우리와 함께하심으로 우리의 갈증을 해소시켜 주셨습니다. 그는 우리의 두려움을 잠재우고 희망을 안겨 주셨습니다. 오직 예수님만이 그 일을 하실 수 있었습니다. "다 같은 신령한 음료를 마셨으니, 이는 저희를 따르는 신령한 반석으로부터 마셨으매, 그 반석은 곧 그리스도시라"(고린도전서 10:4). 그는 이 세상에서 영적 생명, 영양, 그리고 진리의 유일한 원천이 되십니다. 수많은 철학자들이 왔다가 가고 수많은 사조들이 생겼다가는 사라져 갔습니다. 인생과 내세에 관한 많은 설(說)들이 나타났다 사라지곤 합니다. 그러나 예수님은 "어제나 오늘이나 영원토록 동일하십니다"(히브리서 13:8).

　예수님 자신의 가르침에서 이 극적인 진리를 생생하게 엿볼 수 있습니다. "명절 끝 날 곧 큰 날에 예수께서 서서 외쳐 가라사대, '누구든지 목마르거든 내게로 와서 마시라'"(요한복음 7:37). 몇 달 전에는 우물가의 여인에게 이렇게 말씀하신 적이 있습니다. "이 물을 먹는 자마다 다시 목마르려니와 내가 주는 물을 먹는 자는 영원히 목마르지 아니하리니, 나의 주는 물은 그 속에서 영생하도록 솟아나는 샘물이 되리라"(요한복음 4:13-14). 그로부터 수십 세기가 지났지만 그리스도의 샘은 다함이 없습니다.

　당신과 내가 이 세상에서 주님을 모시고 살아갈 동안 주님께서는 마치 광야에서 이스라엘 자손들을 시험하셨던 것처럼, 간간이 우리의 믿음을 시험하실 것입니다. 우리가 주님을 사랑하노라고 말하면, 주님께서는 그 말의 진실성을 보일 기회를 우리에게 주실 것입니다. 우리가 주님을 의지하노라고 말하면, 그는 우리에게 시험대를 마련하셔서 우리의 믿음이 순수하고 참된 것임을 증명하고 또한 이로 인하여 믿음이 더욱 깊어질 수 있도록 해주실 것입니다. 하지만 우리는 그 시험들이 결코 우리가 감당치 못할 것이 아니라는 사실을 압니다. "사람이 감당할 시험밖에는 너희에게 당한 것이 없나니, 오직 하나님은 미쁘사 너희가 감당치 못할 시험 당함을 허락지 아니하시고, 시험당할 즈음에 또한 피할 길을 내사 너희로 능히 감당하게 하시느니라"(고린도전서 10:13).

　하나님은 우리 성장의 한계와 용량을 아십니다. 그러므로 당신이 가는 길에 혹독한 시험을 허락하실 때 그의 약속을 신뢰하고 의지하십시오. "두려워 말라. 내가 너와 함께함이니라. 놀라지 말라. 나는 네 하나님이 됨이니라. 내가 너를 굳세게 하리라. 참으로 너를 도와주리라. 참으로 나의 의로운 오른손으로 너를 붙들리라"(이사야 41:10).

당신의 삶에 새로운 활력을 주시는, 하나님의 특별한 임재의 손길이 필요하면, 그것을 위해서도 하나님을 의뢰하십시오. "가련하고 빈핍한 자가 물을 구하되 물이 없어서 갈증으로 그들의 혀가 마를 때에 나 여호와가 그들에게 응답하겠고, 나 이스라엘의 하나님이 그들을 버리지 아니할 것이라. 내가 자산(赭山)에 강을 열며 골짜기 가운데 샘이 나게 하며 광야로 못이 되게 하며 마른 땅으로 샘 근원이 되게 할 것이며"(이사야 41:17-18).

오늘 힘이 필요하십니까? "피곤한 자에게는 능력을 주시며 무능한 자에게는 힘을 더하시나니, 소년이라도 피곤하며 곤비하며 장정이라도 넘어지며 자빠지되, 오직 여호와를 앙망하는 자는 새 힘을 얻으리니 독수리의 날개 치며 올라감 같을 것이요 달음박질하여도 곤비치 아니하겠고 걸어가도 피곤치 아니하리로다"(이사야 40:29-31).

어느 길이 바른 길인지 분별할 자신이 없을 때, 당신에게 꼭 있어야 할 것은 믿음입니다. "너는 마음을 다하여 여호와를 의뢰하고 네 명철을 의지하지 말라. 너는 범사에 그를 인정하라. 그리하면 네 길을 지도하시리라"(잠언 3:5-6).

똑같은 원리가 이스라엘 자손들이 광야 길을 행할 때에도 적용되었습니다. 계속 중요하고 강도 높은 교훈들을 배우게 되었지만, 그들이 일차적으로 깨달아야 할 교훈은 여호와 하나님께 대한 그들의 믿음을 일상생활에 실제로 적용하는 것이었습니다.

연구 주제

1. 믿음의 사람 아브라함(창세기 12-22장).
2. 믿음의 영웅들(히브리서 11장).
3. 예수님의 제자들의 믿음의 발전(4 복음서).
4. 신실하신 하나님을 믿는 믿음으로의 초대(이사야 40-66장).
5. 초대 교회에서의 믿음(사도행전).
6. 복음 안에서 믿음의 위치(로마서).

적용:

이 장에서 배운 진리들 중 나의 삶에 적용할 필요가 있는 것은 무엇인가? 그것을 어떻게 실천할 것인가?

3

책임
의무에 관한 교훈

관련 구절: 출애굽기 18-24장

사도 베드로는 변화산에서 예수님이 변형되시던 특별한 사건을 목격한 후 오랜 세월이 지난 후에도 그때의 일을 생생하게 기억하고 있다가 이렇게 썼습니다. "이 소리는 우리가 저와 함께 거룩한 산에 있을 때에 하늘로서 나옴을 들은 것이라. 또 우리에게 더 확실한 예언이 있어 어두운 데 비취는 등불과 같으니, 날이 새어 샛별이 너희 마음에 떠오르기까지 너희가 이것을 주의하는 것이 가하니라"(베드로후서 1:18-19). 베드로가 "더 확실한 예언"이라고 언급한 것은 다름 아닌 구약성경을 가리키는 것으로, 성령의 감동하심을 입은 사람들이 하나님께 받아 말한 것입니다(1:20-21).

따라서 우리는 앞으로 구약성경 말씀을 발췌하여 공부하며 많은 귀중한 교훈들을 배우고자 합니다. 앞장에서는 하나님께서 자기 백성들에게 일평생 필요하고 값진 믿음의 교훈을 어떻게 가르치셨는지 살펴보았습니다. 하나님께서 그들에게 가르치신 두 번째 교훈은 의무 이행, 곧 책임에 관한 것이었습니다.

지도자의 의무

하나님께서는 그의 백성들에게 책임과 의무에 대해 가르치시기에 앞서 먼저 모세를 활력 있고 책임감 있는 지도자로 준비시키셔야 했습니다. 이것은 후에 수행될 일들을 위해 매우 중요했는데, 백성들은 먼저 자신들을 이끄는 지도자를 통해 교훈을 배워야 하기 때문이었습니다. "이튿날에 모세가 백성을 재판하느라고 앉았고, 백성은 아침부터 저녁까지 모세의 곁에 섰는지라"(출애굽기 18:13). 모세는 지도자로서의 본연의 임무 수행에 온 힘을 기울이고 있었습니다. 최소한 자기는 그렇게 하고 있다고 생각했습니다.

모세는 늘 백성들과 긴밀한 접촉을 유지했습니다. 비록 그들이 모세를 올바로 대우하지 않고 반대하기도 했지만, 모세는 그래도 백성들과 동고동락했습니다. 일찍이 백성들은 그를 돌로 치려 했지만(출애굽기 17:4 참조), 그는 날마다 그들과 함께하며 그들을 위해 발 벗고 나서서 삶을 나누고 자신을 아낌없이 주었습니다. 나는 이 부분의 말씀을 읽으면서 내 성경 여백에 이렇게 적어 넣은 적이 있습니다. "다른 사람들이 우리를 실망시킬지라도 우리는 그들을 실망시키지 말아야 한다." 그는 책임을 다른 사람들에게 떠맡기고 자기는 멀찌감 치 물러서 있는 그런 부류의 지도자가 아니었습니다. 그것이 야말로 지도자가 갖추어야 할 큰 덕목입니다. 왜냐하면 사람들은 대개 앞장서는 지도자를 따르려 하기 때문입니다.

모세의 장인 이드로는 모세가 매일같이 숨 돌릴 틈도 없이 빡빡한 스케줄 가운데서 이리 뛰고 저리 뛰는 것을 보았습니다. 마침내 더 이상 안 되겠다고 생각한 그는 이렇게 물었습니다. "그대가 이 백성에게 행하는 이 일이 어찜이뇨? 어찌하여 그대는 홀로 앉았고 백성은 아침부터 저녁까지 그대의 곁에 섰느뇨?"(출애굽기 18:14).

모세는 곧 이렇게 대답했습니다. "그들이 일이 있으면 내게로 오나니 내가 그 양편을 판단하여 하나님의 율례와 법도를 알게 하나이다"(18:16). 모세가 그의 장인에게 한 이 말과 모든 사람에게 보여 준 행동은 근본적으로 어떤 뜻으로 한 것이었습니까? "나는 없어서는 안 될 사람이오. 왜냐하면 나밖에는 하나님께로부터 해답을 구할 수 있는 사람이 없으니까요."

그러자 이드로는 현명하고 훌륭한 제안을 했습니다. "그대의 하는 것이 선하지 못하도다. 그대와 그대와 함께한 이 백성이 필연 기력이 쇠하리니 이 일이 그대에게 너무 중함이라. 그대가 혼자 할 수 없으리라. 이제 내 말을 들으라. 내가 그대에게 방침을 가르치리니"(18:17-19). 모세가 과중한 일에 매달려 기진맥진하는 것은 그 자신에게뿐만 아니라 결국은 백성들에게까지도 해를 끼치게 되는 것이었습니다.

모세는 그의 장인의 말을 점잖게 거부할 수도 있었습니다.

"제게 충고를 하시려고요? 저는 하나님께로부터 직접 조언을 받습니다." 그런 대답은 어쩌면 자연스럽고 정상적인 것인지도 모릅니다. 그러나 모세는 지혜가 있는 사람이었으며, 지혜 있는 사람은 다른 사람의 말에 귀를 기울입니다. 훌륭한 충고에 계속해서 귀를 닫는 사람은 큰 곤경에 처하게 됩니다.

모세가 충고에 마음이 열려 있었기에 이드로는 말을 이었습니다. "그대는 백성을 위하여 하나님 앞에 있어서 소송을 하나님께 베풀며, 그들에게 율례와 법도를 가르쳐서 마땅히 갈 길과 할 일을 그들에게 보이고"(18:19-20). 이드로는 모세에게 지도자로서의 의무 중 하나인 의사소통에 관하여 가르쳤습니다.

이어서 이드로는 모세에게 일의 분담에 대한 원리를 이야기해 주었습니다. "그대는 또 온 백성 가운데서 재덕이 겸전한 자 곧 하나님을 두려워하며 진실무망하며 불의한 이를 미워하는 자를 빼서 백성 위에 세워 천부장과 백부장과 오십부장과 십부장을 삼아 그들로 때를 따라 백성을 재판하게 하라. 무릇 큰일이면 그대에게 베풀 것이고 무릇 작은 일이면 그들이 스스로 재판할 것이니, 그리하면 그들이 그대와 함께 담당할 것인즉 일이 그대에게 쉬우리라"(18:21-22).

이 말씀들은 하나님께서 내게 맡겨 주신 지도자로서의 여러 책임들을 감당해 나갈 때 큰 도움이 되었습니다. 모세가 지도자로서 첫 번째로 감당해야 했던 가장 중요한 책임은 백성들을 위해 기도하는 일이었으며, 둘째는, 백성들에게 하나님의 율례와 법도를 가르치는 선생이 되는 것이었습니다.

셋째로, 그는 백성들에게 마땅히 갈 길과 할 일을 보여 주어야 했으며, 넷째로, 자신이 맡은 몇 가지 책임을 다른 사람들에게 분담해 주어야 했습니다.

이런 교훈들은 누가 가르쳐 준다기보다는 은연중 배우게 되는 경우가 많습니다. 지금은 위클리프 성경 번역 협회에서 주님을 섬기고 있는 케니 워터스는 일본의 진주만 공습이 있은 직후 그곳에 주둔한 해군 부대에 근무할 때 단 로젠버거를 그리스도께 인도했습니다.

주님을 영접한 지 얼마 안 되어 단은 케니가 늘 30분씩 일찍 출근하여 자기 책상 서랍에서 성경을 꺼내 읽는다는 사실을 알게 되었습니다. 그리하여 단도 성경을 한 권 사서 자기 책상 서랍에 넣어 두고 매일 아침 30분씩 일찍 출근하여 그것을 꺼내 읽기 시작했습니다.

케니에게는 단의 호기심을 불러일으키는 또 하나의 특이한 습관이 있었습니다. 일과 후면, 케니는 진주만이 내려다보이는 언덕에 가곤 하는 것이었습니다. 어느 날 오후 단은 케니의 뒤를 살금살금 따라가 보았습니다. 언덕배기 외진 곳에 이르러 케니는 무릎을 꿇는 것이었습니다. 단은 몸을 숨긴 채 케니가 기도하는 소리를 들을 수 있었습니다. 단은 조용히 거기를 빠져나와 언덕 사면 다른 곳에 가서 기도를 하였습니다. 이것은 능력 있고 생산적인 기도 생활로 발전되었습니다.

이드로의 말에 따라 모세는 백성들에게 몇 가지 사항을 가르쳐야 했습니다. 먼저 개인적인 삶과 관련하여서는 '그들이 가야 할 길을,' 직무와 관련하여서는 '그들이 해야 할 일을'

보여야 했습니다(18:20). 그 당시도 오늘날과 마찬가지로 사람들은 말로만 듣는 것보다는 훌륭한 본을 봄으로써 더 많은 것을 배울 수 있었습니다.

우리 모두는 지도자로서, 본을 보이는 자 곧 우리가 전하고자 하는 하나님의 진리를 실천하는 살아 있는 본이 될 필요가 있습니다. 이런 식으로 가르침받는 사람은 자연히 살아 움직이는 하나님의 진리를 볼 수 있습니다. 사도 바울은 "내가 그리스도를 본받는 자 된 것같이 너희는 나를 본받는 자 되라"(고린도전서 11:1)고 말했습니다.

"이에 모세가 자기 장인의 말을 듣고 그 모든 말대로 하여"(출애굽기 18:24). 모세는 백성들에 대한 자기의 책임이 무엇인지 알게 되었고, 이제는 그들에게 하나님과 다른 사람들에 대한 그들의 의무에 대해 가르칠 수 있었습니다.

백성의 의무

잠시만 함께 생각해 봅시다. 가장 최근에 십계명에 관한 책을 읽거나 설교를 들은 것은 언제였습니까? 우리는 흔히 그 십계명 속에 집약되어 있는 원리인 하나님께 대한 의무와 다른 사람들에 대한 의무를 간과하는 경우가 많습니다. 이것은 너무나도 무미건조하며 강압적이고 해묵은 형태의 율법주의에 대한 과민 반응에서 나온 현상일지도 모르겠습니다. 그렇다고 해서 신약의 자유와 해방이 율법을 대체하게 되었습니까? 아닙니다. 그럼에도 방종이 율법의 자리를 잘못 차지하는 경우가 종종 있습니다. 강압적인 율법주의에 대한 반발로 법을 부정하게 되면 우리의 설 자리는 없어지고 맙니다.

하나님의 법을 부정적으로 받아들이는 우리의 사고방식에 문제가 있습니다. 십계명은 우리의 행복과 안녕을 위해 주신 것이지 우리에게 손해를 끼치려고 주신 것은 아닙니다. 살아가는 데 있어 어떤 제약들은 필수적입니다. 교통법규가 있기에 고속도로나 각종 도로 상에서의 사고를 예방함으로 수많은 인명을 구할 수 있습니다. 의약품 관련법은 약물의 오용이나 남용으로부터 사람들을 보호해 줍니다.

더욱이 하나님께서는 이 십계명을 철회하신 적이 없으십니다. 네비게이토 선교회의 미국 동해안 지역 선교 책임자인 스킵 그레이는 주님께서 그 계명 하나하나를 신약에서 되풀이하여 가르치신 것을 지적했습니다. 다음 관련 구절들을 점검해 보십시오.

- 첫째와 둘째 계명-마태복음 4:10
- 셋째 계명-야고보서 5:12, 마태복음 5:33-37
- 넷째 계명-사도행전 20:7(그 외에도 초대 교회에서 일주일 중 하루를 떼어 하나님을 예배하는 것을 보여 주고 있는 구절들이 많이 있음)
- 다섯째 계명-에베소서 6:1-3
- 여섯째 계명-마태복음 5:21-22, 요한일서 3:15
- 일곱째 계명-갈라디아서 5:19-21, 에베소서 5:3, 히브리서 13:4

- 여덟째 계명-에베소서 4:28
- 아홉째 계명-마태복음 15:19, 에베소서 4:25
- 열째 계명-누가복음 12:15, 디모데전서 6:10, 로마서 7:7

이 말씀들을 비롯하여 신약의 여러 말씀들을 볼 때 하나님께서는 그 계명의 수준들을 여전히 중요하게 여기고 계신다는 것을 알 수 있습니다. 하나님은 이 세상 모든 사람들을 위해 주신 율법을 철회하지 않으셨을 뿐만 아니라, 우리의 순종을 요구하고 계십니다. 그러나 하나님께서는 또한 우리가 능히 그 율법을 지킬 수 있도록 성령을 통하여 우리 마음에 사랑을 심어 주셨습니다.

하나님께서는 그의 율법에서 서로에 대한 사랑을 강조하셨습니다. "피차 사랑의 빚 외에는 아무에게든지 아무 빚도 지지 말라. 남을 사랑하는 자는 율법을 다 이루었느니라. 간음하지 말라, 살인하지 말라, 도적질하지 말라, 탐내지 말라 한 것과 그 외에 다른 계명이 있을지라도 '네 이웃을 네 자신과 같이 사랑하라' 하신 그 말씀 가운데 다 들었느니라. 사랑은 이웃에게 악을 행치 아니하나니, 그러므로 사랑은 율법의 완성이니라"(로마서 13:8-10).

내가 이웃을 사랑한다면 그를 죽이지 않을 것이며, 거짓 증거하지도 않을 것이요, 도적질도 하지 않고, 그 밖에 해를 끼치는 짓은 하지 않으리라는 것이 분명합니다. 또한 명백한 것은, 내가 하나님을 사랑하면 그를 기리고 찬양하고 예배할 것이라는 점입니다. 예수 그리스도께서는 우리 마음에 들어와 거하시면서 하나님의 계명 가운데로 우리를 인도하시고 우리로 하여금 그 계명들을 지킬 수 있게 하십니다.

하나님께 대한 제반 의무

백성들이 하나님의 율법을 받아들일 준비가 다 갖추어지자 (출애굽기 19장), 그들에게 이런 말씀이 임했습니다. "나는 너를 애굽 땅, 종 되었던 집에서 인도하여 낸 너의 하나님 여호와로라"(20:2). 하나님께서는 그들이 자신들에게 이 율법들을 주는 이가 누구인지 기억하기를 원하셨습니다. 그는 그들의 구원자이셨습니다. 애굽에서 종살이하던 그들을 이끌어 내셨던 분이었습니다. 그들에게 말씀하시려는 모든 것이 그분의 크신 자비와 은혜를 기반으로 하는 것이었습니다. 요컨대 하나님은 이렇게 말씀하고 계셨던 것입니다. "너희에게 채찍을 휘둘러 대던 감독자들을 기억하느냐? 나는 너희를 그들로부터 구해 냈다! 과로로 기진맥진하던 시간들, 채찍의 고통, 그 절망과 좌절감을 기억하느냐? 나는 너희를 구해 냈다! 나는 너희를 그 모든 것에서 이끌어 낸 자니라. 이로써 나는 나의 은혜와 자비와 사랑을 보여 주었다. 이제, 우리가 함께 교제를 나누기 위하여, 내가 너희에게 기대하는 바가 몇 가지 있다."

우리가 지금 논의하고 있는 의무, 곧 십계명을 지키는 의무란 자기 백성들을 위해 놀라운 일을 이루어 주신 분에 대하여 사랑의 응답을 보이는 것입니다.

하나님의 자비는 심판을 받아 마땅한 우리로 심판을 받지 않게 해주며, 하나님의 은혜는 축복을 받을 자격이 없는 우리에게 축복을 쏟아 부어 줍니다. 참으로 놀라운 조화입니다. 하나님께로부터 사랑에 기초한 자비와 은혜를 입는 것만큼 놀라운 특권은 없습니다. 이스라엘에게 그런 특권이 주어졌고 오늘날 우리 모든 그리스도인에게도 그런 특권이 베풀어졌습니다. 이를 기초로 하여, 하나님은 우리에게서 무엇을 기대하십니까?

첫째와 둘째 계명

"너는 나 외에는 다른 신들을 네게 있게 말지니라. 너를 위하여 새긴 우상을 만들지 말고, 또 위로 하늘에 있는 것이나 아래로 땅에 있는 것이나 땅 아래 물속에 있는 것의 아무 형상이든지 만들지 말며 그것들에게 절하지 말며 그것들을 섬기지 말라"(출애굽기 20:3-5). 하나님은 자신과 우리 사이에 그 어느 것도 끼어들지 못하게 하시며, 우리가 하나님을 빗대어 어떤 형상을 만들거나 다른 숭배의 대상을 만드는 것을 엄히 금하십니다. 왜 그렇습니까? 하나님은 왜 우상 숭배를 금하는 말씀부터 하셨겠습니까? 다른 신은 없기 때문입니다. 신은 오직 한 분밖에는 안 계십니다.

그러나 실제적인 문제는 다른 어떤 것을 하나님보다 더 사랑하는 데 있습니다. 충분히 그럴 여지가 있습니다. 우리는 하나님의 자리에 다른 것을 놓을 수도 있습니다. 그러나 하나님은 결코 그러지 말라고 말씀하십니다. 하나님은 우리의 예배에서 첫 번째 자리를 원하시는 것이 아니라, 유일한 자리를 원하십니다. 하나님이 계시다면 둘째 자리란 없습니다. 오직 하나님뿐입니다. 사람들이 종종 "하나님은 내 삶에서 첫 번째 자리를 차지하고 계십니다"라고 말하는 것을 듣는데, 이 말은 두 번째 자리를 차지하고 있는 뭔가를 생각하게 합니다.

예를 들어, 내가 댈러스에 가서 집에 전화를 걸어 이렇게 이야기했다고 상상해 보십시오. "여보, 나 지금 여기서 아주 좋은 시간을 보내고 있소. 모든 게 다 잘 되어 가고 있소. 그런데 말이오, 지금은 다른 여자와 함께 다니며 즐거운 시간을 보내고 있어요. 하지만 걱정 말아요. 당신은 여전히 첫째요." 뉴올리언스에 가서도 집에 전화를 걸어 똑같은 이야기를 하고, 뉴욕에 가서도 그렇게 한다고 해봅시다. 내 아내가 어떻게 생각하겠습니까? 아내는 나의 삶에서 첫째 여자가 되길 원치 않습니다. 아내는 유일한 여자가 되길 원합니다. 실제로 아내는 나에게 유일한 여자입니다.

하나님과 비길 수 있는 게 무엇입니까? 돈? 명예? 권력? 쾌락? 하나님과 같은 위치에 둘 수 있는 것은 결코 아무것도 없으며, 그에 비길 만한 것도 있을 수 없습니다. 하나님만이 우리 삶에서 유일한 자리를 차지하셔야 합니다.

그다음, 하나님께서는 우상 숭배에 대하여 말씀하십니다. "그것들에게 절하지 말며 그것들을 섬기지 말라"(출애굽기 20:5). 분명히 우리는 하나님 보시기에 바른 것을 행하지만 여전히 온전치 못한 마음으로 할 수가 있습니다(고린도전서 13:1-3 참조). 그러나 우리가 그릇된 동기에서 행하는 일이라면 거기에는 아무런 도덕적 가치가 없습니다.

승리의 삶을 사는 한 가지 방법은, 바른 것을 행하기를 힘쓰고, 행하지 못했을 때에는 애통해하는 것입니다. 그러나 하나님에 대한 사랑에서 그것을 해야지 의무감으로 해서는 안 됩니다.

유명한 4컷짜리 연재만화에서, 데니스는 엄마가 일하고 있는 뜰로 나가 묻습니다. "엄마, 오늘이 밸런타인데이 아녜요?" 그렇다는 대답을 듣고 그는 엄마한테 줄 밸런타인데이 카드를 만들려고 집안으로 들어갑니다.

일에 빠져 있던 엄마는 불현듯 떠오르는 바가 있어 집안으로 달려 들어갑니다. 그러나 한발 늦었습니다. 종이, 잉크, 풀, 온갖 부스러기가 사방에 널려 난장판을 이루고 있습니다. 순진한 데니스는 그가 만든 너저분한 카드를 건네주면서 자랑스럽게 말했습니다. "엄마, 이거 엄마한테 드리는 거예요. 엄마, 사랑해요."

그다음 컷에서는 데니스가 묻고 있습니다. "어, 엄마, 왜 이렇게 꼭 껴안는 거예요?" 마지막 컷에서 엄마는 이렇게 대답합니다. "데니스야, 엄마도 너를 사랑하기 때문이란다." 데니스가 올바로 한 것입니까? 아닙니다. 하지만 엄마는 그의 행동과 아울러 골치 아픈 결과마저 감싸 안은 것입니다. 그것이 사랑에서 나온 행위였기 때문입니다.

우리는 모두 데니스와 같습니다. 우리는 마음으로 하나님을 섬기고자 합니다. 아마도 우리의 행동은 불완전한 것이지만 우리가 주님을 사랑하기 때문에, 또한 그가 우리를 죄로부터 구원해 주셨기 때문에 그렇게 합니다. 그분은 우리를 노예 생활로부터 구출해 주신 우리 주님, 우리 하나님이십니다. 우리가 그를 섬기고자 어떤 일을 하며 사랑으로 응답할 때 그것이 비록 불완전하다고 해도 하나님은 그걸 받으십니다.

　이것은 어설프게 주님 섬기는 것을 옹호하려고 하는 말은 아닙니다. 우리는 어떤 주어진 상황에서든 온 정성을 기울여 최선을 다해야 합니다. 그러나 하나님의 우선적인 관심은 우리의 마음, 우리의 사랑, 우리의 헌신에 있습니다. 이것들이 우리를 인도하여 우리로 하여금 그가 원하실 때마다, 우리에게 원하시는 것을 행하여 그를 섬기고자 하는 열망을 갖게 합니다.

셋째 계명

"너는 너의 하나님 여호와의 이름을 망령되이 일컫지 말라. 나 여호와는 나의 이름을 망령되이 일컫는 자를 죄 없다 하지 아니하리라"(출애굽기 20:7). 누구든지 하나님에 대하여 경망스럽게 말하는 것은 그 생각이 그렇기 때문입니다. 하나님은 거룩하시고, 전지, 전능, 편재하시며, 모든 영역에서 뛰어나십니다. 비록 그가 우리와 생명을 나누고 마음과 마음으로 이어진 사랑의 관계를 맺고 계시지만, 엄연한 사실 한 가지는 그는 그저 "높으신 분"은 아니라는 점입니다. 우리는 하나님과 단지 어쩌다 맺은 관계에 있는 것이 아닙니다. 그는 거룩하시며 의로우십니다. 하나님을 올바로 경배하는 사람은 결코 그의 이름을 망령되이 부르지 않을 것입니다.

넷째 계명

"안식일을 기억하여 거룩히 지키라. 엿새 동안은 힘써 네 모든 일을 행할 것이나 제칠 일은 너의 하나님 여호와의 안식일인즉… 아무 일도 하지 말라"(출애굽기 20:8-10). 여기서 하나님은 우리로 하여금 최대로 생산적인 삶을 살 수 있도록 우리의 생활을 조정해 주고 계십니다. 하나님이 말씀하시고자 하는 것은, 우리가 일정량의 시간을 주님께 떼어 놓으면 그 나머지 시간을 더 효과적으로 활용할 수 있다는 점입니다.

도슨 트로트맨이 한번은 전도단원의 멤버인 한 형제와 함께 일한 적이 있었습니다. 그 형제는 웬일인지 의욕이 점점 떨어져서 얼마 안 되어 맡은 사역을 그만두고 떠나 버렸습니다. 도슨은 그가 주일에-일주일 모두가 마찬가지이겠지만 더더욱 주일에-주님을 위해 시간을 드리지 않고 육신의 즐거움을 추구하는 것을 알게 되었습니다. 물론 이것은 지금 우리가 함께 일하고 있는 형제들의 삶에서도 주의 깊게 살펴보아야 할 사항입니다. 주님의 사역을 수행하는 데 요청되는 헌신의 수준에 의욕이 못 미칠 때 문제가 싹트는 법입니다. 그렇게 되면 육신의 힘을 의뢰하려 들든지, 아니면 도중하차하든지 할 것입니다.

이 형제가 떠나간 뒤에, 도슨은 그를 찾아가서 다음 구절을 일러 주었습니다. "만일 안식일에 네 발을 금하여 내 성일에 오락을 행치 아니하고, 안식일을 일컬어 즐거운 날이라, 여호와의 성일을 존귀한 날이라 하여, 이를 존귀히 여기고 네 길로 행치 아니하며 네 오락을 구치 아니하며 사사로운 말을 하지 아니하면 네가 여호와의 안에서 즐거움을 얻을 것이라. 내가 너를 땅의 높은 곳에 올리고 네 조상 야곱의 업으로 기르리라. 여호와의 입의 말이니라"(이사야 58:13-14). 그 결과 이 형제는 다시 하나님을 섬기고자 하는 동기를 얻어 주님과의 교제를 회복했으며 주님 안에서 열매 맺는 삶을 살게 되었습니다.

성경 전체를 통하여 하나님께서는 이레 중 하루를 하나님을 알고 그를 섬기기 위한 시간으로 떼어 놓으라고 권고하고 계십니다. 그렇게 하면 우리는 나머지 시간을 가지고도 훨씬 많은 일을 해낼 수 있을 것입니다. 지금까지 그렇게 하고자 노력해 온 사람이라면 그 말씀의 진리를 경험으로 알고 있습니다.

사람들에 대한 제반 의무

그 다음에 나오는 여섯 계명은 사람들 상호 간에 이행해야 할 책임에 대하여 다루고 있습니다. 우리가 하나님을 온전히 사랑하려면 하나님을 사랑하는 것과 마찬가지로 다른 사람들도 사랑해야 합니다.

다섯째 계명

"네 부모를 공경하라. 그리하면 너의 하나님 나 여호와가 네게 준 땅에서 네 생명이 길리라"(출애굽기 20:12). 공경하라는 이 명령은 가족 관계의 기본입니다. 우리는 여러 가지 방법으로 가족들을 공경할 수 있지만 그 핵심은 가족들이 우리 자신의 삶의 일부가 되도록 하는 것입니다. 공경심을 나타내는 방법을 모범을 통해 보여 주는 것은 부모의 책임입니다.

언젠가 나는 시카고로 비행기를 타고 가는 길에 둘째 아들 랜디에게 편지를 쓴 적이 있습니다. 그 아이는 네비게이토 여름 훈련 프로그램에 참석차 하와이에 가 있었습니다. 나는 편지에 요즈음 우리 고양이가 이상하리만큼 얌전해졌다는 이야기와 뜰에 심은 장미와 옥수수에 관한 이야기를 썼습니다. 편지에 무슨 깜짝 놀랄 만한 중요한 소식은 하나도 없었습니다. 하지만 굳이 그런 편지를 한 것은 랜디를 나의 생활 속으로 끌어들이고자 함이었습니다. 이것은 플리니(A.D. 62-113)가 조언한 바와 같습니다. 그는 한 친구에게 이런 편지를 썼다고 합니다. "자네는 아무것도 쓸 말이 없다고 그러는데, 그렇다면 아무 쓸 말이 없다고 내게 편지해 주게."

이런 일은 시시하고 때로는 어리석게도 보이기 때문에 실제로 그렇게 하는 사람들이 많지 않은 것 같습니다. 그러나 그렇지 않습니다. 자녀들을 귀히 여기고 있음을 이런 식으로 나타낼 때 자녀들도 그대로 본받아 부모님을 자신들의 삶에 받아들이는 법을 배우게 되는 것입니다.

공경심의 표현은 또한 부부 관계에도 영향을 미칩니다. 사도 바울은 이렇게 말했습니다. "그러나 너희[남편들]도 각각 자기의 아내 사랑하기를 자기같이 하고 아내도 그 남편을 경외하라"(에베소서 5:33). 베드로도 남편과 아내의 관계에 대해 언급했습니다. "남편 된 자들아, 이와 같이 지식을 따라 너희 아내와 동거하고, 저는 더 연약한 그릇이요 또 생명의 은혜를 유업으로 함께 받을 자로 알아 귀히 여기라. 이는 너희 기도가 막히지 아니하게 하려 함이라"(베드로전서 3:7). 일단의 기혼 여성들을 대상으로 실시한 어느 여론 조사에서 남편들이 무엇을 해주기를 원하느냐는 설문이 있었습니다. 거의 일치된 답변은 식탁에서 의자를 빼 자리를 마련해 준다든지 자동차를 탈 때 문을 열어 주는 것과 같은 작은 일에서 호의를 보여 주기를 바란다는 것이었습니다.

사실, "공경의 원리"는 가족 관계의 전 영역에 적용됩니다. 남편은 아내를, 아내는 남편을 공경하고, 또 부모는 자녀를 귀히 여기게 되면, 자녀들은 부모를 공경하는 법을 배우게 됩니다.

이 원리를 지속적으로 실천해 가는 것이 무엇보다도 중요합니다. 작은 일들에서 아내는 남편을, 남편은 아내를 귀히 여기는 방법을 찾아야 합니다. 부모는 자녀들에게 주님과 교제하는 삶을 가르치고 또 그들의 삶을 함께 나누어야 합니다. 자녀들은 부모를 공경하는 법을 배우고 힘써야 합니다. 가족 모두가 서로를 공경하고 귀히 여기는 가정을 만드는 것이 중요합니다.

작은 일들이 중요합니다. 당신 기억 속에 어떤 일들이 계속 남아서 잊혀지지 않고 있습니까? 몸져누워 있을 때 생각지 않은 친구가 찾아 준 때의 일은 대부분의 사람들이 잊을 수가 없을 것입니다. 온 가족이 막 여행을 마치고 돌아와 피곤한 가운데 있을 때, 이웃집에서 가져다 준 특별한 음식을 잊지 못할 것입니다. 또는 결혼식장에 갈 채비를 차리고 방문을 나서는데, 철부지로만 알고 있던 아들 녀석이 깨끗하게 닦아 놓은 구두를 발견했을 때의 기분은 어떻습니까?

나는 크리스마스 때 한 가지 규칙을 정하여 선물 교환을 하고 있는 어느 가정을 알고 있습니다. 규칙이란 돈이 안 드는 선물을 하는 것입니다. 그들은 가족의 이름을 떠올리며 새해에 그를 위해 어떤 좋은 것을 해줄지 생각합니다. 큰 것이 아닙니다. 어떤 면으로든 그에게 도움이 되고 그의 삶을 조금이라도 밝게 해줄 수 있는 것이면 됩니다.

옛 찬송에도 이런 것이 있습니다.

위대한 일을 할 수 있을 때까지 너 기다리지 말아라.
네 빛이 저 멀리 비칠 때까지 너 기다리지 말아라.
네 가까이 널려 있는 작은 일들에 늘 성실하며,
지금 네 서 있는 모퉁이를 밝혀라.

우리 중에 어떤 거창한 업적으로 역사에 길이 기억될 사람은 별로 많지 않을 것입니다. 그러나 누군가의 마음에 새 힘을 주고 하루를 밝게 해주는 작은 일은 누구나 할 수 있습니다. 공경은 여기에서 시작됩니다.

여섯째 계명

"살인하지 말지니라"(출애굽기 20:13). 하나님은 생명을 신성하게 여기십니다. 한 생명이 사라질 때, 멀리 아담으로부터 이어져 내려온 어떤 것이 끊어지는 셈이 되는 것입니다.

예수님은 이 계명의 핵심을 찔러 이렇게 말씀하셨습니다. "옛 사람에게 말한바, '살인치 말라. 누구든지 살인하면 심판을 받게 되리라' 하였다는 것을 너희가 들었으나, 나는 너희에게 이르노니, 형제에게 노하는 자마다 심판을 받게 되고"(마태복음 5:21-22). 가인이 그 동생을 죽인 것도 우발적인 사건이 아니었습니다. 그의 마음에 품은 분이 동생을 죽이기에 이른 것입니다.

다른 사람을 파멸시키는 길은 살인만이 아닙니다. 바보라고 부르는 것은 생명보다도 귀한 그의 좋은 이름을 강탈하는 행위입니다. 사랑하는 사람으로부터 무시를 당하고 멸시를 받거나 다른 사람들 면전에서 놀림을 당하는 등 고통과 좌절의 나날을 보내야 하는 사람들도 있습니다. 생명은 신성한 것입니다. 하나님께서는 어떤 식으로든 한 생명을 파괴하는 것을 금하십니다. 무례한 언어든, 해를 가하는 행동이든, 혹은 윽박지르거나 미워하는 태도든, 어떤 형태로든 한 생명을 파멸에 이르게 하는 것은 하나님께서 금하시는 바입니다.

일곱째 계명

"간음하지 말지니라"(출애굽기 20:14). 순결한 삶은 중요합니다. 하지만 어떻게 하면 순결을 유지할 수 있습니까? "내가 이르노니 너희는 성령을 좇아 행하라. 그리하면 육체의 욕심을 이루지 아니하리라"(갈라디아서 5:16). 여기서 "육체의 욕심"이라 함은 음란을 포함한 육신의 정욕을 말합니다.

나는 한때 비행 공포에 시달린 적이 있습니다. 일의 성격상 이따금씩 비행기를 타야 할 때가 있는데 그게 무척이나 싫었습니다. 솔직히 말해서 차라리 한 대 세게 얻어맞는 편이 도리어 낫겠다는 생각이 들 정도였습니다. 그러다가 한번은 조종사 바로 옆 좌석에 앉게 되었는데, 그는 어떤 원리에 의해서 비행기가 하늘을 나는지를 내게 설명해 주었습니다. "비행기가 활주로 위를 빠른 속도로 달리게 되면 비행기 날개 주위의 압력 차에 의해 '양력(揚力)'이 생깁니다. 비행기가 일정 속도에 도달하면 이 양력이 중력보다 커져서 비행기가 공중에 뜨게 되지요." 이렇게 비행 원리를 확신 있게 설명하는 그의 태도가 내게 믿음을 주었고 그때부터는 마음이 놓이기 시작했습니다.

양력의 원리를 생각하면서 그것이 우리 삶에는 어떻게 적용될 수 있을까에 대해서도 생각해 보았습니다. 성령 안에서 앞으로 나아가면 어떻게 될까요? 성령 안에서 앞으로 나아가면 밑으로 잡아끄는 육체의 힘을 극복하게 됩니다. 실제로 시험해 볼 수도 있습니다. 하나님의 일들을 "추진해 보십시오." 그리고서는 세상과 육체와 마귀가 끄는 힘을 뿌리치고 위로 떠오르는 데 충분한 "양력"이 생기는지 알아보십시오.

병든 자녀를 위해 무릎을 꿇고 기도하는 동안에 육체의 정욕에 빠지는 사람은 거의 없습니다. 왜 그렇습니까? 기도는 성령의 일이며 그것이 우리를 육체의 일들에 붙들리지 않게 해주기 때문입니다.

바쁜 것이 반드시 영적 승리의 열쇠가 되는 것은 아닙니다.

그리스도와의 교제와 그분께 대한 순종이 영적 승리를 가져다줍니다. 이 말은 곧 우리가 성경공부, 기도, 증거 등과 같이 영에 속한 일들에 적극적으로 힘써야 한다는 뜻입니다. 주님께서는 이런 활동들을 통하여 우리가 일곱째 계명에 순종할 수 있도록 도와주실 것입니다.

여덟째 계명
"도적질하지 말지니라"(출애굽기 20:15). 항상 정직하기란 쉬운 일이 아닙니다. 출장을 가서 사용한 돈이 사적인 것인지 공적인 것인지가 애매한 경우가 많습니다. 이럴 때 우리의 정직성이 시험대에 오릅니다.

우리의 정직을 시험하는 일들이 도처에 깔려 있습니다. 덴버에서 일일 수양회에 참석했을 때 있었던 일이 생각납니다. 날씨가 무척 덥고 목이 말라 다른 사람들이 모두 분담토의에 참석한 사이에 나는 봅이라는 형제와 함께 시원한 음료수를 마시러 근처 휴게소로 내려갔습니다. 봅이 10센트짜리 동전을 자동판매기 주입구에 넣자(그 당시에는 청량 음료수 가격이 10센트였습니다) "덜커덩" 하면서 청량 음료수가 한 병 나왔습니다. 나는 마침 5센트짜리 동전이 두 개 있어서 먼저 한 개를 넣고 또 한 개를 넣으려고 하는데 판매기가 작동되면서 음료수가 한 병 나왔습니다.

'이거 괜찮은데, 5센트 벌었잖아!'라는 생각이 들었습니다. 그러나 하나님께서는 조용히 "리로이, 그건 네 돈이 아니잖니"라고 말씀해 주셨습니다. 나는 이런 식으로 그까짓 5센트짜리 동전 하나를 손에 넣고 싶어 한 적은 결코 없었습니다. 그런데 그걸 탐내다니…. 나는 휴게소 주인에게 가서 자동판매기가 고장 났다고 말하며 나머지 동전을 건네주었습니다.

그는 나를 "정직하신 분!"이라며 좋아했습니다.

이 원리는 삶의 다른 영역에도 똑같이 적용됩니다. 예를 들면, 다른 사람이 애써 일해 놓은 것을 가지고 내가 칭찬을 듣는 수가 있는데, 이것은 다른 사람의 명예를 훔치는 것과 같습니다. 은행에서 돈을 터는 것 말고도 이 같은 도적질은 많이 있습니다. 우리는 그것을 항상 경계해야 합니다.

아홉째 계명

"네 이웃에 대하여 거짓 증거하지 말지니라"(출애굽기 20:16). 이것은 물론 여러 가지 형태로 나타날 수 있습니다. 이를테면 거짓말, 험담, 중상모략, 무고, 과장 등이 그것입니다. 적당히 거짓말을 섞어 하고, 잘못된 일을 잘못이 없는 것처럼 교묘히 둘러대다가 회사로부터 쫓겨난 사람도 있습니다. 거짓 증거는 파멸입니다.

거짓 증거는 또한 속이려는 의도가 있는 대수롭지 않아 보이는 거짓말도 해당됩니다. 자기가 하지도 않은 일을 자랑하고, 어떤 것을 약속해 놓고는 이행하지 않고, 그리고는 변명하고, 보고서를 작성할 때 실제보다 잘 보이려고 그럴듯하게 꾸미기가 쉽습니다.

우리 어머니는 종종 이런 말씀을 하시곤 했습니다. "진실을 말하여 마귀를 부끄럽게 만들어라." 어릴 적에는 그 말이 무슨 뜻인지 몰랐지만 이제 서서히 그 진의를 파악하게 되는 것 같습니다. 우리가 매일의 삶에서 주님과 동행하며 형통하기를 원한다면 거짓을 멀리해야 합니다. 거짓말을 할 때 거짓의 아비인 마귀는 우리를 쓸모없는 시민, 쓸모없는 그리스도인으로 만들고 맙니다. 우리가 진실을 말할 때 우리는 그 마귀를 부끄럽게 만드는 셈이 됩니다.

열째 계명

"네 이웃의 집을 탐내지 말지니라. 네 이웃의 아내나 그의 남종이나 그의 여종이나 그의 소나 그의 나귀나 무릇 네 이웃의 소유를 탐내지 말지니라"(출애굽기 20:17). 따지고 보면, 탐심은 하나님의 관리를 잘못되었다고 비난하는 것입니다. 하나님은 모든 것의 주인이시므로 당신에게 그리고 다른 사람들에게 무엇을 분배해 줄 것인지를 결정하십니다. 우리가 탐심을 품는 것은 자신의 소유를 관리하시는 하나님의 방식에 대해 이의를 제기하고 그분과 논쟁을 벌이는 것이 됩니다.

탐심이라는 독소에 대한 해독제는 '주는 것'입니다. "주라. 그리하면 너희에게 줄 것이니, 곧 후히 되어 누르고 흔들어 넘치도록 하여 너희에게 안겨 주리라. 너희의 헤아리는 그 헤아림으로 너희도 헤아림을 도로 받을 것이니라"(누가복음 6:38). 우리 그리스도인은 본질적으로 하나님의 전달 통로입니다. 말하자면 우리는 그의 화물취급소입니다. 하나님께서는 우리에게 하나님을 대신하여 우리 주위의 곤궁한 사람들에게 물질을 전달하는 역할을 맡기셨습니다. 물질은 우리를 타락시켜 우리의 전달 역할을 망각하고 자신을 위하여 쌓아 두게 만드는 경향이 있습니다. 이 때문에 우리의 손을 통하여 하나님께서 나눠 주시는 양은 제한을 받을 수밖에 없게 됩니다. 그러나 일단 이 문제가 극복되기만 하면, 하나님께서 우리 삶을 통로로 베푸시는 축복은 놀라울 정도입니다. 우리는 하나님께서 우리를 통해 세계복음화 계획을 최대로 구현하시기를 열망해야 합니다.

하늘나라에는 탐내지 않고 후히 주는 사람들을 위한 온갖 축복들이 넘쳐 나고 있습니다. 그것은 마치 문이 열려 곡식을 내보내기만을 기다리는 꽉 찬 곡물 창고와 같습니다. 하나님은 하늘의 창을 열고 온갖 축복들을 두루 내려 주고 싶어 하십니다. 알라딘이 마술 램프를 그저 문지르기만 하면 거구의 램프의 종이 나타났습니다. 알리바바는 "열려라, 참깨!" 하고 외치기만 하면 되었습니다. 그리스도인이 하나님 앞에서 해야 할 일의 전부는 후히 주는 법을 배우는 것입니다. "만군의 여호와가 이르노라. 너희의 온전한 십일조를 창고에 들여 나의 집에 양식이 있게 하고, 그것으로 나를 시험하여 내가 하늘 문을 열고 너희에게 복을 쌓을 곳이 없도록 붓지 아니하나 보라"(말라기 3:10).

요약

하나님의 십계명은 그분의 성품의 한 표현입니다. 그러나 에덴동산 이래로 인간은 그 신성한 제한들을 벗어 버리려고 해왔습니다.

하나님께서는 우리가 바른 길로 가도록, 분명하고 간략하며 이해하기 쉬운 지침을 남겨 주셨습니다. 그 계명들을 읽거나 들어 보면 우리는 본능적으로 그것들이 선하고 올바르다는 것을 알 수 있습니다. 거기에는 하나님과 사람에 대한 우리 책임의 핵심 사항이 함축되어 있습니다. 이스라엘 사람들은 이것을 알았으며, 세 번이나 "여호와의 명하신 말씀을 우리가 준행하리라"고 응답했습니다.

하나님께서는 그리스도인들에게 이 계명들을 준행하고, 귀하게 여기는 마음으로 깊이 간직할 수 있도록 은혜와 능력을 주십니다. 또한 하나님은 이렇게 말씀하십니다. "내 명령을 지켜서 살며 내 법을 네 눈동자처럼 지키라. 이것을 네 손가락에 매며 이것을 네 마음 판에 새기라"(잠언 7:2-3). 이스라엘 백성이 의무, 곧 하나님께서 그들에게 베푸신 놀라운 구속(救贖)을 기초로 한 의무에 관하여 광야에서 배운 교훈은 오늘날 우리가 배울 수 있는 것과 똑같은 교훈입니다.

연구 주제

1. 지도자의 책임들(사도행전 20장, 디모데전서 3장, 디도서 1장).
2. 신약성경에 재현된 십계명.
3. 하나님께 대한 의무들(마태복음 22:36-40 참조).
4. 사람에 대한 의무들(마태복음 22:36-40 참조).
5. 갈라디아서에 나타난 율법의 개념.

6. 언약의 개념과 구약과 신약에 나타난 언약에 따르는 제 책임들.

적용:

나는 이 장의 교훈 가운데서 하나님과 사람에 대한 의무의 어떤 면을 내 삶에 적용해 볼 필요가 있는가? 나는 그것을 어떻게 실행하고자 하는가?

4

스스로 높아지지 말라
예배에 관한 교훈

관련 구절: 출애굽기 25-40장, 시편 119편, 마가복음 10:17-22,
누가복음 9:23, 로마서 12:1-2, 디모데후서 3:16-17

하나님께서는 광야에서 이스라엘 백성들을 자신의 훈련 프로그램 속으로 한 걸음 한 걸음 인도하셨습니다. 앞에 놓인 전투들은 백성들을 극한 상황으로까지 몰고 갈 수도 있었고, 따라서 그 훈련 계획은 치밀하고도 완벽해야만 했습니다. 비록 속도는 느리지만 확실하게, 하나님께서는 그들이 적을 맞아 싸워서 마침내 승리자로 부상할 수 있도록 준비시키고 계셨습니다.

한 가지 크고 빛나는 진리가 여느 때보다도 더 크게 부각되기 시작했습니다. 그것은 하나님이 그들의 유일한 힘의 원천이시며, 그들의 유일한 희망이시며, 그들의 유일한 공급원이셨다는 사실이었습니다. 그분만이 그들과 강력한 적들 사이를 가로막고 서서 그들이 적에게 전멸되는 것을 막으실 수 있었습니다. 하나님은 일찍이 이스라엘 백성에게 믿음의 교훈을 가르치신 것을 시작으로 하나님에 대한 의무와 인간 상호 간의 의무에 대하여 가르치신 바 있었습니다. 이제 그들은 하나님의 직접적인 계시를 통해서만 깨달을 수 있는 한 가지 교훈을 배울 차례가 되었는데, 그것은 바로 예배하는 법이었습니다.

창조 이래로 인간은 마음과 영혼의 욕구를 만족시켜 줄 궁극적인 해답들을 추구해 왔습니다. 사람들은 나름대로 공교하고 그럴듯한 해결책들을 고안해 내기도 했지만 의문은 여전히 남아 있습니다. 하나님을 예배하는 데는 어떤 요소와 어떤 형식이 필요합니까?

출애굽기의 후반부(25-40장)에는 성막 건축에 대한 지침들이 기록되어 있습니다. 하나님께서는 구체적인 세부 사항들을 지시하셨습니다.

- "내가 그들 중에 거할 성소를 그들을 시켜 나를 위하여 짓되"(25:8)
- "그들은 조각목으로 궤를 짓되"(25:10)
- "정금으로 속죄소를 만들되"(25:17)
- "금으로 그룹 둘을 속죄소 두 끝에 쳐서 만들되"(25:18)
- "상 위에 진설병을 두어 항상 내 앞에 있게 할지니라"(25:30)
- "너는 정금으로 등대를 쳐서 만들되"(25:31)
- "등잔 일곱을 만들어"(25:37)

하나님께서는 이스라엘 백성들에게 반드시 지시한 대로 성막을 지으라고 여러 차례 말씀하셨습니다. "너는 삼가 이 산에서 네게 보인 식양대로 할지니라"(25:40, 26:30도 참조).

천지 창조는 지금까지의 모든 사건 중에서 하나님의 능력이 가장 웅대하고, 두렵고, 놀랍게 표현된 사건이었습니다. 그러나 창세기를 보면, 하나님께서는 "태초에 하나님이 천지를 창조하시니라"(창세기 1:1)라는 단 한 구절로 그 사건을 기술하셨습니다.

이에 비해서, 이스라엘 백성들이 성막 건축에 관하여 하나님께로부터 받은 지시 사항은 너무나 상세했습니다. "등대 줄기에는 살구꽃 형상의 잔 넷과 꽃받침과 꽃이 있게 하고, 등대에서 나온 여섯 가지를 위하여 꽃받침이 있게 하되 두 가지 아래 한 꽃받침이 있어 줄기와 연하게 하며, 또 두 가지 아래 한 꽃받침이 있어 줄기와 연하게 하며, 또 두 가지 아래 한 꽃받침이 있어 줄기와 연하게 하고, 그 꽃받침과 가지를 줄기와 연하게 하여 전부를 정금으로 쳐 만들고"(출애굽기 25:34-36). 그 세세한 내용은 여러 장에 걸쳐서 계속 이어지고 있습니다.

왜 이처럼 상세하게 지시하셨을까요? 예배가 하나님께는 그만큼 중요하기 때문입니다. 예배는 하나님의 신성을 받아들이고 인정하는 수단입니다. 하나님은 예배를 명하셨으며, 아울러 그에 관하여 자세히 지시하실 수밖에 없었습니다. 사람이 만든 어떤 대안도 용납될 수 없었습니다. 그것은 실로 영혼의 가장 신성한 의식이며 인간 최고의 경험이며 가장 크고 고귀한 의무이기 때문입니다.

  매일 매일 인간은 하나님의 영광을 위해 살아야 합니다. 그러나 우리 인간의 영이 찬양과 경배를 통하여 고양되는 특별한 시간도 있어야 합니다. 매일 주님과 동행하는 것과 특별한 경배의 시간이 결합될 때 주님께 대한 진정한 예배가 이루어집니다. 그러나 예배는 어떤 행위에 그치는 것이 아니라, 전반적인 생활 방식인 것입니다.

일상생활 속에서의 예배

진설병을 진설해 놓은 상은 성막의 한 중요한 요소였습니다. 그러나 진설하는 떡은 일상생활 가운데 늘 있는 평범한 일들, 즉 자질구레한 일상사를 가리키고 있습니다. 하나님께서는 백성들이 하나님의 뜻을 따라 또 그 영광을 위하여 일상생활을 영위하는 것까지 예배에 포함된다는 사실을 절대로 잊지 않도록 하셨습니다.

  몇 년 전 빌리 그래함 전도단에서는 부엌 싱크대에 부착할 스티커를 나누어 준 적이 있는데, 거기에는 이런 말이 인쇄되어 있었습니다. "거룩한 예배 여기서 매일 드려지다." 그것은 우리가 설거지를 하는 것도 주님을 위해 할 수 있다는 점을 상기시켜 주는 간단한 아이디어였습니다. 예배는 하나의 생활 방식입니다.

예배와 하나님의 말씀

성막에 관한 지시 사항들 가운데는 등잔에 대한 설명이 큰 비중을 차지하고 있는데, 이것은 하나님의 말씀에 관계되는 내용입니다. 말씀을 등불에 비유하는 표현은 구약 전반에서 발견됩니다. "주의 말씀은 내 발에 등이요 내 길에 빛이니이다"(시편 119:105). "주의 말씀을 열므로 우둔한 자에게 비취어 깨닫게 하나이다"(시편 119:130). "대저 명령은 등불이요 법은 빛이요 훈계의 책망은 곧 생명의 길이라"(잠언 6:23).

약 200년 전, 미국인들은 미합중국 헌법이라 불리는 성문법을 제정했습니다. 누가 봐도 그것은 놀라운 업적이었습니다. 수많은 나라에서 그 법을 본 따서 그들 나라의 법을 만들었습니다. 세계의 유명 정치가들이 그 법에 찬탄을 아끼지 않았습니다. 하지만 세월이 흐르면서 그 헌법에 어떤 일이 있었는지 아십니까? 몇 차례의 수정이 있었습니다! 개선할 필요가 있었던 것입니다.

미국 헌법이 나오기 수천 년 전에, 하나님께서는 온 세상 사람들을 위한 법을 제정하셨습니다. 그 법에는 지금까지 어떤 변화가 있었습니까? 전혀 수정이 없었습니다. 단 한 번도 없었습니다. 성경은 지금도 처음에 기록된 그대로입니다. 그 이유는 간단합니다. "여호와의 율법은 완전하여 영혼을 소성케 하고, 여호와의 증거는 확실하여 우둔한 자로 지혜롭게 하며, 여호와의 교훈은 정직하여 마음을 기쁘게 하고, 여호와의 계명은 순결하여 눈을 밝게 하도다. 여호와를 경외하는 도는 정결하여 영원까지 이르고, 여호와의 규례는 확실하여 다 의로우니"(시편 19:7-9). 이 놀라운 하나님의 말씀은 우리의 매일의 예배 곧 매일의 생활 방식의 일부가 되어야 합니다.

사도 바울은 말했습니다. "모든 성경은 하나님의 감동으로 된 것으로 교훈과 책망과 바르게 함과 의로 교육하기에 유익하니, 이는 하나님의 사람으로 온전케 하며, 모든 선한 일을 행하기에 온전케 하려 함이니라"(디모데후서 3:16-17). 하나님께서 우리에게 그의 말씀을 주신 네 가지 이유 중 셋은 그것으로 무언가를 행하는 것, 즉 하나님의 말씀을 우리 삶에 직접 적용하는 것과 연관되어 있습니다.

교훈: 우리가 믿어야 할 내용입니다.

책망: 우리가 그만두어야 할 것들입니다. 쉽게 버리기 힘든 버릇들이 있습니다. 노스웨스턴 대학에 등록하려고 미니애폴리스에 도착하여 근처의 호텔에 여장을 푼 적이 있습니다. 이튿날 대학에 가서 성서학 전공으로 등록을 마친 후 나는 호텔로 돌아와 짐을 챙기기 시작했습니다. 이때 나는 눈에 보이는 수건들을 죄다 내 가방에 쑤셔 넣었습니다. 당시에는 별 생각 없이 한 행동이었지만, 몇 달 후 개인적으로 성경공부를 할 때 주님께서는 직접적이면서도 단호하게 그것은 바로 도둑질이라고 책망하셨습니다.

바르게 함: 우리가 고치거나 좀 더 잘해야 할 것으로, 우리 삶 가운데는 언제나 하나님께서 우리에게 개선하기를 원하시는 것들이 많이 있습니다.

의로 교육함: 이것은 스스로를 확립시켜 나가기 위해 지속적으로 행해야 할 것입니다. 성경공부를 통해 우리는 우리 삶이 어떤 모습으로 나타나야 하는지 배우게 됩니다. 성경 말씀의 영감성을 거부하기보다는 차라리 죽는 편을 택하겠다는 사람들이 있습니다. 그런데 말씀은 무엇을 위한 것입니까? "이는 하나님의 사람으로 온전케 하며 모든 선한 일을 행하기에 온전케 하려 함이니라"(디모데후서 3:17). 이 사실을 믿는다면 말씀을 섭취하는 데 시간을 들이는 것은 당연합니다. 성경의 영감성을 위해서라면 죽는 것도 불사하겠다는 사람이 성경을 숫제 펴보지도 않는다면, 그는 가장 중요한 사실을 간과하고 있습니다. 성경은 우리의 일상생활을 위해 주어진 것이며, 그렇기 때문에 그것은 매일 매일의 예배의 일부가 되어야 마땅합니다.

야고보는 흥미로운 표현을 사용하여 하나님의 말씀에 대하여 기술하고 있습니다. "자유하게 하는 온전한 율법을 들여다보고 있는 자는 듣고 잊어버리는 자가 아니요 실행하는 자니, 이 사람이 그 행하는 일에 복을 받으리라"(야고보서 1:25). 자유하게 하는 온전한 율법이라고요? 다른 사람들에게는 어떤지 모르겠지만 나는 율법이라고 하면 도무지 자유를 연상할 수가 없습니다. 나는 차를 몰고 가다가도 교통경찰관만 눈에 띄면 일단은 속도를 줄입니다. 거의 무의식적으로 그렇게 합니다. 율법이라고 하면 거의 언제나 어떤 제한과 속박이 연상됩니다.

일견 "자유하게 하는 온전한 율법"이라고 하면 용어상

모순점이 있는 것처럼 보입니다. 세탁기를 보면 특별한 지시 사항이 명기되어 있습니다. 이를테면 빨랫감의 양에 따른 비누의 양, 한 번에 할 수 있는 빨래의 양 등등입니다. 이런 지시 사항이 사용자를 속박하기 위한 것입니까? 그렇지 않습니다. 그것은 어디까지나 사용자의 유익을 위한 것입니다.

의사에게서 받는 처방전은 어떻습니까? 약 봉지에는 대개 이런 식의 지시 사항이 쓰여 있습니다. "4시간마다 1첩," 또는 "식후 2첩, 취침 전 1첩." 왜 이런 지시 사항이 있습니까? 약의 복용량이 이보다 많으면 해롭고 적으면 최대의 약효를 낼 수 없기 때문입니다. 이것은 환자를 기분 나쁘게 하거나 제약을 가함으로써 겁을 주고자 함이 아닙니다. 다만 건강을 온전히 회복하는 데 도움을 주려는 것뿐입니다.

이와 마찬가지의 경우가 우리의 삶 가운데 많이 있습니다. 주방에서 쓰는 액체 세제 딱지에는 이런 주의 사항들이 쓰여 있습니다. "마시지 말 것," "증기를 들이마시지 말 것," "눈에 들어가지 않도록 할 것." 왜 하지 말라는 것이지? 내 것인데 내 마음대로도 할 수 없단 말인가? 물론, 할 수 있습니다. 하지만 잘못 사용하면 큰 낭패를 각오해야 합니다. 일상생활에도 나름대로 자연스런 금지 사항들이 있게 마련입니다.

하나님께서는 생명을 주시고 뒤이어 어떻게 살아야 하는지에 대한 지침도 주셨습니다. 우리는 흔히 "이것저것 다 해도 잘 안 되면, 지침을 다시 읽어 봐"라고 말합니다. 성경의 요점이 바로 이것입니다. 성경은 우리에게 살아가는 방법과 우리가 따라야 할 기준을 제시하기 위해 주어진 것입니다.

어떤 육상 경기를 한번 생각해 봅시다. 모든 선수들이 출발선 앞에 잔뜩 허리를 구부린 채 출발 자세를 취하고 있습니다. 그때 불쑥 누군가가 묻습니다. "지금 하는 건 어떤 경주요?" 경기 진행 요원이 대답합니다.

"모르겠습니다."

"100m 경주요, 아니면 마라톤이요?"

"모르겠습니다."

"하지만, 어떤 경주냐에 따라 스타트 방식이 다른데요."

"글쎄요, 난 모르겠습니다."

"그렇다면, 골인 지점은 어느 쪽인가요?"

"모르겠습니다."

이렇게 되어 가지고서야 도대체 무슨 경주가 될 수 있습니까? 웃기는 이야기지만 이런 것이 오늘날 세상 돌아가는 방식입니다. 우리의 삶의 방식도 그래야 된다고 생각하는 사람들이 상당히 많습니다. 오늘날 우리의 친구나 자녀들은 절대적인 것은 없다는 말을 들으면서 살고 있습니다. 그야말로 말도 되지 않는 이야기입니다. 사람들은 잘못된 규칙들을 따르든가 아니면 규칙을 전혀 따르지 않는 가운데서 방황하고 있습니다. 하나님은 말씀하십니다. "여기 실제적이요 명확하고 쉽게 설명된 기준들이 있다." 이제 우리는 하나님의 지침에 대한 순종 여부를 선택해야 합니다.

예배와 진정한 기도

"또 금 향단을 증거궤 앞에 두고 성막 문에 장을 달고"(출애굽기 40:5). 향은 기도와 관계가 있습니다. 사도 요한이 본 천국의 환상 가운데 나오는 향은 "성도의 기도들"(요한계시록 5:8)이라고 했습니다. 기도는 예배의 삶에서 극히 중요한 부분입니다.

기도는 또한 영적 전쟁에서도 중요합니다. 가나안 땅을 정복하기에 앞서 이스라엘은 전쟁에 익숙하고 강인한 아말렉 족속과 맞부딪쳐야 했습니다(출애굽기 17장 참조). 이제 갓 노예 생활에서 벗어난 여호수아의 군대는 전략이나 전술에 대해선 전혀 아는 게 없었습니다.

인간적으로 말해서 그 전투의 결과는 뻔했습니다. 라스베이거스의 도박꾼이라면 누구나 아말렉 쪽에 큰 돈을 걸었을 것입니다. 그러나 전쟁의 승리는 결코 인간적 방법에 좌우되지 않았습니다. 하나님의 사람 모세는 전투가 벌어지는 들판이 한눈에 내려다보이는 언덕 위에 올라가 섰습니다. "모세가 손을 들면 이스라엘이 이기고 손을 내리면 아말렉이 이기더니"(출애굽기 17:11).

모세는 전투의 결과가 기도에 달려 있다는 것을 재빨리 알아차렸습니다. 그러나 "모세의 팔이 피곤하매 그들이 돌을 가져다가 모세의 아래에 놓아 그로 그 위에 앉게 하고, 아론과 훌이 하나는 이편에서 하나는 저편에서 모세의 손을 붙들어 올렸더니, 그 손이 해가 지도록 내려오지 아니한지라, 여호수아가 칼날로 아말렉과 그 백성을 쳐서 파하니라"(출애굽기 17:12-13). 우리는 우리 자신의 영적 전쟁에서 이 교훈을 결코 잊어서는 안 됩니다. 생활의 각종 전투는 기도로 승리합니다. 기도는 모든 것의 중추적 요소입니다.

네비게이토 선교회의 론 쎄니 회장은 기도란 하나님의 일을 위한 준비가 아니라 실은 바로 그 자체가 하나님의 일이라고 가르칩니다. 그는 몸소 그 일을 전 세계적으로 확장하는 가운데 이 사실을 목격해 왔습니다. 많은 사람들은 네비게이토 선교회의 괄목할 만한 성장이 단순히 어떤 원리들을 주의 깊게 적용한 결과라고 오인하고 있습니다. 물론 성경 말씀에서 얻은 원리들이 세계 기독교 지도자들의 조언과 아울러 우리가 세운 계획들의 전반적 골격을 이루기는 했지만, 그 일의 기초는 부지런한 기도인 것입니다.

1930년대에 도슨 트로트맨과 그의 한 친구는 세계 지도를 펴 놓고 40일 동안 아침마다 온 마음을 쏟아 기도를 했습니다. 그들은 모든 도시, 나라, 그리고 대륙들을 짚어 가며 제자삼는 사역을 일으켜 주시도록 하나님께 간구했습니다. 오늘날 이 기도들은 네비게이토 사역의 확장과 아울러 그 질적인 면에서도 응답을 받고 있습니다.

야고보는 이렇게 썼습니다. "의로운 사람의 간절한 기도는 큰 능력과 놀라운 효과를 가져옵니다"(야고보서 5:16, 현대어 성경). 당신의 기도는 과연 큰 **능력**이 있고 놀라운 **효과**를 가져옵니까?

다소 사람 사울이 주님께 돌아왔을 때, 하나님께서는 아나니아에게 사울이 기도하고 있으니 가서 소경처럼 보지 못하게 된 그의 눈을 고쳐 주라고 말씀하셨습니다(사도행전 9:10-12 참조). 사울은 오랫동안 장황하고 화려한 기도문을 외워 왔습니다. 바리새인인 그로서는 그렇게 하는 것이 종교적 의무였습니다. 그랬던 그가 자기 방에서 앞을 보지 못하며 음식도 폐한 채 기도하고 있었습니다. 하늘나라에서 어떤 일이 있었겠는가를 상상해 봅시다. 천사장 가브리엘과 미가엘이 이야기를 주고받고 있습니다. 미가엘이 말합니다. "이것 보세요. 다소 사람 사울이 드디어 기도를 하기 시작했답니다."

가브리엘이 그를 쳐다보며 말합니다. "아, 그가 기도문을 외고 있다고요?"

"아니, 기도를 하고 있다고 했습니다."

"다소의 사울이?"

"그렇습니다."

그리하여 그들은 함께 가서 나란히 서서 내려다보았습니다. 확실히 사울은 그의 일생에 처음으로 진짜 기도를 하고 있었습니다. 바리새인으로서 몇 년 동안이나 기도문을 외어 오긴 했지만, 이제는 참으로 기도하기 시작한 것입니다.

당신은 기도를 합니까, 아니면 기도문을 외고 있습니까?

예배와 전적인 헌신

"또 번제단을 회막의 성막 문 앞에 놓고"(출애굽기 40:6). 번제는 전적인 굴복, 곧 우리의 삶이 하나님의 제단 위에 올려져 그의 사랑의 불꽃 속에서 타 없어지게 제사로 드려지는 것을 의미합니다. 그것은 하나님께서 원하시는 것입니다.

사도 바울은 전적인 헌신은 곧 예배의 한 요소라고 가르쳤습니다. "그러므로 형제들아, 내가 하나님의 모든 자비하심으로 너희를 권하노니, 너희 몸을 하나님이 기뻐하시는 거룩한 산제사로 드리라. 이는 너희의 드릴 영적 예배니라"(로마서 12:1).

어느 해 여름 아내와 나는 스웨덴에서 온 한 자매를 만났습니다. 룻이라는 자매였는데 예수 그리스도께 온전히 헌신된 아름다운 자매였습니다. 룻은 자기 간증을 들려주면서 교회에서 신년 예배 때 로마서 12:1-2 말씀으로 기도한 것을 이야기했습니다. 그 예배에서 목사님은 모인 성도들에게 각자 나름대로 알고 있는 최상의 방법으로 자기 몸을 하나님께 드릴 것을 권고했다고 합니다. 룻은 그 권고를 따라 자기 몸의 각 지체들을 진지한 마음으로 하나님께 드리는 기도를 하였습니다. 그런데 몇 년 후 교통사고로 한쪽 다리를 잃었다는 것이었습니다. 다리를 잃은 이야기를 하면서 룻은 미소를 띠고 말했습니다. "이미 드리고 없는 것을 잃을 수는 없잖아요?" 그녀는 진실로 자기 몸을 하나님께 드린 것이었습니다.

우리는 이렇게 자문합니다. "나는 내 삶으로 무얼 하고 있는가? 나 자신만을 위해 꼭 붙들고만 있는가, 아니면 하나님께 드렸는가?" 예수님은 "아무든지 나를 따라오려거든 **자기에게 속한 모든 권리를 다 포기하고** 날마다 자기 십자가를 지고 내 뒤를 바짝 뒤따라야 한다"(누가복음 9:23, 필립스역)

고 말씀하셨습니다. 예배의 삶을 일상생활화하려고 한다면 반드시 이 문제를 해결해야 합니다.

이것은 어떤 삶을 의미합니까? 하나님의 영광을 위해 사는 삶을 의미한다고 생각합니다(로마서 12:2 참조). 더 이상 자아의 지배를 받지 않고 그리스도께서 마땅히 앉으셔야 할 우리 마음의 보좌에 자리 잡으실 것이며, 우리는 그의 영광을 위해 사는 삶의 축복들을 배우게 될 것입니다. 그는 이끄실 것이요, 우리는 따를 것입니다. 그는 말씀하실 것이요, 우리는 들을 것입니다. 그는 우리가 낙담할 때 격려해 주실 것이요, 상심했을 때 위로해 주실 것이며, 슬플 때 기운을 북돋아 주실 것입니다. 그런 삶은 어떤 것에도 비길 수가 없습니다.

사도 베드로에게 있어서 전적인 헌신이라는 문제는 일찌감치 해결되었습니다. 예수님은 바닷가에 모인 사람들을 가르치실 때 베드로의 배를 강단으로 이용하신 적이 있었습니다. 말씀을 마치시고 나서 주님은 베드로와 그 일행에게 좀 더 깊은 데로 나아가서 그물을 던지라고 말씀하셨습니다. 베드로는 이런 생각을 했을지도 모릅니다. '이보세요, 당신은 목수요 나는 어부입니다. 고기가 낮에는 잡히지 않는다는 사실을 알고나 있습니까? 이 호수는 지금 햇볕에 달궈져 달걀이라도 삶아 낼 수 있을 것 같아요. 게다가 내 아내는 지금 아침을 지어 놓고 날 기다리고 있을 텐데….'

그러나 그는 이렇게 대답했습니다. "선생이여, 우리들이 밤이 맞도록 수고를 하였으되 얻은 것이 없지마는 말씀에 의지하여 내가 그물을 내리리이다"(누가복음 5:5).

이 어부들은 전에는 그렇게 해본 적이 없었지만, 그리스도의 말씀에 따라 그물을 내렸습니다. 믿음은 선례를 필요로 하지 않습니다. 그 결과 어떤 일이 일어났습니까? 그들은 고기를 너무 많이 잡아 두 배에 나누어 실어도 배가 물에 잠길 정도가 되었습니다. 나는 어부는 아니지만, 어선이 물에 잠길 정도였다면 엄청난 양의 고기가 잡혔을 것이라는 것은 압니다.

베드로와 그의 동료들은 이처럼 그리스도의 신성이 나타난 것을 보고 크게 두려워했습니다. 그래서 예수님은 베드로에게, "무서워 말라. 이제 후로는 네가 사람을 취하리라"(5:10)고 말씀하셨습니다.

그들의 반응은 어떠했습니까? "주여, 지금은 고기잡이를 그만둘 때가 아닙니다. 당신은 가서서 전도를 하십시오. 우리는 여기서 고기를 잡아 그 일을 뒷바라지하겠습니다. 우리는 여태껏 잘못된 방법으로 고기를 잡아 왔는데, 이제부터는 낮에 고기잡이를 하겠습니다"라고 말했습니까?

변명을 늘어놓는 대신 그들은 "배들을 육지에 대고 모든 것을 버려두고 예수를 좇았습니다"(5:11). "모든 것"이란 말에 밑줄을 그으십시오. 그들은 오랫동안 수고한 후 마침내 큰 성공을 거둔 셈이었습니다. 보기에도 아름다운 싱싱한 물고기를 산더미처럼 두 무더기나 잡은 것입니다. 그것은 그들의 것이었습니다. 그들은 이제 어부로서는 크게 성공한 전문가들이 된 것입니다.

그러나 그들은 모든 것을 버렸습니다. 모든 것을 버렸다는 것은 당신이 반드시 현재의 직장(어떤 것이든 간에)을 떠나야 한다는 뜻은 아닙니다. 모든 것을 하나님께 내드리라는 것입니다. 당신의 생명, 당신의 소유, 당신의 일, 당신의 가족 등 모든 것이 다 해당됩니다.

베드로의 반응과 부자 청년이 보인 반응을 비교해 보십시오(마가복음 10:17-22 참조). 예수님은 그 청년에게 "가서 네 있는 것을 다 팔아 가난한 자들을 주라. 그리하면 하늘에서 보화가 네게 있으리라. 그리고 와서 나를 좇으라"(10:21)고 말씀하셨습니다. 그는 자기의 재물을 바라보고 나서 또 예수님을 쳐다보고는 다시 뒤를 돌아보았습니다. 그리고는 근심하며 떠나갔습니다. 그것들을 포기할 수 없었기 때문입니다.

우리 다음 세대에 살게 될 그 어느 누군가가-그때까지 주님이 재림하시지 않는다면-당신이 하나님을 포기하지 않은 것에 대해 매우 감사해할지도 모릅니다. 당신의 삶이 그에게 미친 영향 때문에 당신을 기억할 때마다 하나님께 감사할 것이라는 이야깁니다. 하나님의 제단 위에서 당신의 생을 그의 사랑으로 불살라 그의 위대한 뜻을 위해 드릴 때, 그리스도인으로서의 신나는 삶은 시작되는 것입니다.

당신의 삶 전체를 하나님께 드리는 길목에 거침돌이 되는 것이 있다면 다 치워 버리십시오. 자기 자신을 위하는 삶은 초라하고 보잘것없습니다. 그러나 하나님께 전적으로 드려진 삶은 주님과 사람들을 위해서 놀라운 일을 행할 수 있는 잠재력이 있습니다. 선택은 당신 손에 달렸습니다. 자신이냐 그리스도냐. 자, 시작하십시오. 모험에 뛰어드십시오. "그는 사람들에게 이렇게 말씀하셨습니다. '아무든지 나를 따라오려거든 자기에게 속한 모든 권리를 다 포기하고 날마다 자기 십자가를 지고 내 뒤를 바짝 뒤따라야 한다'"(누가복음 9:23, 필립스역).

예배와 순결한 삶

"또 물두멍을 회막과 단 사이에 놓고 그 속에 물을 담고"(출애굽기 40:7). 물이 채워진 물두멍은 순결한 삶을 나타냅니다. 예수 그리스도를 섬기며 예배하는 삶은 순결을 요합니다. 마른 땅을 딛고 요단강을 건너 가나안으로 들어가는 기적을 경험하기에 앞서, 여호수아는 백성들에게, "너희는 스스로 성결케 하라. 여호와께서 내일 너희 가운데 기사(奇事)를 행하시리라"(여호수아 3:5)고 말했습니다. 하나님께서는 기사를 행하고자 계획하셨으며 백성들이 그 축복을 놓치지 않기를 원하셨습니다. 오늘날도 하나님께서는 여전히 기사를 행하고 계시며, 사람들이 그것을 놓치지 않길 원하십니다. 당신 자신을 성결케 하여 그 놀라운 일들을 놓치지 않고 직접 보고 누림으로써, 그것이 당신 삶의 일부가 되며 매일 하나님께 드리는 예배가 되게 하십시오.

선지자 예레미야는 경건치 못한 사람에 대해 기록하고 있습니다. "무릇 사람을 믿으며 혈육으로 그 권력을 삼고 마음이 여호와에게서 떠난 그 사람은 저주를 받을 것이라. 그는 사막의 떨기나무 같아서 좋은 일의 오는 것을 보지 못하고 광야 간조(乾燥)한 곳, 건건한 땅, 사람이 거하지 않는 땅에 거하리라"(예레미야 17:5-6).

하나님의 함께하심과 인도하심을 전혀 실감치 못한다는 것은 얼마나 부끄러운 일입니까? 왜 그런 일이 생깁니까? 흔히 기본 동기가 그릇된 방향으로 가 있기 때문입니다. 하나님의 뜻과는 상반된 것들을 추구하는 데 연연해 있기 때문인 것입니다. 그런 사람은 하나님께 등을 돌리고, 마귀의 거짓말에 귀를 기울이며, 육신의 야망에 시선을 돌립니다. 그의 마음과 생각에는 악한 것이 자라납니다. 그 지경에 이르게 되면, 그는 틀림없이 하나님의 완벽한 계획과 푸른 초장을 잃어버리고 말 것입니다.

기억해야 할 원리는 이것입니다. 예배는 삶의 방식이다. 단순히 행위가 아니다.

예배와 분리

"또 뜰 주위에 포장을 치고, 뜰 문에 장을 달고"(출애굽기 40:8). 성막과 바깥 뜰 사이를 갈라놓는 이 장(帳)은 세상으로부터의 분리를 뜻하고 있습니다. 성경에는 분리에 대해 기록된 강력한 말씀들이 많이 있습니다.

그리스도인으로서 늘 마음에 두어야 할 것이 한 가지 있습니다. 즉 함께 어울릴 대상을 주의 깊게 선택해야 한다는 것입니다. "지혜로운 자와 동행하면 지혜를 얻고 미련한 자와 사귀면 해를 받느니라"(잠언 13:20)고 성경은 말하고 있습니다.

또 다윗은 이렇게 말했습니다. "나는 주를 경외하는 모든 자와 주의 법도를 지키는 자의 동무라"(시편 119:63).

예수 그리스도는 세리와 죄인들의 친구로 가끔 그들의 초대를 받았는데, 왜 그런 사람들과 함께 식사를 하느냐는 비방에 대해 매우 흥미 있는 답변을 하셨습니다. "인자는 와서 먹고 마시매 말하기를 '보라, 먹기를 탐하고 포도주를 즐기는 사람이요 세리와 죄인의 친구로다' 하니, 지혜는 그 행한 일로 인하여 옳다 함을 얻느니라"(마태복음 11:19). 어떤 번역본에는 마지막 문장이 이렇게 되어 있습니다. "그러나 하나님의 지혜는 그 나타난 결과를 보고 옳다는 것을 알 수 있느니라." 예수님께서 결과를 기대하고 계셨다면 틀림없이 목표를 가지고 계셨을 것입니다. 무언가를 성취하고자 발을 내디딘 사람이 아니면 결과를 염두에 두지 않는 법입니다.

그러면 예수님의 목표와 목적은 무엇이었습니까? 예수님의 말씀을 들어 보십시오. "인자의 온 것은 잃어버린 자를 찾아 구원하려 함이니라"(누가복음 19:10). 바로 이것이 그분의 목표였습니다. 예수님께서 세리 삭개오와 함께 식사를 하신 것은 그를 찾아 구원코자 하셨기 때문입니다.

고대에는 손님이 여관 주인에게 묻는 말을 들어 보면 그 손님의 행선지를 알 수 있었다는 이야기를 어느 책에서 읽은 적이 있습니다. "런던으로 가는 사람이 혹 있습니까?"라고 묻는 사람이 있다면 그는 런던으로 가는 사람이며, 함께 동행할 사람을 찾고 있다는 것을 알 수 있었다고 합니다. 마찬가지로 우리의 행선지에 따라 함께 어울릴 사람이 결정되는 것입니다. 그리스도인은 지구라는 거대한 여관에 머물고 있는 나그네요 순례자들이며, 천국에 가는 길목에서 잠시 묵고 있을 뿐입니다. 그 여관에서 사람들은 우리가 어떤 사람들을 찾는가를 보고 우리가 어디로 가는지 알 수 있는 것입니다.

우리는 모두 불순종의 아들들 가운데서 역사하는 이 세상의 영이자 신(神)인 사탄의 권세하에서 자라났습니다. 우리는 모두 거기서 출발했지만, 도중 어디쯤에선가 더 이상 세상의 무리와 함께할 수 없는 존재가 되었습니다. 나로서는 이것이 세상으로부터의 분리라는 의미의 전부라 생각됩니다.

나는 주님을 사랑하는 모든 이의 동무입니다. 이것이 곧 내가 교회 예배에 즐겨 나가는 이유입니다. 교회는 높낮이를 고르게 해주는 하나의 거대한 기구입니다. 거기서는 은행장이든 은행 청소를 하는 관리인이든, 심지어는 은행 문턱에 발을 들여놓아 보지도 않은 사람이든 상관없이 누구와도 함께 기도할 수 있습니다. 우리는 모두 한자리에 있습니다. 얼마나 놀라운 경험입니까? "빈부가 섞여 살거니와 무릇 그들을 지으신 이는 여호와시니라"(잠언 22:2). 얼마나 아름다운 모습입니까?

예배와 공적인 봉헌

"또 관유를 취하여 성막과 그 안에 있는 모든 것에 발라 그것과 그 모든 기구를 거룩하게 하라. 그것이 거룩하리라. 너는 또 번제단과 그 모든 기구에 발라 그 안을 거룩하게 하라.

그 단이 지극히 거룩하리라. 너는 또 물두멍과 그 받침에 발라 거룩하게 하고"(출애굽기 40:9-11). 바꾸어 말하면, 이스라엘 백성들이 마침내 성막을 완성했을 때 그들은 공적으로 모든 것을 하나님께 드렸던 것입니다.

그러한 봉헌은 또한 생명력 있는 예배의 핵심인 것입니다. 우리의 존재와 모든 소유-우리의 가족, 우리의 사업, 우리의 삶 등-가 하나님께 드려져야 합니다. 아직 실제로 그렇게 하지 못했다면 바로 지금 하십시오. 그렇게 되면 만유의 주님 예수 그리스도와 함께 새로운 삶을 출발하게 될 것입니다.

연구 주제

1. 예배에 관한 신약성경의 가르침(주제별 공부).
2. 성막과 성전에서의 예배(구약성경).
3. 성경만을 사용하여 공중 예배에 관하여 기술하되, 근거가 되는 성경 말씀들을 들어 보자.
4. 히브리서에 나타난 예배.
5. 요한계시록에 나타난 예배.

적용:

이 장에서 살펴본 내용을 기초로 하여, 나는 앞으로 어떻게 더 나은 예배와 더 성경적인 예배를 드릴 수 있는가?

5

가장 중요한 요소
순종의 교훈

관련 구절: 출애굽기 32장, 신명기 9장, 시편 106편,
예레미야 33장, 에스겔 14장, 사도행전 7장, 고린도전서 10장

이스라엘 백성들이 한 행동을 돌아보면 어이가 없을 것입니다. 어쩌면 그렇게도 어리석은 짓을 할 수가 있었을까요? 중동의 석유 전체를 사탕 한 개와 바꿀 사람이 어디 있겠습니까? 그런 바보 같은 짓을 할 사람은 하나도 없을 것입니다. 하지만 그간 몇 달 동안이나 주 하나님의 인도를 받으며 격려를 받고 보호를 받아 온 이스라엘 백성들은 그 영광스럽고 영원하신 사랑의 하나님을 한 마리의 송아지와 바꾸어 버렸습니다.

"아니, 한 마리의 송아지라고요!" 여러분은 아마 놀라 외칠 것입니다. 그렇습니다. 그들은 하나님께 대한 신의를 저버리고 자신들의 손으로 만든 물건에 불과한 송아지에게 엎드렸습니다.

"그럴 리가!"

불행하게도, 비극적인 일이지만 그건 사실입니다. 하지만 이 믿을 수 없는 사건을 통하여 하나님께서는 그 백성들에게 훨씬 극적이고 강력한 교훈, 곧 순종의 필요성을 가르쳐 주셨습니다.

모세가 시내산 위에서 하나님으로부터 제4장에서 논의된 바 있는 예배에 관한 지침들을 하나하나 받고, 마지막으로 하나님께서 친수로 율법을 기록하신 두 개의 돌판을 받고 있었습니다.

비극은 이 무렵에 일어났습니다. "백성이 모세가 산에서 내려옴이 더딤을 보고 모여 아론에게 이르러 가로되, '일어나라. 우리를 인도할 신을 우리를 위하여 만들라. 이 모세 곧 우리를 애굽 땅에서 인도하며 낸 사람은 어찌 되었는지 알지 못함이니라'"(출애굽기 32:1).

사람들은 왜 하나님께 불순종하는가

"일어나라. 우리를 인도할 신을 만들라." 이처럼 불순종한 데는 두 가지 이유가 있었습니다. 하나는 모세가 더디 돌아온 것 때문이었는데, 그는 백성들의 뜻에 따라 산으로 올라갔습니다(출애굽기 20:18-19 참조). 그는 39일 동안 산 위에 머무르며 하나님과 교제하고 있었습니다. 어쨌든 그는 백성들에게서 떠나 있었는데, '고양이가 없으면 쥐들이 판치는 법입니다.' 예수님께서도 그런 말씀을 하셨습니다. "무리를 보시고 민망히 여기시니 이는 저희가 목자 없는 양과 같이 고생하며 유리함이라"(마태복음 9:36). 사람들은 지도자가 필요합니다.

양에 대해서 잘 안다면 양이라 불리는 것이 그리 기분 좋은 일은 아니라는 것을 알 것입니다. 수년 전 디트로이트 메이저 리그 야구팀을 창단하는 사람들이 팀 이름을 정하느라 고심한 적이 있었습니다. 만일 누가 디트로이트 쉬프(Detroit Sheep)라는 이름을 제안했더라면 어떻게 되었을까요? 바가지로 욕을 먹었을 것입니다. 그들이 원하는 것은 발톱과 이빨과 용맹이 연상되는 타이거즈였습니다. 몇 년 후 이번에는 미식 축구팀이 하나 창단되었습니다. 만일 누군가가 이번에도 디트로이트 쉬프라는 이름을 제안했다고 합시다. 욕을 먹기는 지난번이나 마찬가지였을 것입니다. 관계자들은 디트로이트 라이온즈로 정했습니다. 날카로운 발톱과 이빨 그리고 용맹이 느껴지는 이름이 필요했던 것입니다. 운동 팀으로서 "양(Sheep)"이라는 이름을 가진 팀이 있다는 말은 들어 본 적이 없습니다. 아무도 양이라 불리길 원치 않습니다. 그런데 사람은 바로 이 양과 같아서 적절한 목자가 없으면 길을 잃고 헤맵니다.

이스라엘 백성이 다시 우상 숭배에 빠진 두 번째이자 가장 근본적인 이유는 애굽 탓으로 돌릴 수 있습니다. 그때까지도 그들의 생활은 애굽의 우상 숭배에 대한 욕망을 씻어 내 버리지 못하고 있었습니다. 에스겔은 이렇게 썼습니다. "그들이… 애굽의 우상들을 떠나지 아니하므로"(에스겔 20:8). 스데반은 그들의 근본적인 문제점을 지적하면서 이렇게 외쳤습니다. "우리 조상들이… 그 마음이 도리어 애굽으로 향하여"(사도행전 7:39). 그들은 뒤를 돌아보며 애굽의 우상들에 마음이 끌리고 있었습니다.

모세가 가고 없자 그들은 새로운 신을 요구했습니다. 모세가 그들의 신이었습니까? 하나님이 그들을 버리셨습니까? 아닙니다. 모세는 그들의 지도자에 불과했습니다. 그러므로 논리적으로 볼 때 그들이 요구했어야 할 것은 새로운 지도자였지 결코 새로운 신은 아니었습니다. 그러나 죄의 정욕에 사로잡힌 이 백성들은 생각을 바로 하지 못했습니다.

그들이 원했던 것을 주목해 보면 다름 아닌 그들을 인도할 신이었습니다(출애굽기 32:1). 그들은 자기들 손으로 신을 만들고 싶었습니다. 그 신은 마음대로 끌고 다닐 수가 있어서 자신들이 원하는 곳으로 갈 수 있고, 쉬고 싶을 때 멈추어서 쉬고, 원하는 대로 좌지우지할 수 있는 신이었습니다. 결국 그들이 원한 것은 자신들의 명령대로 행하는 시녀와 같은 신이었습니다. 우리 자신들도 때로는 정상적인 생각 가운데 있을 때는 도저히 꿈도 꾸지 못할 그런 어리석은 행동을 하게 되는 경우가 있습니다.

그리스도인 지도자들은 왜 하나님께 불순종하는가

새로운 신을 요구하는 백성들에게 아론이 한 말은 실로 의아할 뿐입니다. "너희 아내와 자녀의 귀의 금고리를 빼어 내게로 가져오라"(출애굽기 32:2). 왜 아론이 이렇게 말했는지에 대해서는 여러 가지로 생각해 볼 수 있습니다. 그렇게 말함으로써 백성들의 그릇된 의욕을 꺾으려 했는지도 모릅니다. 이를테면 이렇게 생각하면서 말입니다. '새로운 신을 원한다고? 아이고, 이런, 어떻게 한담? 모세도 없는데. 아, 이 사람들 생각을 단념시켜야겠구나. 엄청난 돈이 든다고 말해서 스스로 이 문제를 포기하게 만들어야지. 저들도 자기들이 가진 패물을 모조리 바치는 걸 원치는 않을 거야.'

그래서 아론이 그런 식으로 말하자 그들은 "좋습니다!"라고 말했습니다. 아론은 사람들이 죄짓는 일에도 값을 치를 것이란 점을 생각지 못했던 것입니다. 우리가 흔히 저지르는 잘못을 그도 범한 것입니다. 그는 마귀를 속여 보려고 했습니다. 그러나 거짓의 아비요 위선의 명수인 마귀는 온갖 간계와 허위로 우리를 기만합니다. 우리는 꾀로 그를 이길 수는 없기 때문에 적극적으로 대항해야만 합니다(야고보서 4:7 참조).

모세가 그 자리에 있었더라면 어떻게 했을까를 상상해 봅시다.

그들은 아마 "모세님" 하고 부르며 그 앞에 나아갔겠지요.

"왜들 그러시오?"

"우리는 새로운 신을 갖고 싶습니다."

"새로운 뭐라고? 정신들이 나갔소? 안 됩니다!"

"아, 그건 말입니다. 저, 우린 그저 그러면 어떨까 하고 생각해 봤을 뿐입니다. 그런 얘기를 꺼내 죄송합니다."

한마디로 "안 됩니다" 하고 단호하게 대답했었더라면 바로 그 자리에서 모든 문제를 바로잡을 수 있었을 것입니다. 그러나 아론은 전술상 실책을 범했고, 모세가 산에 하루 더 머무르는 사이에 백성들은 넘어지고 말았습니다.

불순종은 왜 계속되는가

"모든 백성이 그 귀에서 금고리를 빼어 아론에게로 가져오매 아론이 그들의 손에서 그 고리를 받아 부어서 각도로 새겨 송아지 형상을 만드니, 그들이 말하되 '이스라엘아, 이는 너희를 애굽 땅에서 인도하여 낸 너희 신이로다' 하는지라, 아론이 보고 그 앞에 단을 쌓고 이에 공포하여 가로되 '내일은 여호와의 절일이니라' 하니"(출애굽기 32:3-5).

죄는 언제나 스스로 지속하려는 성질이 있습니다. 일단 어떤 우상에 빠져서 그 앞에 제단을 쌓게 되면, 다음날이면 자신도 모르게 그 제단 앞에 돌아와 있는 자신을 발견케 되며 그 이후로도 계속되는 것입니다.

세상에는 그런 우상과 사당이 수없이 많이 있습니다. 그것들은 다 희생제물을 요구합니다. 그 앞에는 다 제단이 있어서 당신의 헌물을 요구하고 있습니다. 흔히 그것들은 매우 미묘해서 선악을 말하기가 어려울 경우가 많습니다. 본질적으로는 악한 것이 아니지만, 단지 그것들에 대한 고도의 충성을 요구하기 때문에 우상이 되는 것들도 있습니다. 쾌락, 지식, 오락, 기타 이와 유사한 많은 것들이 이 경우에 해당된다 할 수 있습니다.

예를 들어, 당신이 돈을 사랑한다면 머지않아 당신은 매일 돈의 제단 앞에 가게 됩니다. 수많은 사람들이 부와 재물의 신에게로 매일 그런 순례의 길을 갑니다. 꽤 오랫동안 그처럼 충실한 예배를 드린 뒤에야 그들은 섬뜩한 진리를 발견하곤 합니다. 돈은 결코 만족을 주지 않는다는 사실입니다. 돈이란 아무리 많이 가지고 있어도 늘 조금만 더 있었으면 하고 바라게 만들기 때문입니다. 또 다른 우상들로는 일락(逸樂)에 대한 사랑이라고 하는 나태와 안일의 우상과, 명예라고 하는 강하고 억센 우상 등이 있습니다.

세상 사람들은 이런 우상의 제단을 돌보느라 수고로이 일하고 있습니다. 인생살이가 끊임없는 짐이 됩니다. 그 제단은 많이 올려놓으면 올려놓을수록 다음엔 그보다 더 많은 것을 요구합니다. 마음속 여러 우상들의 끊임없는 요구 사이에서 삶 자체가 여러 갈래로 찢어지게 됩니다. 각 우상은 각기 자기에게 온전한 충성을 바치길 요구하는 것 같습니다. 그러면 그 궁극적인 결과는 무엇입니까? "너희가 그때에 무슨 열매를 얻었느뇨? 이제는 너희가 그 일을 부끄러워하나니, 이는 그 마지막이 사망임이니라"(로마서 6:21).

이스라엘의 범죄 직후 나타난 결과는 사망이 아니라 쾌락이었습니다. "이튿날에 그들이… 앉아서 먹고 마시며 일어나서 뛰놀더라"(출애굽기 32:6). 그들은 의심할 여지 없이 그들의 새로운 신과 즐거운 시간을 보내고 있다고 생각했을 것입니다. 기록된 바로는 그들이 일어나서 힘써 일하거나 좀 더 거룩하게 되었다고 하지 않고 다만 일어나서 뛰놀았다고 했습니다. 그것은 성대한 게임이며 오락이었습니다. 하지만 그 결과가 무엇이었습니까?

사도 바울은 그 일에 대해 이렇게 요약했습니다. "그러나 저희의 다수를 하나님이 기뻐하지 아니하신 고로 저희가 광야에서 멸망을 받았느니라. 그런 일은 우리의 거울이 되어 우리로 하여금 저희가 악을 즐겨 한 것 같이 즐겨 하는 자가 되지 않게 하려 함이니"(고린도전서 10:5-6). 이어서 바울이 인용한 그 첫 번째의 구체적인 예가 이 금송아지 사건이었습니다. "저희 중에 어떤 이들과 같이 너희는 우상 숭배하는 자가 되지 말라. 기록된바 '백성이 앉아서 먹고 마시며 일어나서 뛰논다' 함과 같으니라"(10:7).

물론 모세는 산 위에 있었기 때문에 하나님께서 알려 주시기 전까지는 백성들의 죄에 대하여 까맣게 모르고 있었습니다. "여호와께서 모세에게 이르시되, '너는 내려가라. 네가 애굽 땅에서 인도하여 낸 네 백성들이 부패하였도다. 그들이 내가 그들에게 명한 길을 속히 떠나'"(출애굽기 32:7-8). 이것이 바로 죄가 하는 일입니다. 그것은 우리를 부패시키고 우리로 하여금 하나님의 길에서 떠나게 합니다.

불순종과 중보의 기도

백성들이 한 짓에 대해 모세에게 경고의 말씀을 하신 후 하나님께서는 이렇게 말씀하셨습니다. "그런즉 나대로 하게 하라. 내가 그들에게 진노하여 그들을 진멸하고 너로 큰 나라가 되게 하리라"(출애굽기 32:10).

성경 전체를 통하여 중보 기도의 능력에 대한 말씀들을 많이 찾아볼 수 있지만, 이 장에는 그중에서도 가장 극적인 내용의 하나가 들어 있습니다. 하나님께서는 모세에게 "나대로 하게 하라"라고 말씀하셨는데, 이 말씀은 사실상, "나는 네가 기도하기 시작하면 무슨 일이 일어날지 알고 있다. 그러므로 너는 지금 내 앞에 무릎 꿇고 기도하지 말라. 내 마음대로 하게 하라"는 뜻인 것입니다. 하나님의 선고가 일단 내려지면 그 무엇도 가로막을 수 없는데, 그때까지는 아직 선고가 내려지지 않았습니다.

중보 기도를 하기엔 너무 늦어 버린 실례들이 많이 있습니다. "여호와의 말씀이 또 내게 임하여 가라사대, '인자야, 가령 어느 나라가 불법하여 내게 범죄하므로 내가 손을 그 위에 펴서 그 의뢰하는 양식을 끊어 기근을 내려서 사람과 짐승을 그 나라에서 끊는다 하자. 비록 노아, 다니엘, 욥, 이 세 사람이 거기 있을지라도 그들은 자기의 의로 자기의 생명만 건지리라. 나 주 여호와의 말이니라'"(에스겔 14:12-14).

하나님께서는 또한 예레미야에게도 말씀하신 바 있습니다. "여호와께서 내게 이르시되, '모세와 사무엘이 내 앞에 섰다 할지라도 내 마음은 이 백성을 향할 수 없나니, 그들을 내 앞에서 쫓아 내치라'"(예레미야 15:1). 이 경우들에서는 하나님의 선고가 이미 내려진 뒤였습니다. 그러나 지금 보고 있는 구절에서는 아직 그렇지는 않습니다. 모세가 어떤 생각을 하고 있었을지 상상할 수 있겠습니까? '백성들이 지금 그곳에서 죄를 범하고 있어 하나님의 이름을 욕되게 하다니. 엄청난 비극이 싹트고 있구나.' 이런 상황 중에서 하나님께서는 모세를 시험하셨습니다.

하나님께서는 때때로 예기치 않은 때에 우리를 시험하십니다. 사람들이 참으로 어떤 것을 알고 있는가를 알아보기에 가장 좋은 시험은 어떤 시험이겠습니까? 예고 없이 갑자기 실시하는 간단한 시험일 것입니다. 하나님께서 취하신 방법이 바로 이것이었습니다. 하나님께서 하신 말씀은 이런 의미였습니다. "나는 너를 새로운 지도자요, 창시자, 감독자, 우두머리로 하는 전혀 새로운 민족을 일으키고자 한다. 그러므로 나는 네가 지금 함께하고 있는 이 무리에게서 떠나기를 바란다. 나는 너를 모세족의 우두머리로 세우고자 한다."

하나님께서 모세에게 "네 백성이 부패하였도다"(출애굽기 32:7)라고 말씀하셨을 때, 모세는 "여호와여, 어찌하여 그 큰 권능과 강한 손으로 애굽 땅에서 인도하여 내신 주의 백성에게 진노하시나이까?"(32:11) 하고 대답했습니다. 이 시점에서는 아무도 이런 백성이 자기 백성이라고 주장하고 싶지는 않았을 것입니다.

그런데도 모세는 놀라운 일을 했습니다. 그는 이 백성의 구원을 자기 명성이나 위신보다 우위에 두었습니다. 다시 한 번 그는 위대한 지도자임을 실증해 보였던 것입니다. 시편 기자는 이렇게 썼습니다. "그러므로 여호와께서 저희를 멸하리라 하셨으나 그 택하신 모세가 그 결렬된 중에서 그 앞에 서서 그 노를 돌이켜 멸하시지 않게 하였도다"(시편 106:23).

이것이야말로 기이한 능력, 즉 중보 기도의 능력인 것입니다.

광야에서의 훈련이 끝나 갈 무렵, 이스라엘이 가나안에 들어갈 준비를 할 때, 모세는 백성들에게 이 모든 사건에 어떤 의미가 있었는지를 다시 한 번 상기시켰습니다. "너는 광야에서 네 하나님 여호와를 격노케 하던 일을 잊지 말고 기억하라. 네가 애굽 땅에서 나오던 날부터 이곳에 이르기까지 늘 여호와를 격노케 하였으므로 여호와께서 진노하사 너희를 멸하려 하셨느니라.… 그리고 내가 전과 같이 사십 주야를 여호와 앞에 엎드려서 떡도 먹지 아니하고 물도 마시지 아니하였으니, 이는 너희가 여호와의 목전에 악을 행하여 그를 격노케 하여 크게 죄를 얻었음이라. 여호와께서 심히 분노하사 너희를 멸하려 하셨으므로 내가 두려워하였었노라. 그러나 여호와께서 그때에도 내 말을 들으셨고"(신명기 9:7-8,18-19).

하나님께서 그 현장에서 그들을 멸하지 않으신 것은 그의 크신 인자하심 때문이었습니다. 만약 하나님께서 그들의 행위에 상응하게 대하셨더라면 그들은 그때 그 자리에서 곧바로 멸망하고 말았을 것입니다. 이 점에 대해서는 우리도 쉽게 수긍할 수 있을 것입니다. 우리가 세운 공적으로 하나님 앞에서 우리 자신을 의롭다 할 수 없다는 것을 우리는 알고 있습니다. 우리가 한 일이 우리를 정죄하기 때문입니다. 금송아지 사건의 경우, 그들은 우상 숭배를 금하는 율법을 받는 바로 그 자리에서 범죄를 했습니다. 모세가 그들을 떠나 돌판을 받고 있는 동안, 아직 연기와 불꽃이 그 산을 감싸고 있던 그때에, 백성들은 속히 하나님의 길을 떠나 버렸던 것입니다.

나중에 모세가 자기들을 위하여 40일 동안 금식하며 하나님께 간구하는 것을 바라보면서, 자신들이 실로 위기일발에서 구출된 것을 확실히 깨달았을 것입니다.

뿐만 아니라 하나님께서는 우리도 기도 응답의 놀라운 축복을 누릴 수 있도록 초대하고 계십니다. "너는 내게 부르짖으라. 내가 네게 응답하겠고 네가 알지 못하는 크고 비밀한 일을 네게 보이리라"(예레미야 33:3).

무엇이 우리를 은혜의 보좌 앞에 나가지 못하게 막고 있습니까? 사람마다 각기 다를 것입니다. 어떤 사람에게는 우선순위에 문제가 있을 수도 있습니다. 단순히 맨 먼저 해야 할 일을 먼저 하지 않고, 사소한 일들에 주력하는 것 등이 그런 것입니다. 혹은 기도하기보다는 골똘히 생각하며 스스로의 꾀를 짜내면 기도하지 않고도 목표를 성취할 수 있으리라고 생각하기도 합니다.

기도의 능력을 의심하는 사람들도 있습니다. 이런 사람들은 예수님께서 하신 약속에 대해 확신이 없습니다. "너희가 내 이름으로 무엇을 구하든지 내가 시행하리니 이는 아버지로 하여금 아들을 인하여 영광을 얻으시게 하려 함이라. 내 이름으로 무엇이든지 내게 구하면 내가 시행하리라"(요한복음 14:13-14).

우리 모두가 공통적으로 가지고 있는 문제가 한 가지 있습니다. 죄 되고 타락한 우리의 성품이 바로 그것인데, 그것은 거룩하신 하나님 존전에 나아가 기도 시간을 가지고자 하는 생각을 위축시키며 거스르고 있습니다. 하나님과의 교제에 시간을 투자할 때 우리는 스스로의 정욕과 자만에 대해 더 깊이 깨닫게 되는데, 그것이 우리에게 늘 어려움을 줍니다. 그 때문에 우리는 그 시간을 피하게 됩니다. 우리는 최선의 것을 소홀히 하면서 차선의 것들에 너무 바쁩니다. 그러나 우리가 간절히 열심으로 기도하면 우리 영혼 가득 하나님이 주시는 만족과 기쁨을 안고 그 자리를 떠나게 됩니다.

모세가 한 중보 기도의 내용은 어떤 것이었습니까? 무엇을 근거로 이스라엘을 멸하지 말아 주시기를 하나님께 구했습니까? 그는 다음과 같은 흥미 있는 질문으로 시작했습니다. "여호와여, 어찌하여… 진노하시나이까?"(출애굽기 32:11). 사실 이스라엘 백성은 애초부터 애굽으로부터 구원받을 만한 자격이 없었습니다. 그들은 합당치 못했습니다. 그들은 그 당시에도 그랬던 것처럼 애굽에 있을 때도 우상을 숭배하는 자들이었습니다. 그럼에도 불구하고 그들은 하나님의 백성이었습니다. "여호와여, 당신과 이 백성과의 독특한 관계를 기억하소서." 모세의 말은 그런 뜻이었습니다.

실질적으로 모세는 세 가지를 간청하고 있었습니다. 첫째, 그는 이런 내용의 변론을 했습니다. "만일 주님께서 지금 뜻하신 대로 행하신다면 지금까지의 모든 일이 허사로 돌아가고 맙니다. 애굽에서 이 백성을 구원해 내실 때 주님의 강한 손으로 역사하신 것을 기억하십니까? 홍해 물을 가르고 저들을 안전하게 건너게 해주신 때를 기억하십니까? 지금 주님께서 이 백성을 멸하시면 이처럼 위대한 구원의 역사들이 그 빛을 잃게 될 것입니다."

둘째, 모세는 하나님의 크신 이름의 영광에 대해 염려했습니다. 모세에게는 이스라엘도 소중한 존재였지만 주변 족속들의 눈에 비칠 하나님의 역사 역시 귀한 것이었습니다. 그는 애굽인들이 그의 하나님 여호와를 비웃는 것을 참을 수 없었습니다(출애굽기 32:12 참조). 주변 족속들의 이목이 이스라엘에 집중되고 있었습니다. 이스라엘 족속에게 일어나는 일은 곧 하나님을 나타내는 것이었습니다. 하나님께서 이스라엘 백성을 인도해 내신 것은, 그들로 하여금 여호와께 희생 제물을 드리게 하려는 것이 아니라, 그들 자신을 여호와께 바치는 희생 제물로 삼기 위한 것이라고 그의 적들은 주장하게 될지도 모를 일이었습니다.

셋째, 모세는 하나님께서 아브라함, 이삭, 야곱에게 하신 약속들이 성취되지 못할 것이라고 상기시켜 드렸습니다(출애굽기 32:13). 만약 이스라엘이 도중에서 멸망을 당한다면 하나님께서 하신 영원한 약속들은 어떻게 되겠습니까? 이스라엘 족속이 불순종하며 불신 가운데 행한 것은 사실이었습니다. 그렇다고 해서 그들의 불순종과 불신으로 인해 하나님의 약속이 헛된 것이 되어 버려서야 되겠습니까? 당치도 않은 말입니다!

하나님의 약속들은 또한 우리 기도의 기초가 되어야 합니다. 대단히 흥미 있는 사실이 있습니다. 하나님의 약속들은 우리의 기도를 격려하고, 우리의 기도는 하나님의 약속들을 활성화시킵니다. 하나님의 말씀을 주의 깊게 읽다가 그의 약속을 발견하게 되면, 그 약속이 당신을 고무시켜 잠시 멈추어 무릎을 꿇고 그 약속을 두고 기도할 수 있게 하는 것입니다. 그러면 그 기도는 당신의 삶에 그 약속을 활성화시켜 줍니다. 모세에게 일어났던 일이 바로 이런 일이었습니다.

그가 기도한 결과로, "여호와께서 뜻을 돌이키사 말씀하신 화를 그 백성에게 내리지 아니하셨습니다"(32:14). 하나님께서는 그들의 죄에 대하여 징벌을 추진하셨지만 결국 그들을 멸하지는 않으셨습니다. 그들은 벌을 받아야 마땅했고, 그래야만 불순종의 위험에 대해 배울 수 있었습니다. 그럼에도 불구하고 하나님의 긍휼이 다시 한 번 그들에게 비치었습니다. 이처럼 용서를 해주시다니 얼마나 놀라우신 분이십니까! 교훈은 분명합니다. 하나님께서는 회개하는 자를 용서하실 뿐만 아니라, 다른 이의 중보 기도에도 귀 기울여 주신다는 사실입니다.

1960년대 미국에서는 수많은 젊은이들이 방황을 했었습니다. 그들은 아무 목적 없이 이곳저곳을 떠돌아다니며 성취감과 짜릿한 재미와 또는 "실체"를 찾아 헤매다가 결국은 약물 중독이나 부도덕에 빠져들곤 했습니다. 문제는 그들이 그릇된 방향에서 무언가를 찾고 있었다는 데 있었습니다. 그들은 대개 "기성 체제"-종교, 중산층적 가치 체계, 기타 전통적 관습 등-에 대하여 반항을 했습니다. 그리스도와 함께하는 좋은 길을 그들과 나누기 위해서 네비게이토 선교회에서는 그들이 동부행 또는 서부행 때 즐겨 머무르는 경유지인 콜로라도 주의 보울더에 여름 선교부를 설치했습니다.

우리는 수많은 젊은이들을 만났습니다. 그들은 탐구적인

자, 냉소적인 자, 도도한 자, 반항아, 실의에 빠진 자, 두려움에 싸인 자 등 각양각색이었습니다. 그 당시를 돌아볼 때 무엇보다도 두드러진 사실은, 죄가 그들을 타락시켜서 만족과 평화와 아울러 그들이 희구하는 즐거움에 이를 수 있는 유일한 길로부터 벗어나게 해버린 것입니다(출애굽기 32:7-8 참조). 이것이 곧 죄가 우리 삶 가운데서 하는 일입니다. 죄는 우리를 타락시키고 하나님의 길에서 벗어나게 합니다.

놀랍게도(이렇게 놀란다는 자체가 우리에게는 부끄러움이기도 하지만) 그들 젊은이들 중 많은 사람들이 그리스도께로 돌아올 준비가 되어 있었습니다. 우리는 그리스도께서 죄로 말미암아 타락한 인생들을 원래대로 회복시키시고 그들로 하여금 의의 길로 가도록 이끄시는 것을 보았습니다. 죄로 더럽혀져 있던 것이 아름다운 것으로 변하였습니다.

불순종의 참혹한 결과

모세가 산에서 내려와 백성들과 접하게 되자 이번에는 모세 편에서 분노가 치밀어 올랐습니다. 조금 전에는 하나님께 진노를 거두시길 간청한 모세였지만, 백성들이 저지른 짓을 직접 보고는, "대노하여 손에서 그 판들을 산 아래로 던져 깨뜨렸습니다"(출애굽기 32:19). 왜 모세가 이렇게 했는지에 대해 여러 모로 생각해 볼 점이 많습니다. 돌판을 깨뜨린 행위가 범죄였을까요?

십중팔구 모세는 백성들에게 그들의 죄의 심각성을 알려

주려고 그랬을 것입니다. 그들은 우상을 만들었고 이방인들처럼 흥청망청 즐기고 있었습니다. 모세로서는 그들이 처한 상황이 사실 얼마나 절박한지 보여 줄 어떤 일을 해야만 했습니다. 흰색이 어두운 배경에서 잘 드러나 보이는 것과 마찬가지로 때로는 사람들에게 그들이 한 짓의 실상을 깨닫게 하기 위해서는 참혹한 어떤 일이 필요하기도 합니다.

갑작스레 나타나 돌판을 깨뜨림으로써 모세는 백성들을 깜짝 놀라게 만들었습니다. 그는 그들이 저지른 짓의 실상을 선명하게 보여 주었습니다. 돌판을 깨뜨린 그의 행동은 하나님과 그들과의 언약이 깨어졌다는 것을 보여 주는 일종의 시각 재료였습니다. 그 일은 또한 요점을 분명하게 해주었으며, 그들 마음속에 오랫동안 지워지지 않을 기억을 심어 놓았습니다.

이스라엘 백성들은 어떤 일을 저질렀습니까? 물론 그들은 죄를 지었지만 거기에 그치지 않았습니다. 그들은 금송아지를 만들어 하나님을 버렸을 뿐만 아니라, 하나님과의 언약을 깨뜨려 버렸던 것입니다. 이 언약은 이들 백성이 엄숙한 의식 가운데서 동의한 것이었습니다. "언약서를 가져 백성에게 낭독하여 들리매 그들이 가로되, '여호와의 모든 말씀을 우리가 준행하리이다.' 모세가 그 피를 취하여 백성에게 뿌려 가로되, '이는 여호와께서 이 모든 말씀에 대하여 너희와 세우신 언약의 피니라'"(출애굽기 24:7-8).

이에 모세는 "그들의 만든 송아지를 가져 불살라 부수어 가루를 만들어 물에 뿌려 이스라엘 자손에게 마시웠습니다"(32:20). 그 광경을 상상할 수 있겠습니까? 많은 이들이 아론은 그 백성들이 자기에게 어떤 짓을 할지 몰라 두려워했기 때문에 그들의 우상 숭배에 동조했다고 생각하고 있습니다. 그 상황은 사실 2,000,000 대 1의 게임이었습니다. 그러나 모세는 사람들을 두려워하지 않았고 하나님을 두려워했습니다. 그는 그들에게 자신들이 만든 신이 실상 얼마나 무력한가를 보여 주었습니다. 하나님께서 주시는 담대함으로 마음이 불타올라 그는 백성들에게 부수어 가루로 만든 우상을 마시게 했습니다. 사람에 대한 두려움을 해소시키는 최상의 해독제는 하나님에 대한 두려움입니다.

모세가 그 다음에 다룬 일은 아론에 대한 것이었습니다. 모세는 그를 추궁했습니다. "이 백성이 네게 어떻게 하였기에 네가 그들로 중죄에 빠지게 하였느뇨?"(32:21).

아론의 대답은 그야말로 궁색하기 짝이 없는 변명이었습니다. "그들이 그것[금]을 내게로 가져왔기로 내가 불에 던졌더니 이 송아지가 나왔나이다"(32:24). 그의 말은 요컨대 "나는 이 일과 아무 관련이 없습니다. 나 참! 이 송아지가 나왔을 때 나도 놀라지 않았겠습니까! 기겁하여 쓰러질 뻔했다니까요"라는 뜻이었습니다. 죄의 결과를 뒤집어쓰길 좋아하는 사람은 없습니다. 아론도 어떻게든 그 곤경을 모면하고자 했습니다. 아론의 변명이 우리에게 공허하게 들리듯이, 죄에 대한 우리의 변명도 하나님의 귀에는 공허하게 들립니다.

"이에 모세가 진문에 서서 가로되, '누구든지 여호와의 편에 있는 자는 내게로 나아오라!' 하매, 레위 자손이 다 모여 그에게로 오는지라"(32:26). 자, 이제 사건은 참혹한 국면으로 접어듭니다. 그러나 이것을 기억하십시오. 이어 전개되는 사건은 굳이 일어날 필요가 없었다는 것입니다. 왜냐하면 모세가, "누구든지 여호와의 편에 있는 자는 내게로 나아오라!"고 했기 때문입니다.

"모세가 그들에게 이르되, '이스라엘의 하나님 여호와께서 이같이 말씀하시기를 "너희는 각각 허리에 칼을 차고 진 이 문에서 저 문까지 왕래하며 각 사람이 그 형제를, 각 사람이 그 친구를, 각 사람이 그 이웃을 도륙하라" 하셨느니라.' 레위 자손이 모세의 말대로 행하매 이날에 백성 중에 삼천 명가량이 죽인 바 된지라"(32:27-28).

아론은 자신의 행위로 말미암아 삼천 명이나 되는 사람이 죽임을 당할 줄은 몰랐습니다. 이와 같이 우리도 우리 좋을 대로 선택할 수는 있지만, 우리 행위의 결과는 우리가 마음대로 할 수 없습니다. 우리가 혹 법규를 어길 수는 있지만, 그 결과는 다른 누군가가 결정하는 것입니다.

살아가다 보면 당시에는 별로 심각해 보이지 않는 어떤 선택을 해야 하는 상황에 처하기도 할 것입니다. 그 선택은 옳은 일을 하느냐 그른 일을 하느냐 하는 문제일 것입니다. 당신 생각에, '아 뭐, 이 정도 일은 그리 큰일은 아니야' 하고 넘겨 버릴지도 모릅니다. 그렇지만 흔히 선택의 결과는 결정 그 자체보다 훨씬 심각한 법입니다. 예를 들자면, 알래스카에서 발생한 지진은 경미한 피해만 입힐지 모릅니다. 어떻게든 무너지게 되어 있는 낡은 건물 몇 채 정도만 피해를 입고 인명

손실은 없는 정도로 그칠지 모릅니다. 그러나 그 지진이 해일을 일으키게 되면 그것이 대양을 가로질러 가면서 그 길목의 모든 선박과 도서 지역을 강타하여 참화를 불러일으킬 수도 있는 것입니다. 행동 결정 그 자체는 사소해 보일지 모르지만, 거기에 따르는 결과는 파국으로까지 몰고 갈 수도 있습니다.

출애굽기의 기록은 하나님께서 아론의 범죄에 대해 그를 어떻게 징벌하셨는지에 대해서는 밝히지 않고 있지만, 그 밖의 다른 부분의 말씀에서는 하나님께서 그 일을 어떻게 보셨는지에 대해서 분명히 보여 주고 있습니다. 그 당시 상황에 대해 모세는 이렇게 말했습니다. "여호와께서 또 아론에게 진노하사 그를 멸하려 하셨으므로 내가 그때에도 아론을 위하여 기도하고"(신명기 9:20).

그리스도인으로서 하나님께 순종하는 근본적인 헌신을 하는 것은 이처럼 절대적으로 중요합니다. 불순종으로부터 어떤 결과가 초래될지 모르기 때문입니다. 롯은 소돔 쪽으로 장막을 옮기면 그 결과가 어찌 될지 몰랐었습니다. 그 도시가 멸망당한 결과로, 그는 아내와 사위들과 가정과 재산과 아울러 그의 명예마저 잃게 되었습니다.

사건의 결말

모세는 금송아지를 부수어 버린 뒤 다시 산으로 올라가 기도했습니다. "여호와께로 다시 나아가 여짜오되, '슬프도소이다. 이 백성이 자기들을 위하여 금신을 만들었사오니 큰 죄를 범하였나이다. 그러나 합의하시면 이제 그들의 죄를 사하시옵소서. 그렇지 않사오면 원컨대 주의 기록하신 책에서 내 이름을 지워 버려 주옵소서!'"(출애굽기 32:31-32) 백성들의 죄를 사하여 주시기를 간구한 다음의 말을 주의해서 살펴봅시다. 내 생각으로 모세는 그 즈음에 이르러 털썩 주저앉아 울기 시작했다고 봅니다. 나는 그가 그 시점에 이르러서는 모든 자제력을 잃고 하나님 앞에서 흐느껴 울기 시작했다고 믿습니다.

표면상으로 모세는 빈틈없고 엄하고 꼬장꼬장한 사람처럼 보입니다. 백성들에게 모세는 큰 사랑과 인정은 없는 것처럼 보였습니다. 그러나 그들은 보이지 않는 가운데서 어떤 일이 일어나고 있는지 알지 못했습니다. 흔히 지도자는 두 얼굴을 가져야 할 때가 있습니다. (올바른 의미에서의 두 얼굴입니다.) 즉, 그는 자신이 해야 할 일을 하고 나서 하나님 앞에 홀로 나설 때는 우는 것입니다.

백성들에 대한 모세의 연민의 정이 얼마나 컸습니까? 그는 당시 생존한 어떤 사람보다도 하늘의 영광에 대해 많은 것을 알고 있었습니다. 그는 실제로 전능하신 하나님을 앞에 모시고 친구처럼 교제도 나누었습니다. 그런데도 그는 말하기를, "주 하나님, 이 백성들을 구원해 주신다면 주님께서 제 이름을 주님의 책에서 지워 버린다 해도 좋습니다. 제 자신은 주님의 저주를 받아도 기꺼이 감수하겠습니다"고 했던 것입니다. 이것이야말로 가슴 뭉클하게 하는 사랑이라 아니할 수 없습니다.

간절하고 뜨거운 기도가 어떤 것인지 묻는 사람이 있다면, 이것이 그 실례인 것입니다. 입으로만 하는 기도가 아니라 가슴으로 하는 기도입니다. 그런 기도로 모세는 자기 백성들의 구원을 위해 하나님께 부르짖고 있었던 것입니다. 마음에 느낀 짐이 하도 무거워서 그는 그들의 죄를 속량하는 데에 자신을 희생 제물로 드리는 것도 꺼리지 않았습니다.

이러한 기도를 쉽게 할 수 있는 것은 아닙니다. 강한 기도 생활은 강한 기도를 토대로 세워지는 법입니다. 그것은 성장과 계발의 문제입니다. 그러므로 주님 안에서 성장의 목표를 가지고 꾸준한 노력을 계속하십시오. 경건의 시간을 갖고, 말씀을 암송하고, 또한 묵상하십시오. 하나님께서는 당신을 기도의 용사로 만드셔서 그리스도의 뜻을 이루는 데에, 유례없는 막강한 능력을 발휘하게 하실 것입니다.

백성들은 불순종에 대한 징벌은 받았지만 모세의 기도를 통하여 용서를 받았습니다. 하나님께서 자신에 대한 예배를 구체화하시는 중에 순종에 대한 이 교훈을 주셨다는 사실은 주목해 볼 만합니다. 이스라엘은 불순종으로 멸망 직전에까지 다다랐고, 일련의 사건을 통해 마침내 그 사실을 깨닫게 되었습니다. 그들이 하나님과 약속한 언약의 말씀들이 실로 새로운 의미를 갖게 된 것입니다.

모세가 백성들에게 우선 말로 언약을 주고 그들이 그에 동의한 점을 주의해 보면 재미있습니다. 그러나 그 다음에는 이런 말씀이 나옵니다. "모세가 여호와의 모든 말씀을 기록하고"(출애굽기 24:4). 여호와 하나님께서 자기 백성들과 언약을 하시자마자, 그 언약은 성문화되어 하나님은 이로써 그들을 다스리실 수 있었던 것입니다.

　하나님께서는 언제나 같은 방식을 취하셨습니다. 그것은 오늘날에도 그렇고 세상 끝 날까지 계속될 것입니다. 여러분이나 나는 이 엄연한 진리에 주의를 기울여야 합니다. 하나님의 말씀은 우리의 안내자입니다. 다른 길은 없습니다. 하나님의 말씀을 배워 성령의 도우심과 깨우치심으로 말미암아 그 진리를 우리의 일상생활에 적용할 수 있도록 주님께서 우리에게 은혜를 내려 주시길 기도합니다. 하나님의 약속과 명령들은 모두 우리의 형통을 염두에 두고 주어진 것입니다. 이것들을 공부하면 할수록 기쁨으로 순종하며 하나님과 동행해야 하는 이유들을 더욱더 많이 발견하게 될 것입니다.

연구 주제

1. 신약에 나타난 순종의 개념.
2. 사랑과 순종과의 관계(우리는 하나님의 사랑에 대한 응답으로 하나님을 사랑하기 때문에 순종한다).
3. 성경에 나타난 순종과 불순종의 실례 및 그 각각의 결말.
4. 아버지 하나님께 대한 예수 그리스도의 순종.
5. 시내산 언약 가운데서 순종이 차지하는 위치(출애굽기, 신명기).
6. 지도자에 대한 순종.

적용:

나는 현재 나의 삶 가운데서 어떤 면에 순종이 필요한가? 이 영역에서 즉각 실천하고자 하는 것을 적어 보자.

6

싸움터의 용사
담대함에 대한 교훈

관련 구절: 민수기 13-14장, 여호수아 1장, 2:9-11, 열왕기하 6장, 사도행전 12장, 디모데후서 2:7-13, 4:6-8, 히브리서 3:10-11

두려움은 인류에게 끊임없이 붙어 다니고 있는 문제의 하나입니다. 어디를 가든지 사람들이 두려움 가운데 있는 것을 볼 수 있습니다. 굶주림, 죽음, 장래 일, 재정적 파탄 등 온갖 것들이 다 두려움의 대상이 되고 있습니다. 두려움은 사람을 극히 무력하게 만듭니다. 제2차 세계대전 중에 미국의 루즈벨트 대통령이 "우리가 두려워해야 할 유일한 것은 두려움 그 자체다"라고 한 이유가 바로 여기에 있습니다.

선지자 이사야는 수십 세기 전에 이스라엘 백성들에게 이렇게 경고했습니다. "그들의 두려워하는 것을 너희는 두려워하지 말며 놀라지 말고"(이사야 8:12). 두려움에 말려들기는 너무나 쉽습니다. 우리들은 두려움이 전염병처럼 퍼지도록 방관하고, 다른 사람들이 빠져 있는 두려움에 자신도 쉽게 빠져드는 경향이 있습니다.

내가 아는 사람 중에는 언젠가 토네이도 속에 갇혀 죽을 뻔한 사람이 있는데, 그때의 경험은 생각만 해도 끔찍했던 모양입니다. 그 일 이후로 하늘에 검은 구름이 끼기만 해도 심한 공포에 빠져 안절부절못하곤 했습니다. 같은 지역에 살던 다른 사람들은 이 사람 이야기를 듣기 전까지는 전혀 두려워하는 빛이 없었습니다. 그러나 이 사람이 겪었던 끔찍한 일에 대해 듣고 나서부터는 이야기가 달라졌습니다. 두려움이 그들에게 전염되었던 것입니다. 여름철 뇌우를 한두 번 경험한 것도 아닌데 사람들은 하늘이 어두워질 때마다 토네이도가 다가오고 있다고 무서워하며 숨을 곳을 찾기 시작했습니다.

유사 이래, 곤경에 처하거나 새로운 모험 길을 나서는 사람들에게는, 실재하는 위협이든 상상 속의 위협이든 여러 위협들에 담대히 맞설 수 있는 용기가 필요했습니다. 약속의 땅을 정복하기 위해서는 강한 적을 맞아 싸워야 했던 이스라엘 자손들에게도 이러한 담대함이 요구되었습니다. 그래서 하나님께서는 그들에게 무엇보다도 담대함에 대해 교훈하신 것을 볼 수 있습니다. 훗날 여호수아가 새로운 세대를 이끌고 약속의 땅에 들어가기 전에, 하나님께서 그에게 뭐라고 말씀하셨는지 주목해 보십시오. 세 번씩이나 "강하고 담대하라"(여호수아 1:6-7,9)고 말씀하셨습니다. 그러나 이 교훈은 쉽게 배울 수 있는 것이 아니었습니다. 이스라엘 백성이 그것을 배우는 데 40년이란 세월이 걸려야 했으며 그동안 세대가 완전히 교체되었습니다. 그러나 그것은 어떠한 값을 치르고서라도 꼭 배워야 할 필요가 있는 교훈이었습니다.

경건한 힘과 용기의 기초는 무엇입니까? 하나님 자신입니다. 우리는 "하나님 안에서" 강해야 합니다. 우리의 담대함과 용기는 하나님의 약속에 기초해야 합니다. 여호수아의 담대함은 그 자신의 군사적 천재성에 있었던 것이 아니라, 하나님께서 함께하시고 인도하신다는 사실에 그 뿌리를 두고 있었습니다. "너의 평생에 너를 능히 당할 자 없으리니 내가 모세와 함께 있던 것같이 너와 함께 있을 것임이라. 내가 너를 떠나지 아니하며 버리지 아니하리니"(여호수아 1:5).

필요: 담대한 지도자

여호수아의 지휘하에 약속의 땅을 실제로 정복하기 약 38년 전 모세가 12명의 정탐꾼을 파견한 사실에 초점을 맞추어 담대함에 대한 공부를 해봅시다. "여호와께서 모세에게 일러 가라사대, '사람을 보내어 내가 이스라엘 자손에게 주는 가나안 땅을 탐지하게 하되 그 종족의 각 지파 중에서 족장 된 자 한 사람씩 보내라'"(민수기 13:1-2).

하나님께서 족장들을 선택하신 데에는 목적이 있었습니다. 이들은 위험한 사명을 걸머지기 위해 일반 백성들 중에서 뽑혀 나오거나 지원한 자들은 아니었습니다. 오직 경험이 많은 지도자들만이 담대함을 가르칠 수 있었습니다. 백성들은 이들이 나아가는 대로 따라가게 마련이었습니다. 그러므로 담대함에 대한 교훈은 족장들이 먼저 배워야 했습니다.

　크레이지 호스 추장은 미국의 서부 개척 시대 초기에 수족 인디언을 이끌던 위대한 지도자였습니다. 그는 실로 뛰어난 전략가요 전술가였습니다. 그의 어린 시절, 부족의 한 원로가 그는 결코 전투에서 죽지 않을 것이라고 예언을 했습니다. 크레이지 호스는 그 어른의 말을 믿었고, 이후 그의 무용(武勇)은 가히 전설적인 것이었습니다. 전투를 할 때 그는 전혀 두려움이 없었습니다. 그의 대담한 용기는 부족의 다른 젊은 용사들에게 대단한 영향을 주었습니다. 그가 두려움 없이 싸움터로 뛰어들 때 그들의 마음은 불타올라 그가 어디로 가든 그를 따라 돌진했습니다.

　이 원리는 삶의 모든 면에 다 적용됩니다. 사도 바울은 말했습니다. "형제 중 다수가 나의 매임을 인하여 주 안에서 신뢰하므로 겁 없이 하나님의 말씀을 더욱 담대히 말하게 되었느니라"(빌립보서 1:14). 바울이 감옥에 갇혀서도 담대히 복음을 증거하는 모습은 다른 그리스도인들로 하여금 더욱 힘써 주님을 섬기도록 용기를 주었던 것입니다. 바울은 훌륭하고 용기 있는 지도자였습니다.

필요: 상식

"모세가 가나안 땅을 탐지하러 그들[12명]을 보내며 이르되, '너희는 남방 길로 행하여 산지로 올라가서 그 땅의 어떠함을 탐지하라. 곧 그 땅 거민의 강약과 다소와 그들의 거하는 땅의 호불호와 거하는 성읍이 진영인지 산성인지와 토지의 후박과 수목의 유무니라. 담대하라. 또 그 땅 실과를 가져오라' 하니, 그때는 포도가 처음 익을 즈음이었더라"(민수기 13:17-20).

모세가 실수를 범했다고 생각하는 사람들도 있습니다. 그들 생각에는 그가 하나님께서 위임해 주신 한계를 넘어 행했다는 것입니다. 하나님께서는 이미 그 땅을 이스라엘 민족에게 주셨으며, 첩보 행위를 명한 것은 육신을 의뢰하는 것이라고 지적합니다. 그러나 그렇지 않습니다. 하나님은 우리가 그의 약속들을 주장하며 그의 말씀을 의뢰하길 원하시지만, 그렇다고 그것이 우리의 상식을 도외시하라는 뜻은 아닙니다. 모세가 정탐꾼들에게 하라고 명한 것은 실제적인 것이었습니다. 들어가서 적정을 관찰하고 돌아와 보고하라는 것은 상식에 속한 일이었습니다.

솔로몬은 말했습니다. "너는 마음을 다하여 여호와를 의뢰하고 네 명철을 의지하지 말라. 너는 범사에 그를 인정하라. 그리하면 네 길을 지도하시리라"(잠언 3:5-6). 그는 우리에게 명철을 사용해서는 안 된다고 말하지는 않았습니다. 다만 그것을 의지하지는 말아야 하며, 하나님을 떠나 전적으로 그것에만 매달리지는 말아야 합니다. 어느 때나 무슨 일에나 하나님을 의지해야 한다는 것은 자명한 사실입니다. 우리 자신의 인간적 논리에만 의지한다는 것은 부러진 갈대에 기대는 격입니다. 그것은 결국 우리를 실망시킬 것이요 우리는 넘어지고 말 것입니다.

도슨 트로트맨은 네비게이토 선교회의 남녀 일꾼들에게 그들의 사고력을 사용하도록 권장하곤 했습니다. "생각을 하십시오. 여러분은 여러분이 깨닫고 있는 훨씬 그 이상의 일을 할 수 있습니다."

그는 또한 사업을 하고 있는 그의 친구의 말을 자주 인용하곤 했습니다. "무슨 일이든지 할 수는 있지만, 먼저 생각하고 중요한 순서대로 일을 하는 사람들을 나는 많이 알고 있습니다."

도슨은 생각하는 법에 관한 세미나를 열어 인도하곤 했습니다. 무엇을 해야 할지 확신이 없는 사람들에게 그는 흔히 이렇게 말했습니다. "하나님께서 당신에게 사고력을 주신 것은 곧 많은 지침을 주신 것입니다. 그러므로 그걸 사용하십시오." 이런 조언과 아울러 그는 우리 마음과 생각과 삶을 하나님의 말씀으로 흠뻑 적시도록 도전하여 우리가 하나님의 뜻대로 생각하는 법을 배울 수 있게 해주었습니다.

지속적인 성경암송을 통하여, 하나님의 말씀이 우리 안에 거함으로 삶에 결정적 영향력을 미치게 되고 그 효과가 우리 전체 인격을 통해 발산되도록 해달라는 것이 우리를 위한 그의 기도 내용이었습니다. 한편으로 그는 우리들에게 머리를 쓰고, 생각하는 법을 배우며, 우리 사고력을 계발하라고 강조하곤 했습니다. 그러나 그는 언제나 모든 지혜 가운데서 하나님의 말씀이 우리 속에 풍성히 거하게 하라고 강력히 권고함으로써 그런 원리들과의 균형을 잡게 해주었습니다. 우리는 우리의 머리를 사용해야 합니다. 하지만 의지해야 할 것은 하나님의 지혜입니다.

신약성경에는 이에 대한 좋은 예화가 있습니다. 헤롯 왕이 그리스도인들에 대한 미움과 백성들에게 환심을 사고자 하는 욕심에서 베드로를 옥에 가둔 일이 있습니다. 그는 탈옥을 못하도록 하기 위하여 16명이나 되는 경비병을 배치하여 감옥을 철통같이 지키도록 했습니다(사도행전 12:3-6 참조). 그런데 천사가 나타나 베드로를 풀어 주고 함께 옥을 나와서, 모든 문을 통과하게 하고 그 많은 경비병들 앞을 지나서 거리까지 나올 수 있도록 인도했습니다.

천사가 그를 떠나자 베드로는 곧 자신이 풀려나오도록 온 교회가 기도하고 있던 집으로 발걸음을 옮겼습니다. 이렇게 하여, 모인 이들이 베드로를 알아보고 문을 열어 주자, 그는 들어가서 그가 겪었던 일에 대해 그들과 잠시 대화를 나누었습니다. 마지막으로 그가 한 말은 사실상 이런 말이었습니다. "이제 나는 이곳을 떠나 아무도 찾을 수 없는 곳에 숨어야겠습니다"(사도행전 12:12-17 참조).

베드로는 조금 전 하나님의 천사에게 기적적인 방법으로 구출된 터였습니다. 그는 안일하게 이렇게 말할 수도 있었습니다. "나는 여기에 머무르겠소. 병사들이 또 나를 잡으러 오면 문을 열고 내 모습을 보이지 않게 해달라고 기도하겠소. 난 하나님이 또 다른 기적을 베풀어 주실 것을 믿기만 할 작정이요." 그러나 베드로는 그보다는 좀 더 지각이 있었습니다. 비록 하나님께서 그를 기적적인 방법으로 구출하셨지만, 상식적으로 볼 때 그 상황에서는 숨을 필요가 있었던 것입니다.

모세가 정탐꾼들을 파견하여 첩보 수집 임무를 부여했던 일이 바로 이와 같았습니다. 임무를 마치고 돌아왔을 때, 그들은 그 땅에 대해 말로만 신나게 설명하지 않고 인상적인 증거물-두 사람이 막대기에 꿰어 메고 올 만큼 거대한 포도송이-을 가져왔습니다(민수기 13:21-27 참조).

필요: 하나님의 시야

정탐을 마치고 돌아온 사람들의 보고 내용은 부정적이었습니다. 그들은 이렇게 말했습니다. "그러나 그 땅 거민은 강하고 성읍은 견고하고 심히 클 뿐 아니라, 거기서 아낙 자손을 보았으며, 아말렉인은 남방 땅에 거하고, 헷인과 여부스인과 아모리인은 산지에 거하고, 가나안인은 해변과 요단 가에 거하더이다"(민수기 13:28-29).

이 각 족속에 대해서는 성경 사전을 찾아보면 이들이 어떤 족속들인가를 잘 알 수 있습니다. 모두가 거칠어 보이는 종족들이었습니다. 아낙 자손은 이스라엘 자손을 위협해 왔던 거인 족이었습니다. 아말렉인은 이스라엘이 애굽을 탈출해 나온 후 첫 전투에서 패퇴시킨 바 있는 유목민이었습니다. 헷인은 황색 피부에 검은색 눈과 모발, 그리고 벗어진 이마에 튀어나온 턱을 가진, 외모가 사나운 종족이었습니다. 여부스인은 가나안인의 일파로 호전적인 족속이었고 예루살렘에 본거지를 두고 있었습니다. 아모리인은 신장이 크고 푸른 눈에 흰 살결을 지닌 산악 민족이었습니다. 가나안인은 지중해 연안과 요단강 계곡의 저지대에 살고 있던 사람들이었습니다.
 가지각색의 종족과 장애물과 문젯거리들이 이스라엘 앞에 버티고 있었습니다. 미리 잘 짜여진 전략, 어떤 신통한 만능 전술이나 정해진 작전 지침 따위가 있을 수 없었습니다. 이것은 앞으로 그 땅을 정복해 나갈 때도 역시 마찬가지였습니다. 매번 처하는 상황이 달랐으며 하나님께서 그때그때 필요한 전략과 전술을 주시지 않으면 승리는 불가능했습니다.
 정탐꾼들의 보고를 듣고 백성들이 술렁거리기 시작했습니다. 그러자 갈렙이 모세 앞에서 백성을 진정시키며 말했습니다. "우리가 곧 올라가서 그 땅을 취하자. 능히 이기리라"(민수기 13:30). 갈렙의 말은 그 땅을 정복하자는 것이 아니라 "취하자"라고 했던 점에 유의하십시오. 이것은 그의 생각이 어떠했는지를 보여 줍니다. 그는 하나님의 능력과 약속을 의뢰했습니다. 그는 하나님께서 이미 그들에게 주신 것을 가질 준비가 되어 있었습니다. 그 땅은 정복된 거나 마찬가지였습니다. 이미 그들의 땅이었습니다. 놀랍습니다! 그의 감동적인 도전은 육신의 힘이 아니라 성령의 힘으로 이루어진 것이었습니다. 그것은 공감을 불러일으키는 믿음의 선언이었습니다. 하나님이 약속해 주셨습니다! 왜 주저앉아 있습니까? 나아갑시다!
 이것이 진정한 의미에서의 지도력입니다. 그는 백성들에게 스스로의 힘과 능력에 의존하며 싸움터에 뛰어들라고 종용하지 않았습니다. 그의 의뢰하는 바는 오직 하나님이었으며, 백성들의 시선을 여호와께로 돌리려고 애를 썼습니다. 그의 담대함의 기반은 곧 그의 믿음이었습니다. 그는 그들을 이끌고 싸움터에 뛰어들 준비가 되어 있었고, 하나님의 약속이 진실이라는 사실에 자기 목숨을 걸 준비가 되어 있었습니다.

우리도 마땅히 이렇게 해야 합니다. 우리의 승리는 십자가에 달리신 예수 그리스도로 말미암아 확보되어 있는 것입니다. "우리 주 예수 그리스도로 말미암아 우리에게 이김을 주시는 하나님께 감사하노니"(고린도전서 15:57). 우리는 죄와 의심과 끊임없이 따라다니며 괴롭히는 온갖 것들을 이기기 위해 버둥거리거나 안간힘을 쓰지 않아도 됩니다. 예수님이 바로 우리의 승리가 되십니다. 그분은 우리의 자유요, 지혜요, 힘이요, 모든 것이 되십니다.

"그[갈렙]와 함께 올라갔던 사람들은 가로되, '우리는 능히 올라가서 그 백성을 치지 못하리라. 그들은 우리보다 강하니라' 하고"(민수기 13:31). 이 구절에 매우 중요한 단어가 두 번 나옵니다. "우리는 능히…못하리라. 그들은 우리보다 강하니라." 백성들의 마음은 어디에 가 있었습니까? 그들 자신에게 가 있었습니다.

당신도 영적 패배에 빠지고 싶다면 당신 마음을 온통 자신에게만 쏟으십시오. 물론 "우리는 능히… 못합니다." 우리는 언제나 해내지 못했습니다. 우리는 스스로 구원할 수 없습니다. 우리는 성령을 떠나서 성경 말씀을 이해할 수 없습니다. 우리는 주님의 힘을 떠나서 믿음의 선한 싸움을 싸울 수 없습니다. 이 점을 철저히 수긍할 때 우리는 하나님의 선하심과 인도하심을 온전히 의지하는 사람이 됩니다.

그들이 잊고 있었던 것은 하나님은 능하시다는 사실이었습니다. 하나님은 그들에게 약속을 주셨지만 그들은 그 약속을 잊었습니다. 그리스도인들은 흔히 자신들이 얼마나 약한가 하고 불평하곤 합니다. 그것은 사실 아무 쓸데없는 불평이요, 엉뚱한 불평입니다. 성경에서 무엇을 가르칩니까? "너희가… 잠잠하고 신뢰하여야 힘을 얻을 것이어늘"(이사야 30:15).

진짜 문제는 무엇이었습니까? 그 일이 있기 수백 년 전에 하나님께서는 아브라함에게 이렇게 약속하셨습니다. "내가 이 땅을… 네 자손에게 주노니"(창세기 15:18). 하나님은 그들과 함께하셨습니까? 그렇습니다. 함께하심을 보여 주셨습니다. 그분은 또 그들보다 앞서서 행하지 않으셨습니까? 낮에는 구름 기둥으로 밤에는 불기둥으로 앞서서 행하셨습니다. 하나님께 벅찬 어떤 일이라도 있었습니까? 결코 없었습니다. 그렇지 않으면, 성벽이 하늘만큼 높이 둘러 있어서 하나님도 들여다보실 수 없기라도 했습니까? 천만에요. 문제는 하나님과 그의 약속이었습니다. 그들은 하나님을 믿고자 했습니까?

성경은 정탐꾼들의 주된 보고 내용을 다음과 같이 요약하고 있습니다. "이스라엘 자손 앞에서 그 탐지한 땅을 악평하여 가로되, '우리가 두루 다니며 탐지한 땅은 그 거민을 삼키는 땅이요 거기서 본 모든 백성은 신장이 장대한 자들이며'"(민수기 13:32).

후대에 시편 기자는 이 점을 명확하게 밝혔습니다. "저희가 낙토(樂土)를 멸시하며 그 말씀을 믿지 아니하고"(시편 106:24).

담대함이란 타조처럼 모래판에 머리만 처박고 아무 일 없는 체하는 게 아닙니다. 용기란 어려운 점들을 시인하지만 하나님을 믿는 것입니다. 용기는 어려움을 인정하지만 그것에 매이지는 않습니다. 10명의 정탐꾼들은 장애물들은 보았지만 하나님을 보는 눈은 멀었습니다. 그것은 패망에 이르는 확실한 첩경입니다.

선지자 엘리사의 수종드는 자는 큰 무리의 적을 보고 겁에 질리게 되었습니다. "하나님의 사람의 수종드는 자가 일찍이 일어나서 나가 보니 군사와 말과 병거가 성을 에워쌌는지라, 그 사환이 엘리사에게 고하되, '아아, 내 주여, 우리가 어찌하리이까?'"(열왕기하 6:15).

엘리사는 그의 종이 적의 군사력을 사실대로 보게 해주었습니다. "'두려워하지 말라. 우리와 함께한 자가 저와 함께한 자보다 많으니라' 하고, 기도하여 가로되, '여호와여, 원컨대 저의 눈을 열어서 보게 하옵소서' 하니 여호와께서 그 사환의 눈을 여시매, 저가 보니 불 말과 불 병거가 산에 가득하여 엘리사를 둘렀더라"(열왕기하 6:16-17).

하나님께서 여전히 모든 것을 통제하고 계셨습니다. 그러므로 하나도 겁낼 게 없었습니다. 인간적 시야와 이성과 논리로 볼 때는 가망이 없었습니다. 그러나 실상 그들이 처한 상황에는 눈에 비친 것 이상의 상황이 전개되고 있었습니다.

소수의 보고와 다수의 보고가 달랐던 것은 그것을 바라보는 시야의 기본적인 차이에 기인한 것이었습니다. 10명은 인간적 수준에서 추론을 했습니다. 갈렙과 여호수아도 근본적으로 같은 것을 보았지만, 그들은 하나님의 약속을 염두에 두고 바라보았습니다. 우리가 바라보고 깨닫는 것이 전부 우리 앞의 문제와 자신의 약점과 지혜의 부족 따위라면 우리는 출전하기도 전에 패망하고 맙니다. 그러나 우리가 믿음으로 하나님을 의지할 때 하나님은 우리에게 전진해 나갈 수 있도록 용기를 주십니다.

한번은 비행기 여행 중에 옆 자리에 앉은 사람이 자기가 가진 신문을 읽고 싶으냐고 물으면서 건네주었습니다. 그 신문에는 명예 훈장 수령자들과의 인터뷰 내용이 실려 있었습니다. 용기를 무어라고 정의하느냐는 질문에 그들은 한결같이 두려워하는 일을 행하는 것이 용기라고 대답했습니다. 두려움을 덜 느끼는 게 용기는 아닙니다. 어렵다는 생각이 들면 두려움이 생기지만, 하나님을 의뢰하면 두려움에도 불구하고 나아갈 수 있는 용기를 얻게 되는 것입니다.

한 가지 예를 들면, 신장 2m의 거인이 있을 수 있고, 1m 20cm의 난장이가 있을 수 있습니다. 무려 80cm나 되는 차이가 있습니다. 지평면을 기준으로 볼 때는 상당한 차이가 나는 것 같지만 하나님의 보좌에서 보는 80cm는 그리 대단한 것이 못 됩니다. 우리의 문제점이라는 것도 그렇습니다. 우리는 그런 것을 하나님의 관점에서 바라보는 법을 배워야 합니다. 거인과 난장이의 차이가 고작 80cm 정도라면 큰 어려움과 작은 문제점의 차이도 하나님의 눈에는 마찬가지입니다. 우리는 갈렙처럼 하나님의 관점으로 사물을 바라볼 수 있는 사람이 되게 해주시도록 기도해야 합니다.

필요: 변치 않는 목표

10명의 정탐꾼은 그들의 시야를 잃었을 뿐만 아니라, 목표가지도 잊었습니다. 그들은 사치와 안락을 목표로 가나안을 향해 나아가고 있던 길은 아니었습니다. 세상에 축복을 주기 위해서 그들은 가나안으로 나아가고 있었습니다. 그들은 세계 열국 중에서 하나님의 택함을 받아 인류 구원의 요람으로 구별된 민족이었던 것입니다. 모든 사람을 죄에서 구원하실 메시야는 장차 이스라엘을 통하여 오시게 되어 있었던 것입니다.

이스라엘의 본거지로 선택된 팔레스타인 땅은 고립된 곳이었습니다. 서쪽으로는 지중해로 막혀 있고, 남쪽과 동쪽은 거대한 사막으로 둘러싸여 있었으며, 북쪽은 산악으로 막혀 있었습니다. 이스라엘 백성은 하나님의 인도로 이 땅에 들어와, 우상 숭배에 빠져 있는 주변 민족으로부터 사실상 분리된 채 살게 되었습니다. 그 민족이 세계에서 차지하는 위치는 작고 하찮은 존재에 불과했습니다. 로마처럼 세계 정복의 야망을 이룰 만하지도 못하고, 헬라처럼 위대한 학문적 업적을 이룰 것 같지도 않았지만, 그 맡은 소명은 그 어느 민족보다도 훨씬 컸습니다. 그리하여 그 땅은 전 세계적으로 영적 영향력을 미칠 민족의 훈련장이 되었습니다.

비록 작고 고립된 나라였지만, 이스라엘은 그 당시의 지도적인 국가들 사이에서 중심 역할을 했습니다. 고대 세계의 동서를 잇는 중간 지점이요 거대한 아시아와 아프리카 대륙

사이에 위치하고 있으면서, 그 어느 쪽에도 속하지 않고 양편을 서로 교통하게 해주는 역할을 했습니다. 그 땅은 천연자원이 풍부하여 생활에 필요한 것들을 공급해 줄 수 있었습니다. 그야말로 젖과 꿀이 흐르는 땅이었습니다. 젖이 있다면 소가 있습니다. 꿀이 있다면 그곳에는 벌이 있고, 벌이 있는 곳에는 꽃도 있습니다.

이처럼 그 땅은 하나님께서 그의 백성들을 위해 택하여 주신 이상적인 곳이었습니다. 그들은 그 땅에 들어가 사악한 우상 숭배의 영향력을 일소하고 구분된 백성으로 살도록 택함받았습니다. 만약 그들이 이방 사람들 속에 들어가 어울려 살며 서로 혼인하고 그들이 숭배하는 신들을 받아들인다면, 그들은 온 세계에 구원을 전해 주는 자격을 상실하게 되는 것이었습니다. 그들은 선택된 땅에 들어가 하나님께서 그들에게 부여하신 사명을 완수해야 하는 선택된 백성이었습니다. 그러나 그들은 그 모든 것을 보는 시야를 잃었습니다. 그들의 목표는 눈앞에 있는 난관을 생각하면서 흐려져 버렸습니다.

우리들도 그렇습니다. 우리도 그와 똑같은 함정에 쉽게 빠집니다. 우리의 소명, 우리의 임무, 우리의 존재 이유는 무엇입니까? 안일하고 안락하게 사는 것입니까? 하나님께서 주시는 축복의 빛을 누리며 우리 자신만의 행복 속에 안주하라고 우리를 택하셨습니까? 물론 그렇지 않습니다. 그는 우리에게 온 세상으로 복음을 들고 나아가 모든 족속으로 제자를 삼으라고 말씀하셨습니다. 쉬운 일이겠습니까? 아닙니다. 하지만 그 일은 싫다고 피할 수도 없는 일입니다.

이스라엘 백성들처럼 사명을 바라보고 그 일에 따르는 난관과 고통을 깨닫고는 그리스도의 지상명령에 등을 돌리겠습니까? 아니면 갈렙처럼 여호와 하나님의 힘으로 일어서서 나아가겠습니까?

필요: 주님께 대한 확신

10명의 정탐꾼은 확신이 없었기 때문에 최악의 경우를 상상했습니다. "거기서 또 네피림 후손 아낙 자손 대장부들을 보았나니, 우리는 스스로 보기에도 메뚜기 같으니 그들의 보기에도 그와 같았을 것이니라"(민수기 13:33). 그들은 스스로 보기에 형편없이 열등한 것 같았기에 적들이 보기에도 그럴 것이 틀림없다고 생각해 버렸습니다. 그러나 사실은 전혀 달랐습니다.

한 세대가 지난 후 다시 정탐하러 간 두 이스라엘인에게 그 땅 거민의 한 사람이었던 라합은 이렇게 말했습니다. "여호와께서 이 땅을 너희에게 주신 줄을 내가 아노라. 우리가 너희를 심히 두려워하고 이 땅 백성이 다 너희 앞에 간담이 녹나니, 이는 너희가 애굽에서 나올 때에 여호와께서 너희 앞에서 홍해 물을 마르게 하신 일과 너희가 요단 저편에 있는 아모리 사람의 두 왕 시혼과 옥에게 행한 일, 곧 그들을 전멸시킨 일을 우리가 들었음이라. 우리가 듣자 곧 마음이 녹았고 너희의 연고로 사람이 정신을 잃었나니 너희 하나님 여호와는 상천하지에 하나님이시니라"(여호수아 2:9-11). 하나님께서는 이미 약 40년 전쯤에 홍해 물을 말리신 적이 있었고 가나안인들은 그 이후 내내 이스라엘을 두려워하면서 그곳에 살고 있었던 것입니다.

생각해 보십시오. 가나안인들은 자기들이 이길 수 없다는 것을 알고 있었습니다. 그들은 그 사실을 인정했습니다. 그들은 스스로 히브리인들이 믿는 하나님의 상대가 되지 못한다는 것을 알고 있었습니다. 그들은 두려움에 사로잡혀 마음이 녹아 있었습니다. 그들은 이미 가망이 없다는 것을 알았습니다. 그런데도 하나님의 백성들은 그들 자신이 스스로 보기에 메뚜기 같았고 그들이 본 장대한 사람들의 상대가 못 된다고 생각했습니다. 당시와 마찬가지로 오늘날도 모든 것은 삶을 바라보는 기준이 세상의 관점이냐 하나님의 관점이냐에 달려 있습니다.

사도 바울은 이 점에서 우리를 도전합니다. 그의 마지막 서신은 디모데후서였습니다. 그가 이 편지를 쓴 당시의 형편은 침울하기만 했습니다. 동으로는, 그가 기도와 눈물로 심고 가꾼 교회들이 거짓 선생들로 말미암아 침식당하고 있었습니다. 서쪽으로는 잔혹한 박해가 일어나 그리스도인들이 가장 잔인하고 비인간적인 방법으로 살육을 당하고 있었습니다. 네로는 그들에게 동물 가죽을 입힌 뒤 경기장으로 몰아넣어 사나운 개들에게 찢기게 했습니다. 그들은 또한 몸에 역청을 뒤집어쓴 채 기둥에 묶여 밤에 황제의 뜰과 거리를 밝히기 위해 불태워졌습니다. 네로는 술에 취해 벌거벗은 채 전차를 타고 달리며 그들을 조롱하고 그들이 고통 속에 죽어 가는 모습을 보고 즐겼습니다.

그동안 바울은 로마 감옥에 갇혀 추위에 떨면서, 복음을 전했다는 "죄"로 사형을 기다리고 있었습니다. 친구들도 그를 버렸습니다. 외로웠습니다. 이 모든 일을 생각하며 그는 디모데에게 편지를 썼는데 거기에는 이런 내용이 들어 있었습니다. "승리하는 팀에 속해 있다는 것은 멋진 일이 아니겠는가?"(디모데후서 2:7-13 참조).

바울의 믿음과 승리에 대한 마지막 선언, 외적인 패배 속에서의 승리의 외침은 그의 모든 편지 중에서 가장 감격적인 압권의 하나인 것입니다. "관제와 같이 벌써 내가 부음이 되고 나의 떠날 기약이 가까왔도다. 내가 선한 싸움을 싸우고 나의 달려갈 길을 마치고 믿음을 지켰으니, 이제 후로는 나를 위하여 의의 면류관이 예비되었으므로 주 곧 의로우신 재판장이 그날에 내게 주실 것이니, 내게만 아니라 주의 나타나심을 사모하는 모든 자에게니라"(디모데후서 4:6-8).

의심의 흔적은 전혀 없었습니다. 그는 그리스도가 승리하실 것을 알았습니다. 그는 자신이 온 마음과 힘을 다하여 사랑하고 섬겨 온 그리스도 앞에 곧 서게 되리라는 것을 확신했습니다. 수없이 많은 전쟁을 치른 이 백전노장은 지난날의 길고 힘들고 쓰라렸던 전투를 회상하며 그 결과를 선언했습니다. 예수 그리스도-승리! 마귀-패망! 그의 전망은 옳았고 그의 비전은 선명했습니다. 주저주저하던 히브리 정탐꾼들과는 달리 그는 사태를 사실대로 보았습니다. 바울과 갈렙은 지금까지 하늘나라에서 영광스러운 교제를 계속 나누고 있을 것입니다. 하나님께서는 또한 우리들에게도, "잘하였도다!" 하시는 그리스도의 칭찬의 말씀을 듣는, 고귀하고 용기 있는 무리와 함께할 수 있는 은혜를 주셨습니다.

필요: 용서

정탐꾼들의 보고를 들은 사람들은 최악의 경우를 믿게 되었습니다. "온 회중이 소리를 높여 부르짖으며 밤새도록 백성이 곡하였더라. 이스라엘 자손이 다 모세와 아론을 원망하며 온 회중이 그들에게 이르되, '우리가 애굽 땅에서 죽었거나 이 광야에서 죽었더면 좋았을 것을, 어찌하여 여호와가 우리를 그 땅으로 인도하여 칼에 망하게 하려 하는고. 우리 처자가 사로잡히리니 애굽으로 돌아가는 것이 낫지 아니하랴?' 하매"(민수기 14:1-4).

그들은 하나님께 반역하였으며 하나님이 자기들을 가나안 땅으로 인도하여 죽이려 한다고 힐난했습니다. 어리석게도 그들은 새 지도자를 뽑아 애굽으로 돌아가려고 했습니다. 얼마나 우매한 짓입니까! 타는 듯이 뜨거운 사막을 건너 되돌아가도록 하나님이 구름 기둥과 불기둥으로 인도하시겠습니까? 또한 만나로 그들을 먹이려 하시겠습니까?

여호수아와 갈렙은 더 이상 참을 수 없었습니다. "우리가 두루 다니며 탐지한 땅은 심히 아름다운 땅이라. 여호와께서 우리를 기뻐하시면 우리를 그 땅으로 인도하여 들이시고 그 땅을 우리에게 주시리라. 이는 과연 젖과 꿀이 흐르는 땅이니라. 오직 여호와를 거역하지 말라. 또 그 땅 백성을 두려워하지 말라. 그들은 우리 밥이라. 그들의 보호자는 그들에게서 떠났고 여호와는 우리와 함께하시느니라. 그들을 두려워 말라"(민수기 14:7-9).

그러나 백성들은 들으려고 하지 않았습니다. 하나님의 뜻을 행하며 미지의 역경들에 부딪쳐 나가는 대신 그들은 죽음을 택했습니다. 그들은 죽기가 두려워 죽기를 원했습니다!

"(그러나) 온 회중이 그들[여호수아, 갈렙, 모세, 아론]을 돌로 치려 하는 동시에 여호와의 영광이 회막에서 이스라엘 모든 자손에게 나타나시니라"(민수기 14:10). 여기에 주목할 것이 있습니다. 백성들이 하나님을 향하여 주먹을 휘두르고 그를 살인자라 부르길 서슴지 않으며 그를 모독할 때에 하늘은 조용했습니다. 그러나 그의 부름받은 사람들이 돌에 맞아 죽을 지경에 처하자 하나님께서는 즉시 그들을 보호하기 위해 나타나셨던 것입니다. 그는 자기의 충실한 종들의 용기를 가상히 여기셨습니다.

백성들을 구하기 위하여 모세는 다시 한 번 하나님 앞에 무릎을 꿇고 백성들을 위하여 용서와 자비와 인내를 베풀어 주시기를 간구하였습니다. "여호와는 노하기를 더디하고 인자가 많아 죄악과 과실을 사하나 형벌받을 자는 결단코 사하지 아니하고 아비의 죄악을 자식에게 갚아 삼사 대까지 이르게 하리라 하셨나이다. 구하옵나니, 주의 인자의 광대하심을 따라 이 백성의 죄악을 사하시되 애굽에서부터 지금까지 이 백성을 사하신 것같이 사하옵소서"(민수기 14:18-19).

다시 한 번 여호와께서는 모세의 기도를 들어주셨습니다. "여호와께서 가라사대, '내가 네 말대로 사하노라'"(민수기 14:20).

그 민족은 그 땅에 들어가기를 너무 겁내고 있었습니다. 기껏 한다는 짓이 모세, 아론, 갈렙, 여호수아를 돌로 치고자 꾀한 것이었습니다. 돌로 치는 일은 그들의 생각에 2,000,000 대 4로 승산이 있는 것 같았으므로 그리 대단한 용기가 필요한 것이 아니었습니다. 문제는 그들이 짚고 넘어가야 할 제5의 인물이 계시다는 사실을 잊고 있었다는 점이었습니다. 곧 하나님이 그분이셨습니다. "그러므로 내가 이 세대를 노하여 가로되, '저희가 항상 마음이 미혹되어 내 길을 알지 못하는도다' 하였고, 내가 노하여 맹세한 바와 같이, '저희는 내 안식에 들어오지 못하리라' 하셨다 하였으니"(히브리서 3:10-11).

반면에 갈렙과 여호수아는 가나안에 들어가도록 허락을 받았습니다. 그들은 하나님을 기억했고, 하나님께서 주신 약속을 의지했으며, 또한 믿음에 닻을 내린 용기, 하나님으로부터 받은 용기를 나타내 보였습니다. 지금도 여호와 하나님의 눈은 온 땅을 두루 감찰하사 그와 같은 믿음을 가진 사람들을 찾고 계시며, 그들을 위하여 능력을 베푸시기를 원하고 계십니다(역대하 16:9 참조). 하나님께서 우리에게도 담대함과 용기를 주사 이 시대의 여호수아와 갈렙이 되게 해주시기를 기도합니다.

연구 주제

1. 노아와 아브라함의 삶에서 나타나는 담대함의 근원(창세기 6-9,12-15장 참조).
2. 다윗과 그의 "용사들"의 담대함(사무엘상 20-27장, 사무엘하 23장 참조).
3. 어려운 결정 사항 다루는 법(에스라, 느헤미야, 에스더 참조).
4. 시편에 나오는 담대함에 대한 교훈들.
5. 사도행전에 나오는 초대 교회의 담대함.
6. 사도 바울의 담대함.

적용:

나는 이 장에서 담대함(용기)에 대해 어떤 교훈을 받았는가? 그것이 나 자신의 삶에 실제로 나타나도록 하려면 무엇을 해야 하는가?

7

최선에 대한 적
우선순위에 관한 교훈

관련 구절: 신명기 1-8장, 17-20장, 30장, 열왕기상 11-12장, 시편 20편, 33편, 48편, 이사야 6-8장, 마가복음 12:28-33, 누가복음 9:18-27,46-62, 14:15-35, 골로새서 3:1-3, 베드로전서 5:2-6, 요한일서 2:15-16

형벌은 엄중했습니다. 하지만 범죄가 너무나 심각했습니다. 이스라엘 민족은 정탐 사건에서 극히 비겁함을 보였을 뿐만 아니라(6장 참조), 그들을 약속된 땅에 얼마든지 들여보내 주실 수 있는 하나님의 능력을 조롱했습니다. 그리하여 거역하던 그 세대는 모두 광야에서 멸망하고 오직 사건 당시 20세 이하의 사람들 및 모세, 갈렙, 여호수아만이 살아남았습니다.

가나안에 들어가기 전 하나님의 백성이 마지막으로 배워야 했던 교훈은 우선순위에 관한 것이었습니다. 삶에서 가장 중요한 것은 무엇인가? 누가 첫 자리를 차지해야 하는가? 첫째 것을 첫째에 두고 그걸 지키려면 어떻게 해야 하는가?

새로운 세대의 백성들이 약속의 땅을 차지하기 위해서는

삶의 우선순위를 바로 지켜야만 했습니다. 그래서 모세는 모압 평지에서 언약을 재확인했습니다. 이 언약은 하나님이 그들의 구속자시요 주님 되심을 보여 주는 것이었습니다. 가나안 땅으로 들어가는 문턱에서 그는 지난 40년간의 교훈들을 다시 살펴보고 백성들에게 삶의 우선순위를 가르쳤습니다.

신명기는 십계명과 그 밖의 히브리 율법들을 쓸데없이 반복하고 있는 게 아닙니다. 하나님께서는 새로운 세대에게 그의 언약을 확인해 주셨고, 반복된 율법들은 40년간의 경험을 바탕으로 주어진 것이었습니다. 물론 새로운 규범들도 많이 첨가되었습니다.

출애굽기, 레위기, 민수기는 백성들의 여정을 따라 시시때때로 다양한 상황 가운데서 율법들이 주어지고 있는 것을 기록하고 있습니다. 이제 사막을 가로지르는 여행이 끝나 감에 따라 이 율법들을 다시금 새롭게 마음에 새길 필요가 있었습니다. 40년 동안 나그네로 살아왔던 이스라엘 백성은 이제 머지않아 가나안에서 곡식을 수확하고 가축을 기르는 생활을 하게 될 것입니다. 이제 하나님께서 이 율법들을 새로운 생활양식에 어떻게 적용할 것인가를 보여 주실 때가 왔습니다.

이스라엘은 가장 추잡하고 가증스런 형태의 우상 숭배로 오염되어 있는 땅에 들어가기 직전에 있었습니다. 전략적으로 중요한 이 시기에 급선무는 하나님의 율법의 기본적 원리들을 가슴 깊이 새겨 두는 일이었습니다. 하나님께서 시내산에서 율법을 주실 때 하늘에서 우레와 같은 소리가 나는 것을 듣고, 불꽃과 연기가 나는 것을 본 사람들의 대부분은 더 이상

이 땅에 살아 있지 않았습니다. 하나님의 사람 세 명만을 제외하고 당시 장년 세대는 모두 죽었으며, 젊은 세대 사람들 중에서는 극히 일부만이 율법이 주어지던 당시의 두렵고도 놀라운 일들을 기억할 수 있었습니다. 나머지 사람들, 즉 사막 길을 행할 때 태어나서 성장한 이들에게는 시내산의 일이 거의 또는 전혀 의미가 없었습니다. 그러므로 모세가 율법이 나오게 된 내력을 설명하고 일상생활에서 차지하는 위치를 구체적으로 보여 주는 일은 시급한 과제가 되었습니다.

또한 그리 유쾌한 일은 못 되지만 다시 살펴보아야 할 것이 있었습니다. 이스라엘 백성들은 그 조상들이 믿음이 없어 거역하고 불평한 결과로 생긴 비극과 고통에 대해서도 알 필요가 있었던 것입니다. 그런 배경을 알면 사람이 어떻게 하여 방황하고 실족하고 넘어지게 되는가를 배우는 데 도움이 되기 때문이었습니다. 그들은 또한 죄에 빠지게 되었던 사건들이, 사실은 그들 조상들로 하여금 결코 그들을 저버리신 적이 없는 하나님과 좀 더 친근한 교제를 나누게 하는 데 도움이 될 수도 있었다는 사실을 깨달을 수도 있었습니다. 그들은 사막에서 보낸 40년이 믿음이 없음으로 해서 나타난 결과였던 것을 상기할 필요가 있었습니다. 이스라엘의 수많은 범죄로 얼룩진 어두운 배경으로 인하여 하나님의 신실하심은 이제 더욱더 밝게 드러나 보였습니다. 그들이 진노의 벌을 받아 마땅할 때에도 변함없는 하나님의 능력과 선하심은 여전히 그들을 떠나지 않았습니다.

그들이 임박한 싸움을 눈앞에 두고 있을 때, 모세는 다시

한 번 참으로 도움을 주실 수 있는 유일한 분에게 그들의 주의를 집중시켰습니다. "영원하신 하나님이 너의 처소가 되시니 그 영원하신 팔이 네 아래 있도다. 그가 네 앞에서 대적을 쫓으시며, '멸하라' 하시도다"(신명기 33:27). 하나님은 신뢰할 만한 분이셨습니다. 그들에게 우선 필요한 일은 하나님께서 그들에게 원하시는 바가 무엇인지 알고 그것을 행하는 것이었습니다. 그의 명령과 약속이 그들 삶에서 우선순위를 차지해야 했습니다.

왕의 우선순위

모세는 이스라엘의 장래 지도자들에게 특별한 지침을 남겨 주었습니다. 금지하는 것이든 권장하는 것이든, 이 지침들은 이끌어 갈 위치에 있는 자들이 일상생활에서 우선순위로 지켜야 할 것들이었습니다. 이 지침들은 또한 하나님의 시간표를 따라 세워지게 될 이스라엘의 왕 제도에 대한 예언이기도 했습니다.

"네가 네 하나님 여호와께서 네게 주시는 땅에 이르러서 그 땅을 얻어 거할 때에 만일, '우리도 우리 주위의 열국같이 우리 위에 왕을 세우리라'는 뜻이 나거든 반드시 네 하나님 여호와의 택하신 자를 네 위에 왕으로 세울 것이며, 네 위에 왕을 세우려면 네 형제 중에서 한 사람으로 할 것이요, 네 형제 아닌 타국인을 네 위에 세우지 말 것이며, 왕 된 자는 말을 많이 두지 말 것이요, 말을 많이 얻으려고 그 백성을 애굽으로 돌아가게 말 것이니, 이는 여호와께서 너희에게 이르시기를, '너희가 이후에는 그 길로 다시 돌아가지 말 것이라' 하셨음이며, 아내를 많이 두어서 그 마음이 미혹되게 말 것이며, 은금을 자기를 위하여 많이 쌓지 말 것이니라"(신명기 17:14-17).

장차 왕이 되는 이들은 말, 아내 및 사유 재산을 많이 갖지 말아야 했습니다. 이 세 가지 것은 기본적으로 명예, 쾌락, 부와 관련되어 있는데, 여러 시대를 내려오면서 높은 지위에 있는 이들이 이것을 잘못 사용하여 함정에 빠졌고 오늘날도 계속되고 있는 문제입니다. 이들은 우연 같지만 사도 요한이 경고한 세상의 세 가지 죄와 똑같습니다(요한일서 2:15-16 참조). 이것들은 곧 육신의 정욕(많은 아내), 안목의 정욕(많은 재물), 이생의 자랑(많은 말)입니다.

첫째, 왕은 자신의 명예를 위해서 말을 많이 두지 말아야 했습니다. 당나귀나 노새가 대중교통 수단으로 이용되던 그 시대에 당당하게 걷는 멋진 말을 타고 다니다 보면 자칫 자만심의 함정에 빠지기 쉬웠습니다. 많은 말을 소유하는 것은 지금 같으면 캐딜락 승용차 수십 대를 가지고 있는 것과 마찬가지일 것입니다. 미국 네바다 주 라스베이거스의 어떤 사람은 롤스로이스 승용차를 30대나 가지고 있다고 합니다. 그중 한 대는 내부가 담비 모피로 덮여 있다는 말을 들은 적이 있습니다. 그 당시에 말들은 왕에게 이와 유사한 신분적 상징이 되는 것이었습니다.

게다가 왕은 자기가 가진 말을 의지하기 시작할지도 모를 일이었습니다. 후에 시편 기자는, "혹은 병거, 혹은 말을 의지하나 우리는 여호와 우리 하나님의 이름을 자랑하리로다"(시편 20:7)라고 말하며, 또한 "구원함에 말은 헛것임이여, 그 큰 힘으로 구하지 못하는도다"(시편 33:17)라고 하기도 했습니다.

둘째, 왕은 육신의 정욕을 채우기 위하여 아내를 많이 두면 안 되었습니다. 육신의 쾌락은 결국 그의 마음을 하나님으로부터 멀어지게 하기 때문이었습니다.

모세가 이 경고를 발한 지 수세기 후 솔로몬 왕은 불행하게도 이 말씀의 효력을 시범 보이는 인물이 되고 말았습니다. "솔로몬 왕이 바로의 딸 외에 이방의 많은 여인을 사랑하였으니, 곧 모압과 암몬과 에돔과 시돈과 헷 여인이라. 여호와께서 일찍이 이 여러 국민에게 대하여 이스라엘 자손에게 말씀하시기를, '너희는 저희와 서로 통하지 말며 저희도 너희와 서로 통하게 말라. 저희가 정녕코 너희의 마음을 돌이켜 저희의 신들을 좇게 하리라' 하셨으나 솔로몬이 저희를 연애하였더라. 왕은 후비가 칠백 인이요 빈장이 삼백 인이라. 왕비들이 왕의 마음을 돌이켰더라"(열왕기상 11:1-3).

셋째, 왕은 부를 쌓아서는 안 되었습니다. 왜 그랬습니까? 그렇게 되면 마음이 교만해져 더 많이 부를 탐하게 되기 때문이었습니다. 그러자면 과중한 세금으로 백성들을 압제하기 시작할 가능성이 컸습니다. 이것도 솔로몬의 통치 기간 중에 실제로 일어났었습니다.

솔로몬이 죽은 뒤 그의 아들 르호보암이 다스리기 시작하자 백성들이 그에게 와서 고통을 덜어 달라고 요청했습니다. "왕의 부친이 우리의 멍에를 무겁게 하였으나 왕은 이제 왕의 부친이 우리에게 시킨 고역과 메운 무거운 멍에를 가볍게 하소서. 그리하시면 우리가 왕을 섬기겠나이다"(열왕기상 12:4). 르호보암은 지혜로운 노인들의 충고를 무시하고 자기와 함께 자라난 동년배들의 그릇된 조언을 받아들여서, 자기 아버지의 과세는 오히려 가볍게 보이도록 하겠다고 모질게 대답했습니다(열왕기상 12:10-14). 결국 왕국은 분열되었는데, 이는 그 아버지와 아들이 부를 쌓고자 했기 때문이었습니다.

장래의 왕들로 하여금 이 세 가지 위험 신호들을 끊임없이 경계하도록 하기 위하여 모세는 왕이 율법서를 개인적으로 한 권 복사하여 가지도록 명했습니다. "평생에 자기 옆에 두고 읽어서 그 하나님 여호와 경외하기를 배우며 이 율법의 모든 말과 이 규례를 지켜 행할 것이라. 그리하면 그의 마음이 그 형제 위에 교만하지 아니하고 이 명령에서 떠나 좌로나 우로나 치우치지 아니하리니, 이스라엘 중에서 그와 그의 자손의 왕위에 있는 날이 장구하리라"(신명기 17:19-20).

주의할 것은 왕에겐 피해야 할 금지 사항뿐만 아니라 세 가지 적극적으로 행하여야 할 일이 또한 있었다는 점입니다. 하나님께서 그 세우신 왕에게 요구한 사항 중 하나는 "율법서를 등사하는" 일이었습니다(17:18). 그는 말씀의 사람이 되어야 했습니다. 단순히 하나님의 말씀을 읽기만 하는 것이 아니라 부지런히 그 말씀을 연구해야 했습니다. 왜냐하면 율법서를 등사하는 일은 많은 시간을 요하는 일이기 때문이었습니다. 그는 평생에 이 공부를 계속해야 했습니다. 그는 충실한 말씀의 사람이 되어야만 했던 것입니다.

둘째, 왕은 겸손한 사람이 되어야 했습니다. 그는 여호와를 경외하고 그를 합당히 섬기기를 배우며, 그의 마음이 그 형제들 위에 교만해지지 않도록 주의해야 했습니다(17:20). 그로부터 수백 년이 흐른 뒤, 베드로는 기록하기를 이 요구 사항은 오늘날의 지도자들에게도 역시 필요하다고 했습니다(베드로전서 5:2-6).

셋째, 왕은 여호와께 순종해야 했습니다. 그는 모든 이스라엘에게 축복이 되는 모범적인 삶을 보여야 했습니다.

하나님을 섬기는 삶의 우선순위

이스라엘의 종교 지도자들 곧 레위인들은 일상적인 것들에 얽매여도 안 되고 물질적 부에 매여도 안 되었습니다. 그들의 마음은 여호와 하나님의 일들에 집중할 수 있도록 매인 데가 없어야 했습니다. 그들은 전리품을 나누어 가져서도 안 되고 땅을 분배받을 수도 없었습니다. 오직 영적인 일과 영적인 전쟁에만 그들의 시간을 들여야 했습니다(신명기 18:1-2 참조).

다른 이스라엘인들이 그들이 쓸 식량과 의복을 지을 양털을 공급해 주게 되어 있었습니다(18:3-5 참조). 그것으로 그들은 족히 여겨야 했습니다(디모데전서 6:8). 하나님께서 세우신 지도자들의 우선순위는 영적인 일들에 있었습니다. 그들이 마음이 흐트러지는 일 없이 하나님을 섬길 수 있도록 하기 위해 필요한 일용품을 공급해 주도록 배려한 것입니다.

나는 종종 미국 네비게이토 선교회에 함께하고 있는 대학생들로부터 질문을 받곤 합니다. 그것은 내가 처음 주님의 사역에 몸담게 되었던 한 세대 전의 젊은 일꾼들과 현재의 그들 사이에는 어떤 차이점이 있느냐는 것입니다. 그들은 '옛날' 네비게이토 선교회 팀들과 비교해 볼 때 자신들의 영적인 삶이 어떠한지 궁금해하고 있었습니다.

나는 네비게이토 선교회에서뿐만 아니라 여러 지역 교회들에서도 오늘날 많은 훈련 프로그램을 통하여 더욱 유능한 그리스도의 일꾼들이 많이 배출되고 있다고 답변합니다. 그리스도인들이 언제라도 이용할 수 있는 좋은 훈련 기회가 많이 있습니다. CCC(대학생 선교회)에서는 여러 도시에서 광범위한 훈련 프로그램들을 가지고 있습니다. 일명 "전도폭발"이라 불리는 코럴리지 장로교회의 훈련 프로그램에서도 전국의 수많은 그리스도인들을 훈련시켜 오고 있습니다. 남침례교회에서는 여러 젊은이들이 수많은 사람들을 대상으로 제자삼는 선교에 적극 힘쓰고 있습니다. 빌 고다트 세미나도 수많은 사람들을 훈련시키는 데 있어서 훌륭한 몫을 담당하고 있습니다.

결과적으로 미국 내에 있는 대부분의 복음주의적인 교회의 교인들이 그리스도를 알고 싶어 하는 사람들을 그리스도께로 인도하는 일을 할 수 있도록 훈련을 충분히 받아 온 셈입니다.

반면에 또 다른 측면도 있습니다. 나는 지금 한 세대 전의 그리스도인들에게서 볼 수 있었던 거룩한 삶에 대한 열망을 지금 세대에서는 찾아볼 수 없습니다. 오늘날에는 이 세상 것들을 대하는 태도가 전보다 훨씬 해이해진 것 같습니다. 오늘날의 그리스도인들은 '옛날' 그리스도인들이 근처에 가기조차도 꺼려하던 영화를 보거나 그런 유의 책과 잡지를 읽고 있습니다.

오늘날의 그리스도인들이 훈련은 더 잘 받았는지 모르지만, 내가 보기에는 하나님 안에 깊이 뿌리박은 삶을 살고자 하는 강한 열망이 결여되어 있는 것이 염려스럽습니다. 죄를 미워하는 마음도 예전과 같지 않은 것 같습니다. 백성들이 삶의 수준을 쉽게 낮추고 죄를 가로막아 주는 장대까지도 쉽게 치워 버리기 때문에 하나님께서는 광야의 훈련 프로그램 가운데서 그의 백성의 순결한 삶의 문제를 거듭 다루시곤 했던 것입니다.

전쟁에서의 우선순위

하나님께서는 우리가 영적 승리를 위해 준비할 수 있도록 전쟁에 관한 원리를 성경을 통하여 우리에게 주셨습니다. "네가 나가 대적과 싸우려 할 때에 말과 병거와 민중이 너보다 많음을 볼지라도 그들을 두려워 말라. 애굽 땅에서 너를 인도하여 내신 네 하나님 여호와께서 너와 함께하시느니라"(신명기 20:1).

승리를 위한 첫째 원리는 공세를 취하는 것입니다. 훌륭한 공격이 곧 최상의 방어입니다. "마귀를 대적하라. 그리하면 너희를 피하리라"(야고보서 4:7). "이는 너희 안에 계신 이가 세상에 있는 이보다 크심이라"(요한일서 4:4).

비록 한 사람이라 할지라도 하나님이 함께하신다면 그는 소수가 아닙니다. 어떤 형태로 그리스도를 섬기고 있든 하나님의 함께하심과 인도하심을 확신하며 쉼을 누릴 수 있습니다. 지금 이 순간 즐겁든 즐겁지 못하든, 쉽든 어렵든, 순항 중이든 난항 중이든, 어떠한 상황 가운데서라도 우리는 계속 믿음으로 전진하라고 부르심받았습니다. 거동이 자유롭지 못해 누워 지내야만 합니까? 그렇다고 해도 세계와 그 필요를 위해 기도할 수는 있습니다. 가정에 불화가 있거나 경제적으로 곤란한 지경에 처해 있습니까? 하나님께서 당신으로 하여금 그 난관을 뚫고 나갈 수 있게 해주신다는 것을 믿으십시오 당신 생애에 관한 하나님의 뜻이 무엇인지 갈피를 못 잡고 있습니까? 인도의 확신은 구원의 확신만큼이나 기본적인 성경 진리임을 믿고 염려를 놓으십시오.

승리를 위한 두 번째 원리는 두려워하지 않는 것입니다(신명기 20:1 참조). 다윗은 자기 목숨을 노리고 있는 적들에게 포위되어 있을 때 이런 시를 지었습니다. "내가 두려워하는 날에는 주를 의지하리이다. 내가 하나님을 의지하고 그 말씀을 찬송하올지라. 내가 하나님을 의지하였은즉 두려워 아니하리니 혈육 있는 사람이 내게 어찌하리이까?"(시편 56:3-4). 다윗은 두려움이 자신을 내리눌러 하나님을 섬기지 못하게 내버려 두지 않았습니다.

　물론, 두려움 때문에 꼼짝 못하게 되는 수도 있습니다. 제2차 세계대전 중 나는 격렬한 포화 속에서 어느 신참 해병대원이 정신이 이상해지는 것을 실제로 보았습니다. 치열한 총격전, 섬광, 폭음 속에서 이 신병은 갑자기 몸이 뻣뻣해지면서 울기 시작하는데 말릴 수가 없었습니다. 바로 이때 우리에게 진격 명령이 떨어졌기 때문에 그를 움직이도록 하기 위해서는 사정없이 후려칠 수밖에 없었습니다. 그에게는 이것이 특효약이었습니다. 그는 제정신을 되찾고 명령을 따를 수 있게 되었습니다.

　우리 그리스도인은 성령의 통치를 받아야지 두려움이나 다른 어떤 것의 통치를 받아서는 결코 안 됩니다.

　승리를 위한 세 번째 원리는 하나님을 의뢰하는 것입니다. 믿음을 가지십시오. "너희가 싸울 곳에 가까이 가거든 제사장은 백성에게 나아가서 고하여 그들에게 이르기를, '이스라엘아, 들으라. 너희가 오늘날 너희의 대적과 싸우려고 나아왔으니, 마음에 겁내지 말며 두려워 말며 떨지 말며 그들로 인하여 놀라지 말라. 너희 하나님 여호와는 너희와 함께 행하시며 너희를 위하여 너희 대적을 치고 너희를 구원하시는 자니라' 할 것이며"(신명기 20:2-4).

　이 권고에 이어 놀라운 말씀이 계속됩니다. 모세는 이렇게 말했습니다. "새 집을 건축하고 낙성식을 행치 못한 자가 있느냐? 그는 집으로 돌아갈지니 전사하면 타인이 낙성식을 행할까 하노라. 포도원을 만들고 그 과실을 먹지 못한 자가 있느냐? 그는 집으로 돌아갈지니 전사하면 타인이 그 과실을 먹을까 하노라. 여자와 약혼하고 그를 취하지 못한 자가 있느냐? 그는 집으로 돌아갈지니 전사하면 타인이 그를 취할까 하노라"(20:5-7).

이 명령들은 의문의 여지없이 인도적인 견지에서 주어진 것이지만, 또한 전투 외의 다른 것에 마음을 두고 있는 사람은 훌륭한 군인이 될 수 없다는 사실을 지적하기 위해 주어진 말씀입니다. 그런 사람은 그의 마음을 전적으로 전투에 쏟지 못할 것이기 때문에 믿을 수가 없습니다.

이것은 또한 예수님께서 그 사역 중에 말씀해 주신 예화, 즉 큰 잔치를 준비하고 많은 사람들을 초청했던 사람의 이야기에 나오는 경우와 너무도 유사하다는 점에서도 또한 놀랍습니다. "다 일치하게 사양하여 하나는 가로되, '나는 밭을 샀으매 불가불 나가 보아야 하겠으니 청컨대 나를 용서하도록 하라' 하고, 또 하나는 가로되, '나는 소 다섯 겨리를 샀으매 시험하러 가니 청컨대 나를 용서하도록 하라' 하고, 또 하나는 가로되, '나는 장가들었으니 그러므로 가지 못하겠노라' 하는지라"(누가복음 14:18-20). 변명의 조건이 된 소유, 일, 아내라는 세 가지 관심사에 주목하십시오 우리가 전쟁이나 제자의 도에 대해 이야기할 때도 똑같은 원리가 적용됩니다. 우리 마음이 세상의 것들-소유, 일, 다른 사람-에 쏠려 있으면, 우리의 증거는 흐려지고 사역은 방해받으며 교제는 깨어지는 것입니다.

이 간단한 진리, 즉 구약에서 모세가 가르쳐 주었고 신약에서는 예수님께서 가르쳐 주신 진리는 실제적으로 적용할 수 있습니다. 그 자체로는 전혀 문제가 되지 않는 것일지라도 우리 마음이 하나님보다 그것들에 더 가 있게 되면 걸림돌이 될 수 있습니다. 일, 소유, 혹은 아내는 그리스도와의 관계를 향상시킬 수 있고 또 그렇게 해야 합니다. 그러나 예수님이 하신 이야기 속에서 문제의 사람들은 분명 영원한 것보다는 일시적인 것을 더 좋아했습니다. 아내를 얻은 사람은 "(나는) 못하겠노라"고 말했습니다. 이것은 곧 그의 의지로 하지 않겠다는 것이었습니다. 그는 아내를 함께 데리고 갈 수도 있었습니다.

이 문제에 관한 사도 바울의 권고는 참으로 적절하다 아니 할 수 없습니다. "그러므로 너희가 그리스도와 함께 다시 살리심을 받았으면 위엣 것을 찾으라. 거기는 그리스도께서 하나님 우편에 앉아 계시느니라. 위엣 것을 생각하고 땅엣 것을 생각지 말라. 이는 너희가 죽었고 너희 생명이 그리스도와 함께 하나님 안에 감추었음이니라"(골로새서 3:1-3).

얼마 전에 나는 아들과 함께 월식 현상을 관찰하면서 지구가 태양과 달 사이에 일직선으로 위치하게 되는 시각을 측정해 본 적이 있습니다. 물론 달은 스스로 빛을 내지 못하고 태양 빛을 반사합니다. 그러므로 지구가 그 사이에 들어가서 빛을 가리면 달은 보이지 않게 됩니다. 우리 그리스도인들도 비슷한 상황에 처해 있습니다. 우리가 '세상에서 빛을 발하는' 삶을 살아야 하지만, 우리 스스로의 빛은 없고 다만 우리 영혼의 태양이신 그리스도의 빛을 반사할 따름입니다. 그러므로 우리는 우리와 하나님 사이에 그 어떤 것도 끼어들게 해서는 안 됩니다.

전투로부터 사람들의 주의력을 흩뜨리는 문제들에 대해 이야기한 다음, 모세는 두려움이 아니라 믿음을 가져야 한다고 다시 역설했습니다. "유사들은 오히려 또 백성에게 고하여 이르기를 '두려워서 마음에 겁내는 자가 있느냐? 그는 집으로 돌아갈지니 그 형제들의 마음도 그의 마음과 같이 떨어질까 하노라' 하여"(신명기 20:8). 선지자 이사야는 한마디로 이렇게 말했습니다. "그들의 두려워하는 것을 너희는 두려워하지 말며 놀라지 말고, 만군의 여호와 그를 너희가 거룩하다 하고 그로 너희의 두려워하며 놀랄 자를 삼으라"(이사야 8:12-13).

모임 가운데 어떤 한 사람이, 함께 팀웍을 하고 있는 일에 대해 언제나 부정적 측면, 내포된 위험성, 곤란한 점, 문제점 따위만 지적한다면 그의 두려워하는 마음은 모임 전체에 부정적인 영향을 미치게 될 것입니다.

우선순위에는 전략이 포함된다

그 다음으로 모세는 전투에서의 전략의 필요성에 대해 가르쳤습니다. "너희가 어느 성읍을 오랫동안 에워싸고 쳐서 취하려 할 때에도 도끼를 둘러 그곳의 나무를 작벌하지 말라. 이는 너희의 먹을 것이 될 것임이니 찍지 말라. 밭의 수목이 사람이냐? 너희가 어찌 그것을 에워싸겠느냐? 오직 과목이 아닌 줄로 아는 수목은 작벌하여 너희와 싸우는 그 성읍을 치는 기구를 만들어 그 성읍을 함락시킬 때까지 쓸지니라"(신명기 20:19-20).

그리스도를 증거하고자 하는 열망 때문에 "과일 나무를 베어 버리는" 사람들을 종종 봅니다. 일단의 젊은 그리스도인들이 부근 군기지에서 전도를 해야겠다는 마음의 짐을 느끼고 방법을 찾고 있었습니다. 그러나 민간인들이 기지 안에서 군인들을 접촉하는 것이 금지되어 있었습니다. 그들은 이에 대해 깊이 생각해 보거나 기도하지 않고 규정을 무시한 채 저돌적으로 아무나 붙들고 이야기하기 시작했습니다. 그들은 곧 당국에 의해 기지로부터 쫓겨났습니다.

이와 똑같은 상황에서 또 다른 그룹의 젊은이들은 그들의 짐을 주님께 가지고 나아가 그의 뜻을 구했습니다. 그중 한 명이 기지를 방문하여 담당 군목을 만나 군인들에게 복음을 전하여 그들을 주님께로 인도하고 싶다는 뜻을 전하기로 했습니다. 마침 도움을 필요로 하던 군목은 두 팔 벌려 그들을 환영했습니다. 그는 그들로 하여금 기지 내 교회에서 함께 일할 수 있게 해주었고, 기지 출입증을 발급받게 해주었습니다. 이들은 군목을 대신하여 막사까지 병사들을 방문하기 시작했고, 그 결과 많은 사람들이 그리스도께로 돌아오게 되었습니다. 한가롭기만 하던 저녁 예배가 새 신자들이 나와 간증을 나누고 프로그램에 적극 참여하게 됨에 따라 갑자기 활기를 띠기 시작했습니다. 모든 사람이 다 기뻐했습니다. 군목 또한 감사해하고 흐뭇해했습니다. 마음에 짐을 느끼고 있던 이들이나 새로이 신자가 된 이들이 함께 즐거워했고 하늘나라에서는 하나님의 천사들이 기뻐했습니다. 목표한 일을 이루겠다는 일념으로, 이 젊은이들은 긴 안목에서 볼 때 필요한 과일 나무-군목의 호의와 지원-를 베어 버리지 않았던 것입니다.

첫째 우선순위의 재언급

신명기의 끝 부분(30장)에 이르러 모세는 몇 가지 점을 강조했습니다. 그는 계속해서 "네 하나님 여호와"라는 표현을 쓰고 있습니다. 무엇을 말하려고 하는 것일까요? 그는 백성들에게 그들이 하나님과 독특하고도 인격적인 관계를 맺고 있음을 상기시키고 있는 것입니다. 이것은 다른 백성들에게는 없는 관계였습니다. 그리스도인이 된 당신도 하나님과 독특하고 개인적인 관계를 맺고 있습니다. 그는 당신의 주님이시요 하나님이십니다.

이어서 모세는 백성들에게 "네 하나님 여호와를 사랑하라"(30:16,20)고 말했습니다. 그는 인생에서 가장 중요한 것은 마음을 다하고 뜻을 다하여 하나님을 사랑하는 것이라는 사실을 알았습니다. 많은 율법과 명령이 이미 주어졌고, 전략적 교훈들, 즉 믿음, 의무, 예배, 순종, 용기 및 우선순위에 관한 교훈들도 다 가르쳤었습니다. 이제 그는 이 모든 것을 한데 종합했습니다. 그 모든 것의 배경이 되는 것은 무엇입니까? 그것들은 모두 무엇에 기초를 두고 있습니까? 그 핵심 단어는 사랑이었습니다.

마가는 "모든 계명 중에 첫째가 무엇이니이까?"라고 물었던 서기관과 예수님의 대화를 기록해 놓았습니다.

예수님께서 대답하셨습니다. "첫째는 이것이니, '이스라엘아, 들으라. 주 곧 우리 하나님은 유일한 주시라. 네 마음을 다하고 목숨을 다하고 뜻을 다하고 힘을 다하여 주 너의 하나님을 사랑하라' 하신 것이요, 둘째는 이것이니, '네 이웃을 네 몸과 같이 사랑하라' 하신 것이라. 이에서 더 큰 계명이 없느니라."

서기관이 말했습니다. "선생님이여, 옳소이다. 하나님은 한 분이시요 그 외에 다른 이가 없다 하신 말씀이 참이니이다. 또 마음을 다하고 지혜를 다하고 힘을 다하여 하나님을 사랑하는 것과 또 이웃을 제 몸과 같이 사랑하는 것이 전체로 드리는 모든 번제물과 기타 제물보다 나으니이다"(마가복음 12:28-33).

하나님이 주신 율법들, 사막을 통과하여 인도하신 것, 그리고 변함없는 선하심 등을 회고할 때 이스라엘 백성들의 마음은 사랑으로 넘쳐흘러야 마땅했습니다. 만일 그랬더라면, 그들이 후일 민족적으로 겪어야 했던 수난과 곤경 가운데 어떤 것들은 피할 수도 있었을 것입니다. 모세는 그 모든 것을 한데 모아-이스라엘 백성뿐만 아니라 우리를 위하여서도-사랑이라는 놀라운 주제로 압축시켰습니다. 우리는 하나님께 순종함으로써 그에 대한 사랑을 보여야 합니다. "나의 계명을 가지고 지키는 자라야 나를 사랑하는 자니"(요한복음 14:21). 우리가 하나님을 사랑할 때 그에게 순종하고 삶의 모든 영역에서 그에 대한 책임을 다하고자 할 것입니다.

궁극적 선택

모세는 하나님의 옛 백성들에게 "보라. 내가 오늘날 생명과 복과 사망과 화를 네 앞에 두었나니"(신명기 30:15)라고 말했습니다. 인간은 흔히 좋은 일에 대한 희망과 나쁜 일에 대한 두려움이 동기가 되어 움직입니다. 모세는 이어서 말했습니다. "내가 오늘날 천지를 불러서 너희에게 증거를 삼노라. 내가 생명과 사망과 복과 저주를 네 앞에 두었은즉 너와 네 자손이 살기 위하여 생명을 택하고"(30:19). 그는 그것이 그들의 결정에 달렸으며 그들이 무엇을 선택하든지 그들과 그 후 세대가 그 결정의 영향을 받는다고 말했습니다. 하나님께서는 그들의 선택에 대해 무관심하신 것이 아니었습니다. 모세를 통해 하신 그의 말씀 안에는 절박감이 있었습니다.

그것을 배경으로 하여 하나님께서는 이스라엘을 가나안의 전쟁에 들여보내셨습니다. 이제 그들은 요단강을 건너 싸움터로 뛰어들 준비가 되어 있었습니다. 하나님께서는 이렇게 말씀하셨습니다. "너희가 오늘날 나와의 관계를 기억하며 너희 마음을 다하여 나를 사랑하고, 너희 생명을 내게 맡겨라."

그러면 어떻게 되는가? 그 다음에는 무슨 일이 일어날까? 모든 이들의 마음속에는 틀림없이 이런 의문들이 떠올랐을 것입니다. 그러나 그들이 이미 경험한 모든 것들과 실제 목격한 여러 기적들-홍해가 갈라진 것에서부터 하늘에서 내리는 만나를 먹은 것까지-에도 불구하고, 앞길에 어떤 일이 기다리고 있을지 알았더라면 그들은 놀라움을 금할 수 없었을 것입니다. 얼마 되지 않아서 그들은 거대한 성 주위를 돌았고 그 성이 무너져 내리는 것을 보았습니다. 다른 전투에서는 그들이 승리할 수 있도록 하나님께서 해와 달의 운행을 멈추게 하기도 하셨습니다. 그들은 바야흐로 세계 역사상 그 어느 민족도 경험한 적이 없는, 가장 거칠고 가장 흥미진진한 모험에 뛰어들려 하고 있었습니다.

그들이 여호와 하나님을 따라 승승장구하면서 한 가지 분명하게 깨닫게 된 것은 만능 전술은 없다는 사실이었습니다. 그들이 한 전투에 이어 또 다른 전투에 나갈 때 하나님께서는 그들에게 단추만 누르면 승리가 보장되는 무슨 기계 같은 것은 주지 않으셨습니다. 믿음과 순종 같은 영적 대원칙들은 변함이 없었지만, 구체적인 전술은 그때그때 적과 맞설 때마다 바뀌었습니다.

자, 이제 바야흐로 전투가 벌어지려 하고 있는 때에, 범람기를 맞아 사납게 넘실대며 흘러가는 요단강 가에 도열하고 서 있는 이스라엘 백성들에게 우리의 시선을 고정시켜 봅시다. 강 저편에는 사납고 두려운 족속들이 기다리고 있습니다. 이제, 광야에서의 하나님의 훈련 프로그램을 통하여 그들은 앞으로 닥칠 일에 대해 어떻게 준비되었는지 살펴보도록 합시다.

연구 주제

1. 야곱이 안고 있던 우선순위의 문제들(창세기 25:27-34, 창세기 27-33장).
2. 솔로몬이 안고 있던 우선순위의 문제들(전도서).
3. 느헤미야의 우선순위(느헤미야).
4. 선지자 학개가 우선순위 문제를 처리한 방법(학개).
5. 우선순위에 관한 예수님의 가르침(복음서).
6. 우선순위에 관한 바울의 가르침(바울의 서신들).

적용:

이 장의 교훈들을 근거로 해볼 때 나는 나의 삶에서 어떤 우선순위를 확립해야 하는가? 그것들을 적어 보자.

제 2 부

공격 개시일, 가나안

약속의 땅에서 이스라엘의 전투

8

준비…
전투 준비

관련 구절: 출애굽기 17장, 민수기 13-14장, 여호수아 1-5장

영적 승리는 우리의 차지가 될 수 있습니다. 그러나 승리는 항상 싸움을 전제로 합니다. 싸움이 없다면 승리도 있을 수 없습니다. '싸움 가운데서의 승리'라는 주제는 성경의 거대한 흐름 속을 일관하고 있습니다. 예수 그리스도의 오심을 알린 첫째 예언부터 다툼과 전투에 대해 기술하고 있습니다(창세기 3:15 및 본서 제1장 참조). 메시야와 마귀 사이의 격렬한 전투 가운데서 그가 "상하신 것"이 갈보리 십자가에서 정점을 이루었고, 결국 사탄이 불못 가운데서 파멸되는 것으로 끝날 것입니다. 창세기에서 요한계시록에 이르기까지 성경은 의와 불의, 선과 악, 빛과 어둠 사이의 싸움에 대해 기록하고 있습니다.

하나님께서는 자기 백성 이스라엘을 애굽에서 이끌어 내어

약속의 땅 가나안으로 들여보내시면서 그들에게 위대한 교훈들을 가르치셨습니다. 우리는 이미 광야에서 했던 몇 가지 준비에 관한 교훈들을 살펴본 바 있습니다. 이제 우리는 가나안에서의 전투들을 살펴보고 그리스도인의 영적 승리를 위한 원리들이 무엇인지 알아보고자 합니다.

사도 바울이 한 말을 기억하십시오. "저희에게 당한 이런 일이 거울이 되고 또한 말세를 만난 우리의 경계로 기록하였느니라"(고린도전서 10:11). 구약의 이스라엘에게 일어났던 일은 바로 우리에게 교훈을 주는 것입니다.

우리가 이 개념을 파악할 때 구약은 실로 생명력을 얻어 소생하게 됩니다. 우리는 옛날의 기록 가운데서 시시때때로 우리들 자신의 모습을 보게 됩니다. 때로 우리는 아무런 공격도 없이 어떻게 성이 무너지겠나 싶어 의아해하며 여리고의 견고한 성을 마주 대하여 서 있는 자신의 모습을 보기도 하고, 혹은 이스라엘군을 여러 날 동안 궁지에 몰아넣고 괴롭혀 온 거인 골리앗을 상대로 싸우러 나가는 다윗을 바라보다가 골리앗의 거대한 체구에 그만 간담이 서늘해지는 것을 느낄 수도 있습니다.

승리를 쟁취하고자 한다면 전투는 불가피해집니다. 가나안은 이제 격전의 장… 그리고 승리의 장이 되려 하고 있습니다.

첫 접전과 승리

이스라엘 백성은 하나님의 전능하신 능력으로 애굽의 종살이로부터 이제 막 해방되었습니다. 이는 우리가 예수 그리스도로 말미암아 죄의 노예였던 삶에서 구속받은 데 대한 그림자이기도 합니다. 그들은 또한 광야에서 하나님이 음식과 물을 공급해 주신 기적을 경험하면서 믿음의 교훈도 배웠습니다 (제2장 참조).

이스라엘 백성들이 물과 떡과 메추라기 고기까지 먹을 수 있게 되고 일이 잘 풀려 가자 아말렉이 그들을 대적하여 쳐들어왔습니다. 당시도 오늘날과 마찬가지로 모든 일이 순조롭게 진행되어 갈 때 예상치 못한 적이 출현했습니다. 하나님께서는 그의 백성들이 믿음의 교훈을 실전을 통해 배우고 약속의 땅에서 맞게 될 여러 전투에 대비한 준비를 갖추도록 하기 위해 이런 상황을 허용하셨습니다.

"모세가 여호수아에게 이르되, '우리를 위하여 사람들을 택하여 나가서 아말렉과 싸우라. 내일 내가 하나님의 지팡이를 손에 잡고 산꼭대기에 서리라.' 여호수아가 모세의 말대로 행하여 아말렉과 싸우고 모세와 아론과 훌은 산꼭대기에 올라가서 모세가 손을 들면 이스라엘이 이기고 손을 내리면 아말렉이 이기더니"(출애굽기 17:9-11).

이것은 모세의 기억 속에 늘 떠나지 않는 광경이 되었음에 틀림없습니다. 왜냐하면 그는 이 싸움에서 승리의 비결이 기도에 있다는 사실을 알았기 때문입니다. 모세의 팔이 피곤하여 밑으로 처지면 아래 내려다보이는 계곡의 전세는 그의 군대에게 불리하게 기울었습니다. "모세의 팔이 피곤하매 그들이 돌을 가져다가 모세의 아래에 놓아 그로 그 위에 앉게 하고, 아론과 훌이 하나는 이편에서, 하나는 저편에서 모세의 손을 붙들어 올렸더니 그 손이 해가 지도록 내려오지 아니한지라, 여호수아가 칼날로 아말렉과 그 백성을 쳐서 파하니라"(17:12-13). 전투가 계속되는 동안 모세는 피곤해졌지만 여호수아는 그렇지 않았다는 점을 주의해 봅시다. 이 사실은 일이 영적일수록 그에 따르는 피로도 더 커진다는 것을 시사합니다.

이 사건은 우리가 기도하면 하나님께서 우리를 위하여 싸워 주신다는 것을 예시합니다. 첫 번째 전투는 기도로 이겼습니다. 이스라엘 민족은 하나님께 단을 쌓고 그 승전을 기념했습니다. 그들은 하나님께서 그들을 위해 싸워 승리를 주신 것을 알았던 것입니다. 그들은 그 단의 이름을 '여호와 닛시'라고 했는데, 이는 '여호와는 나의 기(旗)'라는 뜻이었습니다(17:15). 이 주제는 신약성경에서도 반복되고 있습니다. "우리 주 예수 그리스도로 말미암아 우리에게 이김을 주시는 하나님께 감사하노니"(고린도전서 15:57). 이러한 면에서 여호수아와 모세는 바로 그리스도의 그림자가 되고 있습니다. 그리스도는 우리의 승리, 즉 우리 구원의 주시요(히브리서 2:10 참조), "항상 살아서 우리를 위하여 간구하시는 우리의 대제사장"(히브리서 7:25)이십니다.

우리가 이 전투로부터 배울 수 있는 또 다른 교훈은 적은 비열한 싸움꾼이라는 사실입니다. 모세는 모압 들에서 새 세대에게 이 점을 상기시켰습니다. "너희가 애굽에서 나오는 길에 아말렉이 네게 행한 일을 기억하라. 곧 그들이 하나님을 두려워하지 아니하고 너를 길에서 만나 너의 피곤함을 타서 네 뒤에 떨어진 약한 자들을 쳤느니라"(신명기 25:17-18). 마귀는 비열한 싸움꾼입니다. 그는 야비하고 추잡하고 더러운 자입니다. 마가는 그가 기록한 복음서에서 귀신을 일컬어 "더러운 귀신"이라고도 했습니다.

이 예비적인 전투에서 하나님께서는 이스라엘 백성에게 그들의 적의 생리가 어떠한가를 가르쳐 주셨습니다. 그들은 앞으로 엄청난 어려움을 맞아야 하고 큰 전쟁들을 치러야 했기 때문에 경험을 통하여 적들의 작전을 일찍 파악해 놓을 필요가 있었습니다. 아말렉은 이때 하나님을 두려워하지 않고 그들 뒤를 몰래 따라와서 노약자와 병든 자들을 골라 살해했었습니다.

하나님의 백성이 이 전쟁에서 배운 세 번째 교훈은 영적 승리에 만능 전술은 없다는 것이었습니다. 홍해에 이르렀을 때 뒤에는 애굽인들이 추격해 오고 앞에는 바다로 가로막혀 완전히 포위되어 진퇴양난의 지경에 처해 있었을 때, 하나님께서는 백성들에게 가만히 서서 자기가 행하는 구원을 보라고 지시하셨습니다. "여호와께서 너희를 위하여 싸우시리니 너희는 가만히 있을지니라"(출애굽기 14:14) 하고 모세는 백성에게 일렀습니다.

아말렉의 공격을 받고 있는 지금은 어떤 명령이 주어졌습니까? 가만히 있으라고 하였습니까? 아닙니다. 하나님께서는 그들에게 사람을 뽑아 싸움터에 내보내라고 지시하셨습니다(17:9).

만능의 전술은 없습니다. 우리가 하나님을 상자 속에 모셔

둘 수는 없는 것입니다. 승리는 오직 예수 그리스도를 통해서만 얻을 수 있지만 그 방법은 여러 가지로 다를 수 있습니다.

지도자의 준비-종의 마음

지금까지 우리는 이스라엘 백성이 애굽을 떠나는 것으로부터 시작해서 새로운 세대가 가나안 정복을 시작할 준비를 갖추고 요단강 가에 설 때까지 하나님께서 그들을 어떻게 준비시키셨는지 보아 왔습니다(2-7장). 수백 년 동안의 비참한 노예 생활로 인하여 의지가 꺾이고 심령이 말할 수 없이 피폐해 있던 민족이 40년이 지난 지금은 하나님을 위한 위대한 모험에 뛰어들려 하고 있습니다. 하나님의 가르침을 받았기에 그들은 준비가 되었습니다. 하나님께서 정복을 위한 준비를 하게 하셨던 것입니다.

이제 하나님께서 새 지도자 여호수아에게 말씀하셨습니다. 그 첫마디는 "내 종 모세가 죽었으니"(여호수아 1:2)였습니다. 전 사역을 통하여 모세는 "여호와의 종" 그리고 "하나님의 사람"(신명기 33:1)으로 알려져 있었습니다. 그는 마음먹기에 따라서는 곧 애굽의 왕이 될 수도 있었지만, 애굽을 다스리는 왕이 되기보다 하나님의 종이 되는 편을 택했던 사람입니다(히브리서 11:24-27 참조).

무엇이 모세를 하나님의 사람으로 만들었습니까? 그 첫째는 종의 마음 곧 하나님과 하나님의 백성을 즐겨 섬기고자 하는 마음이었습니다. 하나님을 섬기고자 하는 그의 열망은 두 가지 특징으로 나타나 그의 삶의 기초가 되었는데, 곧 순종과 헌신이었습니다. 순종 없이는 하나님과의 교제도 없습니다. 불순종하는 사람은 하나님과 영적 교제를 나눌 수 없습니다. 또한 하나님께 즐거이 순종하고자 하는 마음이 없이는 하나님께 대한 헌신도 없습니다. 이 두 가지 중요한 특성은 모두 여호와 하나님을 섬기고자 하는 큰 열망에서 나오는 것입니다. 모세는 여호와의 종이었습니다.

또한 여호수아는 모세의 시종이었다는 사실도 기록되어 있습니다(여호수아 1:1 참조). 하나님께서 처음에 자기 백성을 이끌 사람을 택하실 때 종의 마음을 가진 사람 모세를 택하셨고, 그의 뒤를 이을 사람을 택하실 때도 그와 똑같이 종의 마음을 가진 사람을 택하셨습니다.

왜 하나님께서는 그 한 가지 자질에 그처럼 관심을 기울이셨겠습니까? 종의 마음은 지도자에게 있어야 할 다른 모든 자질들의 기초가 되기 때문입니다. 다른 사람을 따르며 섬겨 본 적이 없이 지도자의 위치에 서는 사람은 독재자가 될 수 있습니다. 해군 함정 안에서 악명 높은 사람 중에는 으레 신참내기 소위가 낍니다. 그는 여러 계급을 거쳐 올라오지 않고 일정 기간 훈련을 받은 다음 바로 장교로 임관된 사람입니다. 그는 도둑을 잡는 경찰관처럼 나타나 호통을 치며 명령을 내리고 아무데나 코를 들이밀며 이것저것 간섭하고 다닙니다. 몇 년 지나면 그도 마침내 전반적인 것을 이해하고 잠잠해지며 훌륭한 장교로 탈바꿈하게 됩니다.

성경에서 종의 도를 이처럼 강조한 것에 비추어 볼 때, 기독

교계의 일각에서 내분과 불미스러운 일들이 있어 온 것은 슬픈 일입니다. 초대 교회에서 감독(혹은 장로)의 직분을 얻을 수 있는 사람은, 관계된 모든 사람에게 자기는 그 직분을 바라지 않는다는 확신을 주는 사람이었습니다.

모세는 종이었고, 여호수아 또한 종이었습니다. 가장 훌륭한 지도자는 근본적으로 섬기고자 하는 열망이 있는 사람입니다. 신약성경에도 이 원리가 분명하게 예시되어 있습니다. "예수 그리스도의 종 바울은 사도로 부르심을 받아 하나님의 복음을 위하여 택정함을 입었으니"(로마서 1:1). "하나님의 종이요 예수 그리스도의 사도인 바울 곧 나의 사도 된 것은…"(디도서 1:1). 이 두 경우 바울은 같은 인사말 가운데서 "종"과 "사도"라는 말을 쓰면서 "종"을 앞세웠습니다. 왜 그랬을까요?

그 이유는 바로 스스로 자신의 신분을 종이라고 생각했기 때문입니다. 그는 사도로 부르심을 받았습니다. 그것은 그의 직분이요 그의 기능이었습니다. 그러나 그의 심령 깊은 곳에는 자신이 또한 종으로 부름받았다는 것을 알고 있었습니다. 그것은 큰 축복입니다. 왜냐하면 충성된 종에게는 언제나 좋은 기회가 예비되어 있기 때문입니다.

우리는 스데반의 삶에서도 이런 종의 태도를 볼 수 있습니다. 스데반은 가난한 과부들에게 음식을 나누어 주는 일을 위하여 선발된 일곱 사람 중의 한 사람이었습니다(사도행전 6:1-5 참조). 그는 자기가 이 일을 위해 뽑힌 것에 대해 이런 식으로 반응을 나타낼 수도 있었습니다. '당신들 정신 나간 것 아니요? 나더러 이 얄궂은 헬라파 과부들의 식탁 시중이나 들라고요? 무슨 말씀을 그렇게 하시오! 당신들은 내가 누군지 모르시오? 내 실력을 잘 모르시는 모양인데, 이것 보세요. 나는 사실 말이지 구약성경 전체를 줄줄 외는 사람이요. 나는 말씀을 잘 알고 있고 또 복음을 조리 있게 전할 수도 있어요. 그런데 당신들은 내가 한쪽 구석에서 식탁 시중이나 들길 원한다고요? 나 정도의 사람이라면 무대 중앙에서 각광받는 일에 더 적합하다고 생각지 않으십니까?'

물론 그는 이런 말을 할 사람이 아니었습니다. 그는 오히려 도움이 될 수만 있다면 무슨 일이든지 하기를 원했습니다. 그가 그랬던 것에 대해 하나님께 감사드립니다. 그가 식탁 시중드는 일에 뛰어들지 않았더라면 영원토록 무대 중앙의 주연이 되지 못했을 것입니다. 그러나 그는 기꺼이 식탁 시중을 들었고, 이로 말미암아 후에 그리스도의 몸 된 교회에서 첫 순교의 영광을 얻게 되었습니다. 그가 먼저 위대한 종의 마음으로, 한발 물러나 설거지하며 늙은 과부들을 섬기지 않았더라면 그는 아마도 그런 영예를 얻지 못했을는지도 모릅니다.

장로들에게 한 사도 베드로의 말을 기억하십시오. "너희 중에 있는 하나님의 양 무리를 치되… 자원함으로 (봉사)하며… 맡기운 자들에게 주장하는 자세를 하지 말고 오직 양 무리의 본이 되라"(베드로전서 5:2-3). 왜 하나님의 양 무리에게 주장하는 자세를 하지 말라는 것일까요? 그것은 사람들에겐 이미 주장하시는 단 한 분, 주 예수님이 계시기 때문입니다. 양 무리는 또 다른 주인이 필요 없습니다. 그렇지만 주위 기독교 관계 기관을 돌아보면 사람들에게는 두 주인, 즉 예수님과 자신들이 필요하다고 생각하는 지도자들도 있는 것을 보게 될 것입니다. 그것은 성경적인 것이 못 됩니다. 하나님께서는 그가 세운 지도자들이 종이 되는 것을 원하십니다.

예수님은 자신이 하늘나라로 돌아가신 뒤에 지도자의 책임을 위임받게 될 사람들에게서 나타나기를 기대하셨던 것을 소상히 말씀하셨습니다. "이방인의 집권자들이 저희를 임의로 주관하고 그 대인들이 저희에게 권세를 부리는 줄을 너희가 알거니와, 너희 중에는 그렇지 아니하니 너희 중에 누구든지 크고자 하는 자는 너희를 섬기는 자가 되고, 너희 중에 누구든지 으뜸이 되고자 하는 자는 너희 종이 되어야 하리라. 인자가 온 것은 섬김을 받으려 함이 아니라 도리어 섬기려 하고, 자기 목숨을 많은 사람의 대속물로 주려 함이니라"(마태복음 20:25-28). 예수님께서는 종의 마음을 갖는 것이 무엇을 뜻하는 것인지를 친히 최고의 본으로 보여 주셨습니다.

네비게이토 선교회의 국제 본부요 수양회장인 글렌에리를 방문한 사람들은, 뜰에서 잔디를 깎고 있는 사람이 박사 학위를 가지고 있다든지, 혹은 취사장에서 일하는 사람이 신학대학원을 나온 사람이라는 것을 알고 놀라곤 합니다. 이들은 종의 마음을 가진 사람들입니다. 그것이 바로 하나님께서 자기를 위해 지도자가 될 사람들에게 기대하시는 성품입니다.*

---

* 이 주제에 대한 좀 더 자세한 내용은 저자의 저서 **당신도 영적 지도자가 될 수 있다**(네비게이토 출판사 간) 제4장에 소개되어 있습니다.

여호수아 장군

모세가 죽은 후 하나님께서는 여호수아를 택하여 자기 백성을 이끌고 약속의 땅으로 들어가게 하셨습니다.

여호수아의 자격 요건

하나님께서 여호수아를 택하신 데는 세 가지의 기본적인 이유가 있었습니다. 그것은 곧 그의 용기, 믿음, 그리고 겸손이었습니다. 아말렉과의 전투에서 선명하게 드러났듯이 여호수아는 담대한 사람이었습니다(출애굽기 17:8-16). 실제로 이것은 성경의 기록 중 그에 관한 첫 번째 언급이기도 합니다. 모세가 "여호수아여, 나가서 그들과 싸우라"고 말하자 여호수아는 주저하지 않고 나가 아말렉과 싸웠습니다. 정탐꾼들의 보고가 10 대 2로 양분되었던 가데스바네아의 사건에서도 그의 담대함은 다시 나타나게 됩니다. 여호수아는 그때 소수의 입장에 서 있었으며 또한 담대하게 2백만의 백성에 맞서서 모세, 아론 및 갈렙의 편에 섰습니다(민수기 13-14장 참조). 여호수아는 용기 있는 사람이었습니다.

여호수아는 또한 믿음의 사람이었습니다. 하나님께서 백성을 이끌고 그 땅으로 들어가라고 말씀하시자 그는 수하에 있는 유사들에게 명했습니다. "진중에 두루 다니며 백성에게 명하여 이르기를, '양식을 예비하라. 삼일 안에 너희가 이 요단을 건너 너희 하나님 여호와께서 너희에게 주사 얻게 하시는 땅을 얻기 위하여 들어갈 것임이니라'"(여호수아 1:11).

그는 "어쩌면"이라든지 혹은 "하나님의 은혜가 함께하고 또 운도 약간 있으면 만사가 잘 되겠지" 하는 식으로 말하지 않고, 단순히 그저 "우리는… 땅을 얻기 위하여 들어갈 것임이니라!"고 말했던 것입니다.

여호수아는 하나님의 약속에 믿음의 기초를 두었고 하나님의 말씀을 그대로 믿었습니다. 하나님께서는 "내가 모세에게 말한 바와 같이 무릇 너희 발바닥으로 밟는 곳을 내가 다 너희에게 주었노니"(여호수아 1:3)라고 말씀하셨던 것입니다. 또한 하나님은 이런 말씀도 하셨습니다. "너의 평생에 너를 능히 당할 자 없으리니 내가 모세와 함께 있던 것같이 너와 함께 있을 것임이라. 내가 너를 떠나지 아니하며 버리지 아니하리니"(1:5). 여호수아는 이 약속들을 믿었습니다. 우리 각자는 어디쯤에 이르렀든지 스스로에게 물어볼 필요가 있습니다. 나는 지금까지 하나님의 말씀을 그대로 믿고, 내가 구축한 나만의 안정된 틀에서 나와 믿음으로 나아갔는가?

여호수아는 또한 겸손한 사람이었습니다. 그는 재능도 많았지만 기꺼이 모세의 수종을 들었습니다. 하나님의 능력을 힘입어, 그는 훗날 베드로가 기록한 것과 같은 삶의 태도를 배웠습니다. "다 서로 겸손으로 허리를 동이라. 하나님이 교만한 자를 대적하시되 겸손한 자들에게는 은혜를 주시느니라. 그러므로 하나님의 능하신 손 아래서 겸손하라. 때가 되면 너희를 높이시리라"(베드로전서 5:5-6).

해외에 나가 있는 한 선교사를 방문한 적이 있는데 그는 나를 똑바로 쳐다보며 말했습니다. "여보게, 리로이, 이제야

비로소 일이 제대로 되어 가고 있는 것 같네. 처음에 나는 좋은 훈련을 받아 충분한 자격을 갖추었다는 생각에 모든 것들을 뜯어고치려고 했었다네. 우리가 사역하는 사람들을 대해서뿐만 아니라 동료 선교사들에게도 이런 태도를 취했던 모양이야. 그들은 모두 내가 자기들을 뜯어고치러 온 줄로 알았으니깐 말일세. 지금에 와서 지난날을 돌아보면 뭘 했는지 모르겠어. 해놓은 게 아무것도 없어!"

잠시 숨을 돌린 뒤 친구 선교사는 말을 이었습니다. "주님께서는 그런 실패를 통해 내게 다가오셨어. 나는 하나님께 나아가 나의 잘못되었던 태도를 자백하고 동료 선교사들에게도 가서 잘못을 고백했지. 지금 하나님께서는 새로이 우리의 사역을 축복해 주셔서 이제는 일이 제대로 되어 가고 있다네."

친구가 이 사실을 깨닫기까지는 그래도 1년밖에 걸리지 않았습니다. 주님을 찬양합니다. 어떤 사람들은 그것을 깨닫는 데에 몇 년씩이나 걸린다는 것을 아십니까? 그런가 하면 끝까지 깨닫지 못하는 사람도 있습니다. 하나님은 우리의 교만을 대적하시고 우리 뜻대로 하는 노력과 태도를 결코 용납하지 아니하십니다. 하나님께서 닫아 두시는 문을 우리가 열 수는 없습니다.

하나님과 교제를 나눈 여호수아

"모세가 죽은 후에 여호와께서… 여호수아에게 일러 가라사대"(여호수아 1:1). 어떻게 된 일입니까? 이전에는 모세에게 말씀하셨지, 여호수아에게는 말씀하신 적이 없었습니다.

모세가 죽기 전에 한 일 가운데 중요한 한 가지는 그의 후계자를 위해 기도한 것이었습니다. "여호와, 모든 육체의 생명의 하나님이시여, 원컨대 한 사람을 이 회중 위에 세워서 그로 그들 앞에 출입하며 그들을 인도하여 출입하게 하사 여호와의 회중으로 목자 없는 양과 같이 되지 않게 하옵소서"(민수기 27:16-17). 모세는 하나님 앞에서 무릎을 꿇고, 뒤를 이어 임무를 수행할 사람을 달라고 기도했던 것입니다. 그는 백성을 위하여 걱정을 한 사람이었습니다. 하나님께서는 모세의 자리를 이을 사람을 주시기 전에 모세의 마음을 움직여 그에 대해 기도하게 하셨던 것입니다.

후계자 없는 성공은 실패나 마찬가지입니다. 모세는 자기가 세상에 살날이 얼마 남지 않은 것을 알고 그 남은 시간을 자신에 대한 후회나 자책으로 보내지 않았습니다. 그의 우선적 관심은 백성을 위한 것이었습니다. 그래서 하나님께서는 그에게 응답을 주셨습니다. "눈의 아들 여호수아는 신에 감동된 자니 너는 데려다가 그에게 안수하고 그를 제사장 엘르아살과 온 회중 앞에 세우고 그들의 목전에서 그에게 위탁하여"(27:18-19).

이보다 사십 년 전에 성막이 완성된 후 하나님께서는 "회막에서 모세를 부르시고"(레위기 1:1) 말씀하셨습니다. 이제 하나님께서 다시 모세에게 말씀하셨습니다. "너의 죽을 기한이 가까왔으니 여호수아를 불러서 함께 회막으로 나아오라 내가 그에게 명을 내리리라"(신명기 31:14).

모세가 죽기 전에 하나님께서는 여호수아에게 명을 내리셨습니다. 모세는 여호수아에게 어떻게 회막과 제사장을 통하여 하나님과 의사소통을 하는지 확실히 알게 해주었습니다. 그러므로 지금 다른 사람을 그리스도 안에서 자라도록 도와주는 데 있어서 지도자가 해야 할 가장 중요한 일은 개인적으로 하나님과 교제하는 삶을 잘 살도록 해주는 것입니다. 하나님께서는 그의 말씀인 성경을 통하여 자기를 나타내 주시기 때문에, 우리는 우리를 지도자로 여기고 따르는 다른 사람들에게 스스로 성경을 공부하고 하나님의 음성을 들으며 그 말씀을 그들 삶에 적용하는 법을 알게 해주어, 그들이 우리를 의존하지 않고도 성장할 수 있도록 해주어야 합니다.

여호수아의 견고한 지도력

용기와 믿음과 겸손의 사람 여호수아는 이제 지도자의 자리에 앉게 되었습니다. 그는 백성에게 가서 "우리는 내일 이 일을 하길 원합니다" 혹은 "우리는 이 강을 건널 수 있을지도 모릅니다" 하는 식으로 말하지 않았습니다. 대신 그는 믿음의 말을 했습니다. "너희는 스스로 성결케 하라. 여호와께서 내일 너희 가운데 기사를 행하시리라"(여호수아 3:5). 하나님께서 하시리라! 그는 이어 "보라. 온 땅의 주의 언약궤가 너희 앞서 요단으로 들어가나니"(3:11)라고 말했습니다.

당신 자신이 이들 백성의 입장에 있다고 해보십시오. 그들은 범람기를 맞은 요단강을 눈앞에 두고 있고, 게다가 강 저편에는 장대한 아낙 자손들이 기다리고 있는 것을 알고 있었습니다. 긴장된 상황이었기에 여호수아는 그들의 믿음을 강화

해야만 했습니다. "온 땅의 주 하나님께서 우리와 함께하신다. 나가자!" 하고 그는 외쳤습니다. 그리하여 그들은 범람기의 요단강을 건넜습니다.

여호수아의 이 도강 작전은 좋지 않은 작전이었다고 말하는 이들도 있습니다. 전략 연구가들이 그의 명령을 분석해 보고는 잘못된 작전이었다는 의견을 제시한 바 있습니다. (마치 하나님을 자신이 무슨 일을 하는지도 모르시는 분인 것처럼 생각하는 모양입니다!) 그러나 하나님께서는 홍해를 건너게 한 기적을 다시 행하셨습니다. 백성들이 마른 땅을 밟고 건널 수 있도록 물줄기가 멈췄던 것입니다. 전략적으로 볼 때 요단을 건넌다는 것은 시기적으로 맞지 않는 것 같았지만 여기에 두 가지 주목해야 할 점이 있습니다.

첫째, 이스라엘 백성은 추수기에 요단을 건넜습니다. 성경은 "요단이 모맥을 거두는 시기에는 항상 언덕에 넘치더라"(여호수아 3:15)고 전해 줍니다. 약 2백만 명의 백성을 먹여야 하는 책임을 지고 있던 여호수아는 틀림없이 그들에게 얼마나 많은 양식이 필요한지 알고 있었을 것입니다. 강을 건너는 데는 이때가 가장 이상적이었습니다. 그 들판에 있는 모든 것이 거둬들일 준비가 되어 있었던 것입니다.

둘째, 그들이 다른 때를 택하여 강을 건넜더라면 상륙 시에 저항을 받았을 것입니다. 고금을 막론하고 전쟁에서 결사적인 저항을 뚫고 상륙작전을 감행하는 것보다 어려운 것은 없습니다. 그런데 요단 저편의 적들은 강에 물이 넘치는 이때에 공격해 오리라고는 조금도 예상하지 못하고 있었습니다.

그런 시도 자체를 어리석은 짓이라 여기고 그들은 동편 언덕의 움직임에 전혀 주의를 기울이지 않았습니다. 이스라엘은 아무런 저항도 받지 않고 무사히 강을 건너 맞은편에 안착했습니다.

또한 이 기적에 대한 소문이 퍼지면서 가나안 사람들의 사기에 어떤 영향을 미쳤을지 생각해 보십시오. "뭐라고? 물줄기가 우뚝 멈춰서고 그들이 마른 강 바닥을 걸어서 건넜다고? 농담이겠지!"

"농담이라니! 이미 이쪽 편 언덕에 건너와 있다니깐."

"강물이 넘실거리고 있는 때 아닌가? 도대체 강을 어떻게 건넜단 말이야?"

이 기적에 대해 들은 가나안 백성들은 간담이 서늘했을 것입니다. 그들은 하나님의 크신 능력을 깨닫게 되었을 것입니다. 그들의 사기와 대항 의지를 꺾어 버리는 방법치고 이보다 더 좋은 방법이 있었겠습니까? 그때가 건너기에는 가장 좋은 때였습니다.

정말로 놀라운 효과가 나타났습니다. "요단 서편의 아모리 사람의 모든 왕과 해변의 가나안 사람의 모든 왕이 여호와께서 요단 물을 이스라엘 자손들 앞에서 말리시고 우리를 건네셨음을 듣고 마음이 녹았고 이스라엘 자손들의 연고로 정신을 잃었더라"(여호수아 5:1). 적들은 심히 동요하고 있었습니다. 육군사관학교에서 훈련받은 지휘관은 이렇게 하지 않았을지 모르지만, 여호수아는 하나님의 방법대로 해서 성공을 거두었습니다.

수세기 후 이사야는 하나님의 방법에 대해 이렇게 기록했습니다. "내 생각은 너희 생각과 다르며 내 길은 너희 길과 달라서, 하늘이 땅보다 높음같이 내 길은 너희 길보다 높으며 내 생각은 너희 생각보다 높으니라"(이사야 55:8-9). 하늘이 땅보다 얼마나 높은지 한번 생각해 보십시오. 우리의 생각과 하나님의 생각은 이처럼 엄청난 차이가 있습니다. 하나님의 방법으로 하는 것이 언제나 더 좋습니다.

가나안에서의 이스라엘

하나님의 백성은 요단강의 범람기에 강을 건너 가나안에 들어가서는 '배수진'을 쳤습니다. 그들은 돌이킬 수 없었습니다. 이제는 승리가 아니면 죽음뿐이었습니다. 우리도 마찬가지입니다. 결코 뒤를 돌아보지 않고 주님의 부르심을 따르기로 결단해야 합니다.

몇 년 전 콜로라도스프링스의 공군사관학교에서 주님께로 돌아온 한 젊은이는 동부로 돌아가 가르치는 일을 하고 있습니다. 내가 아는 한 그는 그리스도를 만난 후 결코 뒤를 돌아보지 않았고 곁눈질 한 번 하지 않았습니다. 그는 그리스도를 위해 즉시, 전적으로 헌신했습니다. 이 타협적이고 타산적인 시대에 이처럼 주님께로 나온 후 곧바로 헌신적인 제자로 따르는 사람들이 있다는 것은 하나님의 큰 축복입니다.

드디어 결전의 날이 지평선 위로 밝아 오기 시작했습니다. 이스라엘은 이제 공격 개시를 불과 몇 시간밖에 남겨 두고 있지 않았습니다. 이제는 시간적으로 어떤 교훈을 받을 만한 여유가 없었습니다. 그런 교훈은 이미 그전에 배웠어야 했습니다. 그들은 적지에 들어와 있었습니다. 그들이 하나님을 의뢰하고자 한다면, 승리를 위해 필요한 것은 믿음, 의무, 예배, 순종, 용기 및 우선순위에 관한 교훈이 전부였습니다.

이스라엘 백성은 또한 승리에는 만능 전술이 없다는 것도 배웠습니다. 이 교훈을 그들은 거듭해서 배워야 했습니다. 우리도 마찬가지입니다.

연구 주제

1. 책임을 감당하기 위한 요셉의 준비(창세기 37-50장).
2. 왕이 되기 전의 다윗의 준비(사무엘상 16-31장, 사무엘하 1:1-5:3).
3. 겸손과 섬김에 관한 성경의 가르침(주제별 공부).
4. 신약성경에 나타난 지도자의 자격 요건(주제별 공부).
5. 신약성경에 나타나 있는 제자의 도(주제별 공부).
6. 헌신의 생활(경건의 시간).

적용:

이 장에서 배운 원리들 가운데서 나의 삶에 구체적으로 반영하기 시작할 수 있는 것은 어떤 것들인가? 그런 원리들과 그에 따른 구체적 실천 계획을 적어 보자.

9

돌격!
약속의 땅에서의 처음 전투들

관련 구절: 여호수아 1-8장, 디모데전서 6장

이제 드디어 공격 개시 시각이 되었습니다. 가나안 점령을 위한 전투에서 이스라엘 무리를 이끌 여호수아는 하나님과 만났습니다. 이스라엘군 총사령관은 용기의 사람, 믿음의 사람, 겸손의 사람이었습니다(제8장 참조). 그는 40년 동안 모세의 수종자로서 그를 섬기며 그를 통해 지도자로 준비되었습니다. 이제 약속의 땅을 정복해야 하는 책임을 안고 있는 여호수아에게는 더 준비해야 할 것이 있었습니다.

여호수아의 준비

하나님께서는 그 땅에서의 접전이 시작되기 전에 여호수아에게 두 가지의 기본적인 일을 행하셨습니다. 그는 여호수아에게 그의 말씀을 묵상하라는 도전을 주셨고, 또한 친히 여호수아를 대면하셨습니다.

묵상에 대한 도전

모세가 죽은 후 하나님께서는 처음으로 여호수아에게 나타나셔서 이렇게 말씀하셨습니다. "이 율법책을 네 입에서 떠나지 말게 하며 주야로 그것을 묵상하여 그 가운데 기록한 대로 다 지켜 행하라. 그리하면 네 길이 평탄하게 될 것이라. 네가 형통하리라"(여호수아 1:8). 여호수아는 지도자의 많은 책임의 하나로 하나님의 말씀을 묵상해야 했습니다. 이 말씀 묵상은 가나안에서 진군하는 도중 지치고 고단할 때도 그에게 힘을 주고 그를 붙들어 줄 것입니다. 어느 시대를 막론하고 어렵고 힘든 상황에서 그리스도인들에게 그때그때 힘을 주고 그들을 굳게 붙들어 주는 것은 바로 말씀 묵상입니다.

묵상과 연관하여 많은 사람들이 안고 있는 문제들 중 한 가지는 하나님의 위대한 약속들을 믿지 않는다는 데에 있습니다. 그 약속들이 너무나도 어마어마한 것 같아서 흔히 이렇게들 생각합니다. '이것은 틀림없이 중동 특유의 과장법으로 쓴 걸 거야. 아니면 다른 세대에나 적용되는 게 틀림없어.' 그러나 하나님이 말씀하시는 것은 말씀 그대로를 뜻합니다. 바울은 말했습니다. "하나님의 약속은 얼마든지 그리스도 안에서 '예'가 되니 그런즉 그로 말미암아 우리가 '아멘' 하여 하나님께 영광을 돌리게 되느니라"(고린도후서 1:20).

시편 기자는 말씀을 묵상함으로써 얻는 엄청난 유익에 대해 기록했습니다. "복 있는 사람은 악인의 꾀를 좇지 아니하며, 죄인의 길에 서지 아니하며, 오만한 자의 자리에 앉지 아니하고, 오직 여호와의 율법을 즐거워하여 그 율법을 주야로 묵상하는 자로다. 저는 시냇가에 심은 나무가 시절을 좇아 과실을 맺으며 그 잎사귀가 마르지 아니함 같으니 그 행사가 다 형통하리로다"(시편 1:1-3).

내가 다른 책에서도 사용한 바 있는 다음과 같은 예화를 여기서도 들어 보도록 하겠습니다. 몇 년 전 아이오와 출신의 건축가인 내 친구 버드 와이어프와 함께 런던에 가본 적이 있는데, 우리는 거기서 데이비드 라임비어라는 젊은이를 만났습니다. 활동적이고 기민한 운동선수 타입의 데이비드는 자기 나라의 수도 런던을 사랑하는 전형적인 영국인이었습니다. 그가 우리의 안내를 맡게 되었습니다.

그날 아침 우리를 만나러 온 그는 한 손엔 시간표를, 또 한 손에는 런던 지도를 들고 있었습니다. 그는 런던의 지리를 잘 알고 있었습니다. 지하철이 어느 곳으로 지나며 그 출발과 도착 시간은 언제인지도 알고 있었습니다. 그는 우리가 가게 될 곳을 가리켰습니다. 우리는 곧바로 출발하여 목적지를 향해 돌진해 나갔습니다. 정말이지 한꺼번에 꽤 많은 것들을 보았습니다. 여러 성당, 역사적인 건축물들을 뛰어다니다시피 하며 돌아보고, 위대한 기념물들을 훑으며 다녔습니다. 날이 저물 즈음 우리는 피곤했지만 런던을 보긴 다 보았습니다.

몇 년 후 나는 아내와 함께 다시 런던에 갈 기회가 있었습니다. 이때 우리를 안내한 사람은 제임스 폭스라는 젊은이였는데 그 역시 런던을 사랑했지만 성격은 달랐습니다. 그와 함께 고적지를 돌아보며 우리는 같이 앉아 기도도 했습니다. 고적지 구석구석을 우리는 여유 있게 둘러보며 역사의 향기에 젖어 들기도 했습니다. 시간을 넉넉히 내어 유적지들을 자세히 살펴볼 수 있었습니다. 이렇게 두 번째 방문을 했을 때 나는 그 위대한 도시에 대해 전혀 새로운 안목을 갖게 되었습니다.

하나님께서 여호수아에게 그의 말씀을 묵상하라고 명하신 것은, 어느 누구도 말씀 사이를 뛰어다녀서는 아무것도 얻지 못한다는 것을 알고 계셨기 때문입니다. 그리스도인이 된 지 웬만큼 된 사람들은 특별히 이 위험성을 깨달아야 합니다. 우리는 성경을 꽤나 잘 알고 있기 때문에(우리 생각에), 그 사이를 그냥 뛰어다니기만 할지도 모릅니다. 하지만 그래가지고는 아무것도 얻지 못합니다. 왜냐하면 하나님의 약속은 그의 말씀을 묵상하는 사람, 그 말씀을 숙고하는 사람에게만 주어지기 때문입니다. 우리가 그렇게 하는 이유는 주님의 말씀에 순종하기 위해서입니다.

성경적 묵상의 정의와 구체적 방법에 대해 생각하면서 나는 다음과 같은 것이 매우 도움이 되는 것을 알게 되었습니다. 첫째, 읽고자 하는 부분을 결정합니다. 다음에 종이와 필기도구를 가지고 매일 주님과 만나기로 한 장소에 갑니다. 거기서 무릎을 꿇고 기도하며 내게 유익이 되는 사항들을 말씀을 통해 보여 주시도록 주님께 구합니다. "내 눈을 열어서 주의 법의 기이한 것을 보게 하소서"(시편 119:18). 간절히 기도한 후, 선택한 부분의 말씀을 펴 천천히 주의 깊게 읽습니다.

읽어 가면서 나는 계속 기도하는데, 하나님께서 나 자신의 삶에 큰 도움이 될 것들을 보여 주시도록 구합니다. 이것은 도전, 약속, 축복, 명령, 책망 등의 형태로 나타납니다. 하나님께서 내 마음에 말씀하시면 나는 즉시 멈추어 내게 보여 주신 것에 대해 기도합니다. 나는 주님께 그것을 좀 더 분명하게 보여 주시도록, 또한 그것이 나의 매일의 삶에 실제적으로는 어떻게 적용되는지 이해할 수 있게 도와주시도록 구합니다.

그렇게 한 다음 나는 노트를 펴서 하나님께서 내게 보여 주신 것이 무엇인가 기록합니다. 그리고는 그것을 놓고 기도합니다. 내가 적어 놓은 것이 무엇이든 하나님과의 약속으로 삼고, 실제로 행하도록 하나님께서 도와주시길 구하는 것입니다. 요약하면 이렇습니다.

- 기도로 시작한다.
- 읽어 가면서 그리스도인으로서의 나의 일상생활 가운데 도움이 될 것들을 하나님께서 보여 주시기를 기도한다.
- 하나님께서 그의 말씀을 통하여 내게 말씀하실 때, 나도 기도 가운데 그것을 하나님께 아뢴다.

그리하여 완전한 소통이 이루어집니다. 내게는 이것이야말로 하나님과의 진짜 영적 교제요 말씀 묵상입니다.*

* 더 자세한 내용은 경건의 시간과 **묵상**(네비게이토 출판사 간)을 참조하시기 바랍니다.

여호수아는 큰 능력을 가진 사람이었지만 하나님께서 첫 번째로 그에게 말씀하신 것은 이것이었습니다. "여호수아야, 너는 이 책의 권위 아래 있다. 너는 이 하나님의 말씀의 권위 아래서 살아야 한다. 그것이 네가 내 백성을 이끌 수 있는 유일한 길이다." 그것이 여호수아가 전투에 뛰어들기 전에 받은 첫 명령이었습니다. 우리도 마찬가지입니다. 우리도 하나님의 말씀의 권위 아래 있습니다.

하나님의 말씀을 묵상하라는 명령에는 강한 도전과 위로의 약속이 함께 묶여져 있었습니다. "내가 네게 명한 것이 아니냐? 마음을 강하게 하고 담대히 하라. 두려워 말며 놀라지 말라. 네가 어디로 가든지 네 하나님 나 여호와가 너와 함께하느니라"(여호수아 1:9). 여호수아의 담대함의 근원은 분명히 하나님께서 함께하시고 인도하신다는 약속에 있었습니다.

히브리서 13:5을 이렇게 풀어 놓은 번역도 있습니다. "그분[하나님]께서 친히 말씀하셨습니다. '나는 결코 너희를 실망시키지 않고, 도움 없이 버려두지도 않을 것이다. [나는] 결코, [나는] 조금도 너희를 의지할 데 없이 두지 않을 것이며, 버리지도 않을 것이며, [너희를] 주저앉게 하지 [너를 붙든 내 손을 늦추지] 않을 것이다. 결단코 그러지 않겠다!'" 헬라어의 이중 부정 표현을 최대로 살린 이 번역은 하나님께서 그에게 속한 어느 누구도 **결단코** 버리지 않으신다는 것을 최대로 확증해 주고 있습니다.

하나님께서 내게 처음 그 말씀을 주셨을 때 나는 그것을 간단히 적어 두었습니다. 그로부터 몇 주 뒤 나는 홍수로 농장을 완전히 망쳐 버린 오클라호마의 한 농장주를 만났습니다. 그의 전 재산은 떠내려가 버리고 없었습니다. 나는 지금까지도 그처럼 실의에 빠진 사람을 만난 적이 없습니다.

그는 깊은 실의에 빠져 황폐된 땅에 주저앉아 머리를 무릎에 파묻고 있었습니다.

내가 성경을 믿느냐고 묻자, 그는 "그럼요, 믿지요"라고 대답했습니다. 나는 그에게 히브리서 13:5 말씀을 일러 주었습니다. 모든 것을 잃고 거기 앉아 있는 사람이 바로 당신이라고 상상해 보십시오. 농장은 깡그리 부서지고 농작물은 다 떠내려가 버린 상태에서 이 말씀을 하나님께로부터 받은 것입니다. 그 사람은 그날 밤 이 말씀을 부여잡고 걸어 나갔습니다.

몇 년 뒤 다시 그를 만나게 되었을 때 그는 이렇게 말했습니다. "리로이 씨, 그해 내내 우리의 삶은 정말 아슬아슬했습니다. 가까스로 하루하루를 버텨 냈습니다. 그러나 내가 무엇보다도 꼭 붙들고 있었던 것은 그 성경 말씀 한 구절이었습니다. 하나님께서 그 말씀으로 격려해 주셔서 어려운 시기를 극복해 낼 수 있게 해주셨습니다."

묵상과 연관된 여호수아의 담대함의 두 번째 근원은 그가 주님의 뜻 안에 거하고 있었다는 것입니다. 그는 지도자로 임명받았고 하나님이 그와 함께하심을 알고 있었습니다. 하나님의 뜻 안에 거하는 삶을 사는 그리스도인은 어떠한 상황에 처하든 담대하게 행할 수 있게 됩니다.

셋째, 여호수아는 전에 하나님의 신실하심을 경험한 바 있었습니다. 하나님께서 그에게 불기둥과 구름 기둥을 보이셨습니다. 그는 하나님께서 만나를 내려 주신 것을 비롯하여 여러 기적들을 직접 목격했습니다. 그는 하나님의 손길이 자기 위에 있고 하나님께서 자기 백성들 가운데 계심을 알고 있었습니다.

다윗의 초기 시편 중에 "너희는 그 행하신 기사와 그 이적과 그 입의 판단을 기억할지어다"(역대상 16:12)라고 노래한 것이 있습니다. 그러나 여기에 과거의 경험들에 대한 경고의 말씀이 있습니다. 그것들은 다만 우리 믿음에 활력을 불어넣는 것으로 그쳐야 합니다. 그것들이 우리에게 미래의 어떤 방법이나 구체적 프로그램을 주지는 않습니다. 왜냐하면 하나님께서는 전혀 다른 어떤 계획을 마음속에 가지고 계실지도 모르기 때문입니다.

기억하십시오. 만능 전술은 없습니다.

주님과의 직접 대면

지도자의 책임들을 감당케 하기 위해 하나님께서 여호수아를 준비시키신 두 번째 단계는 하나님께서 친히 신비한 모습의 인격체로 그에게 나타나신 것이었습니다. 많은 성경학자들은 그 모습이 성육신 전의 예수 그리스도의 형상이었으리라 믿고 있습니다.

"여호수아가 여리고에 가까왔을 때에 눈을 들어 본즉 한 사람이 칼을 빼어 손에 들고 마주 섰는지라, 여호수아가 나아가서 그에게 묻되, '너는 우리를 위하느냐? 우리의 대적을 위하느냐?' 그가 가로되, '아니라, 나는 여호와의 군대장관으로 이제 왔느니라.' 여호수아가 땅에 엎드려 절하고 가로되, '나의 주여, 종에게 무슨 말씀을 하려 하시나이까?'"(여호수아 5:13-14)

구약에서 여러 차례 이런 형태로 그리스도께서 나타나십니다. 나그네로 다니던 아브라함에게 친히 나타나실 때는 그 역시 나그네의 모습으로 나타나셨던 것을 주의해 보면 흥미롭습니다(창세기 18장). 군인인 여호수아에게 나타나실 때는, 자신도 손에 칼을 든 군인으로 나타나셨습니다.

여호수아의 반응은 올바른 것이었습니다. 그는 땅에 엎드려 절하고 경배했으며 하나님의 지도를 요청했습니다. "나의 주여, 종에게 무슨 말씀을 하려 하시나이까?"(여호수아 5:14). 그로부터 오랜 세월이 지난 후 바울도 예수 그리스도를 친히 대면하게 되었을 때 이와 비슷한 반응을 나타내었습니다. 그는 "주여, 무엇을 하리이까?"라고 부르짖었습니다(사도행전 22:10). 여호수아와 바울은 각각 그리스도를 보았을 때 올바른 반응을 보였습니다.

승리의 기초는 두 가지 교훈 위에 놓여져야 합니다. 말씀 묵상을 통하여 하나님께 순종하는 일에 헌신하는 것과 우리 자신을 예수 그리스도의 종으로서 그의 주재권하에 맡기는 것입니다. 이것은 가나안에서 전투에 뛰어든 여호수아의 삶에 적용되었던 것이요, 오늘날 영적인 전쟁을 치르고 있는 우리에게도 똑같이 적용되는 것입니다.

첫 전투-여리고

여호수아는 준비가 되었고 하나님의 인도를 간절히 바랐기 때문에 여리고 정복을 위한 전략에 대해 무슨 말씀을 하실지 귀를 기울였습니다. 홍해에서 주님의 명령은 "가만히 서서 여호와께서 행하시는 구원을 보는 것"(출애굽기 14:13)이었습니다. 아멜렉과 싸울 때의 명령은 "나가서 싸우라"(출애굽기 17:9)는 것이었습니다.

이제 여리고에 이르러서 하나님께서는 다른 작전을 가지고 계실지 모를 일이었습니다. 만능 작전은 없기 때문입니다. "이스라엘 자손들로 인하여 여리고는 굳게 닫혔고 출입하는 자 없더라. 여호와께서 여호수아에게 이르시되, '보라. 내가 여리고와 그 왕과 용사들을 네 손에 붙였으니 너희 모든 군사는 성을 둘러, 성 주위를 매일 한 번씩 돌되 엿새 동안을 그리하라'"(여호수아 6:1-3).

군사적 준비는 필요 없었습니다. 성 공격용 망치도, 포위 공격용 토성도, 병력 배치 따위도 필요 없었습니다. 이 싸움은 다른 것이 아닌 믿음으로 승리하는 것이었습니다. 하나님은 여기서 "가만히 서라," 혹은 "싸우라" 하시지 않고 "성 주위를 돌아라!"고 말씀하십니다.

우리는 그들이 행동에 옮기도록 명령받은 것, 즉 성 주위를 도는 일에 주목할 뿐만 아니라, 그들이 어떻게 행했는지에 대해서도 주목해야 합니다. "무장한 자들은 나팔 부는 제사장들 앞에서 진행하며 후군은 궤 뒤에 행하고 제사장들은 나팔을 불며 행하더라"(6:9). 무장한 자들이 선두에 서고 다음에 제사장들이 따르고 그 뒤에 궤가 있고 뒤에 나머지 후군이 따랐습니다. 궤가 성 주위를 도는 대열의 중앙에 있었습니다. 궤는 무엇을 나타냅니까? 하나님의 임재하심입니다. 이것은 이스라엘 백성에게 준 교훈이었습니다. 여호와 하나님 자신이 그들이 행하는 모든 것에서 중심이 되신다는 사실이었습니다.

어느 날 아침 집에서 식사를 하는데 우리와 함께 생활하고 있던 한 형제가 이런 기도를 했습니다. "주님, 오늘 우리가 행하는 모든 것의 중심이 되어 주십시오." 그것은 실로 꼭 맞는 기도였습니다. 그렇게 할 때 우리는 개선하는 무리에 들게 됩니다. "이에 백성은 외치고 제사장들은 나팔을 불매 백성이 나팔 소리를 듣는 동시에 크게 소리 질러 외치니 성벽이 무너져 내린지라, 백성이 각기 앞으로 나아가 성에 들어가서 그 성을 취하고"(6:20). 가만히 서라? 싸우라? 아닙니다. 돌고 외치라! 이것이었습니다.

첫 패배-아이

여리고에서의 대승리 후 아이에 이르러서는 깜짝 놀랄 쓰라린 패배를 맛보게 됩니다. 이 불행한 사건의 기사는 앞의 사건과는 정반대로 기록됩니다. 영어 성경들을 보면, 기사는 역접을 나타내는 접속사인 "그러나"라는 단어로 시작됩니다. 아주 중요한 의미를 띠고 있는 단어입니다. 그 전까지만 해도 모든 일은 대단히 순조롭게 풀려서 이스라엘은 놀라운 승리를 거두었습니다. 그러나…. 일찍이 하나님께서는 여리고의 전리품에 대해 금지령을 내리신 바 있습니다. 그것들은 하나님께 바쳐져야 할 것들이었습니다(여호수아 6:18-19 참조).

"(그러나) 이스라엘 자손들이 바친 물건을 인하여 범죄하였으니, 이는 …아간이 바친 물건을 취하였음이라. 여호와께서 이스라엘 자손들에게 진노하시니라. 여호수아가 여리고에서 사람을 벧엘 동편 벧아웬 곁에 있는 아이로 보내며 그들에게 일러 가로되, '올라가서 그 땅을 정탐하라' 하매 그 사람들이 올라가서 아이를 정탐하고"(7:1-2).

아내와 함께 성지 순례 여행을 하던 중 어느 날 특이한 길을 따라 여행한 적이 있습니다. 날씨가 좀 흐렸는데 안내자가 눈을 들어 앞을 보라고 말했습니다. 구름 사이를 비집고 나온 몇 줄기 햇살이 언덕 위의 폐허가 된 도시를 내리비추고 있었습니다. 안내자는 우리에게 그 도시가 어떤 곳인지 아느냐고 물었습니다. 모르겠다고 하자 그는 그곳이 바로 아이라고 말해 주었습니다. 나는 곧바로 나 같으면 그 도시를 점령하려고 할 때 어떤 군사 행동을 취할 것인가 생각하기 시작했습니다. 어떤 준비를 할 것인가? 어떤 공격을 시도할 것인가?

"(정탐꾼들이) 여호수아에게로 돌아와서 그에게 이르되, '백성을 다 올라가게 말고 이삼천 명만 올라가서 아이를 치게 하소서. 그들은 소수니 모든 백성을 그리로 보내어 수고롭게 마소서' 하므로"(7:3). 정탐꾼들이 여호수아에게 결정을 내려준 것입니다. 아무도 하나님의 조언을 구하지 않았습니다.

"백성 중 삼천 명쯤 그리로 올라갔다가 아이 사람 앞에서 도망하니, 아이 사람이 그들의 삼십육 인쯤 죽이고 성문 앞에서부터 스바림까지 쫓아와서 내려가는 비탈에서 쳤으므로 백성의 마음이 녹아 물같이 된지라"(7:4-5). 여리고에서 그들은 승리를 거두었지만 아이에서는 패하여 쫓겼습니다. 왜 그랬을까요?

여호수아는 그 소식을 듣고 어떻게 했습니까? 엉터리 정보를 가지고 왔다고 정탐꾼들을 나무랐습니까? 아닙니다. 또한 그는 쫓겨 온 군사들을 겁쟁이라고 꾸짖지도 않았습니다. 그는 자기가 아는 단 한 가지 행동을 취했습니다. 그는 하나님께 나아갔던 것입니다. "여호수아가 옷을 찢고 이스라엘 장로들과 함께 여호와의 궤 앞에서 땅에 엎드려 머리에 티끌을 무릅쓰고 저물도록 있다가"(7:6). 하나님 앞에 엎드려 있는 가운데 여호수아가 배운 교훈은 오늘날 우리에게도 적용됩니다. 거룩하지 못한 삶으로 거룩한 전쟁을 수행할 수는 없다는 것입니다.

하나님께서 여호수아에게 말씀하셨습니다. "네가 그 바친 물건을 너희 중에서 제하기 전에는 너의 대적을 당치 못하리라"(7:13). 못하리라는 말씀에 주의하십시오. 이것은 영적 승리에 있어서 우리에게 해당되는 말입니다. 우리 역시 죄 가운데 살면서 하나님이 승리를 주실 것을 기대하지 못합니다. 아무 소용이 없습니다. "자기의 죄를 숨기는 자는 형통하지 못하나, 죄를 자복하고 버리는 자는 불쌍히 여김을 받으리라"(잠언 28:13).

하나님의 얼굴을 구한 뒤 여호수아는 왜 그들이 패했는지 알게 되었습니다. 그들 중에 죄가 있었던 것입니다. 모든 것이 탄로 나자 아간은 자백을 했습니다. "참으로 나는 이스라엘 하나님 여호와께 범죄하여 여차여차히 행하였나이다. 내가 노략한 물건 중에 시날산의 아름다운 외투 한 벌과 은 이백 세겔과 오십 세겔중의 금덩이 하나를 보고 탐내어 취하였나이다. 보소서. 이제 그 물건들을 내 장막 가운데 땅속에 감추었는데 은은 그 밑에 있나이다"(7:20-21). 흠정역에서는 이 부분을 실로 인상 깊게 번역하고 있습니다. "내가… 멋진 바벨론제 옷 한 벌을… 보고." 당신이라면 거기 놓여 있는 그 옷을 보고 그냥 지나칠 수 있겠습니까? 아간은 그 노략물을 취했습니다. 그것들은 그에게 그다지 유익이 되지도 못했습니다. 왜냐하면 파묻어 두어야 했기 때문입니다.

여기서 죄의 진행 과정을 주시해 보십시오. 보고… 탐내고… 취하고… 감추었습니다. 우리는 에덴동산의 아담과 하와에게서도 이와 똑같은 죄의 진행 과정을 봅니다. 그들은 보고, 탐내어, 취하고 나서, 드디어 하나님을 피하여 숨었습니다(창세기 3장).

이 영역에서의 바울의 간증은 깨끗합니다. "내가 아무의 은이나 금이나 의복을 탐하지 아니하였고"(사도행전 20:33). 바울의 말은 만약 그 당시 다른 사람들 중에 누가 "멋진 바벨론제 의복"을 입고 있었다고 해도 그는 그 옷에 대해 전혀 욕심을 내지 않았을 것이라는 뜻입니다. 그는 데살로니가 교회에 보낸 서신에서 위대한 주장을 펴고 있습니다. "너희도 알거니와 우리가 아무 때에도 아첨의 말이나 탐심의 탈을 쓰지 아니한 것을 하나님이 증거하시느니라. 우리가 그리스도의 사도로 능히 존중할 터이나, 그러나 너희에게든지 다른 이에게든지 사람에게는 영광을 구치 아니하고"(데살로니가전서 2:5-6). 바울은 세상적 야심과 이득을 거부했습니다. 이 세상의 공허한 부와 칭찬은 그에게 아무것도 아니었습니다.

아간은 하나님의 분명한 경고에도 불구하고 범죄했습니다. "너희는 바칠 물건을 스스로 삼가라. 너희가 그것을 바친 후에 그 바친 어느 것이든지 취하면 이스라엘 진으로 바침이 되어 화를 당케 할까 두려워하노라. 은금과 동철 기구들은 다 여호와께 구별될 것이니 그것을 여호와의 곳간에 들일지니라"(여호수아 6:18-19). 여호와의 말씀은 쉽고 분명했고 백성들은 그것을 이해했습니다. 아간은 하나님의 명령을 어겼으며, 그 결과는 아이에서 이스라엘의 패배로 나타났습니다.

하나님이 함께하시면 아무도 이스라엘 백성의 상대가 되지 못했습니다.

하나님이 함께하시지 않으면 그들은 아무의 상대도 되지 못했습니다.

주님의 사역에서 어떤 한 사람을 높은 지위에 앉히고 매주 사람들 앞에 세우면, 특별히 조심하지 않는 한 얼마 지나지 않아 그는 자신이 진짜 뭔가 된 것처럼 착각하기 시작할 것입니다. 그는 다른 사람들이 그가 굉장한 일을 하고 있다고 이야기하는 것을 들으며 자만심을 갖게 됩니다. 그렇게 되면 그는 자신의 위치를 탐심의 외투, 즉 부와 권력과 명성을 얻기 위한 수단으로 사용하게 될지도 모릅니다. 모세는 탐심을 미워하는 진실 무망한 사람에게 그의 책임들을 위임해 주었다는 사실을 기억하십시오(출애굽기 18:21 참조). 왜 그랬을까요?

그 대답은 간단합니다. 바울은 이렇게 말합니다. "형제들아, 너희는 함께 나를 본받으라. 또 우리로 본을 삼은 것같이 그대로 행하는 자들을 보이라. 내가 여러 번 너희에게 말하였거니와 이제도 눈물을 흘리며 말하노니, 여러 사람들이 그리스도 십자가의 원수로 행하느니라. 저희의 마침은 멸망이요, 저희의 신은 배요, 그 영광은 저희의 부끄러움에 있고, 땅의 일을 생각하는 자라"(빌립보서 3:17-19).

이것은 흥미 있는 구절입니다. 이들은 예수 그리스도 십자가의 원수라 불리어졌습니다. 십자가 사건의 원수가 아니라 십자가 정신의 원수라는 것입니다. 십자가의 정신은 자기희생적 사랑입니다. 땅의 것들에 온통 둘러싸여 있는 탐욕스런 사람은 자기희생적 사랑의 정신에 역행하는 삶을 삽니다. 그의 생각은 이 세상의 것들과 자기 자신에게 쏠려 있습니다. 예수님은 "내 나라는 이 세상에 속한 것이 아니라"(요한복음 18:36)고 말씀하셨습니다. 그래서 우리에게도 경고가 주어졌습니다. "이 세상을 사랑치 말라"(요한일서 2:15). "너희는 먼저 그의 나라와 그의 의를 구하라"(마태복음 6:33).

아간의 죄는 하나님께 속한 것을 가지고 자기 자신을 위해 사용하려고 한 사실에 있습니다. 그것은 오늘날 우리도 빠지기 쉬운 잘못입니다. 예를 들면, 우리 몸은 하나님의 성전으로서, 값을 주고 산 바 된 것입니다(고린도전서 6:19-20 참조).

그런 몸을 가지고 하나님을 섬기는 대신 이기적인 목적들을 위해 사용하느라 정력을 쏟고 있지는 않습니까? (로마서 6:13 참조). 이 원리는 곧바로 생활에 적용되어야 합니다. 한 사람의 범죄 때문에 전체 이스라엘 진영에 어떤 일이 일어났는지를 보면 하나님의 관점이 어떤 것인지 명백해집니다.

두 번째 승리-다시 아이에서

진중에서의 죄 문제를 해결했기 때문에 이제 이스라엘은 아이에 대해 새로운 공세를 취할 수 있었습니다. 이번엔 하나님께 물어 하나님께서 말씀해 주신 방법을 따르고자 했습니다. 그렇다면 이번에도 여리고에서와 같이 성 주위를 돌면서 나팔을 불 작정이었습니까? 아닙니다. 하나님께는 다른 계획이 있었습니다.

 하나님께서 다른 지시를 내리셨고 여호수아는 그 지시를 그대로 따라서 명령을 내렸습니다. "너희는 성읍 뒤로 가서 성읍을 향하고 매복하되 그 성읍에 너무 멀리 하지 말고 다 스스로 예비하라. 나와 나를 좇는 모든 백성은 다 성읍으로 가까이 가리니 그들이 처음과 같이 우리에게로 쳐 올라올 것이라. 그러할 때에 우리가 그들 앞에서 도망하면 그들이 나와서 우리를 따르며 스스로 이르기를, '그들이 처음과 같이 우리 앞에서 도망한다' 하고 우리의 유인을 받아 그 성읍에서 멀리 떠날 것이라. 우리가 그 앞에서 도망하거든 너희는 매복한 곳에서 일어나서 그 성읍을 점령하라. 너희 하나님 여호와께서 너희 손에 붙이시리라. 너희가 성읍을 취하거든 그것을 불살라 여호와의 말씀대로 행하라. 보라, 내가 너희에게 명하였느니라"(여호수아 8:4-8).

하나님께서는 전혀 다른 작전을 써서 그 전투에서 승리하게 하시고 그 성읍을 그들 손에 넘겨주셨습니다. 가만히 서 있었던 것도 아니요, 누군가 기도하고 있는 가운데 싸운 것도 아니요, 주위를 돌며 외친 것도 아니었습니다. 매복 작전이었습니다.

그 전투가 끝나자 또 다른 교훈을 배우게 되었습니다. 전술 전략에 관하여 쓴 병법서라면 어느 책이나 전쟁의 기본 원리로 추격을 열거할 것입니다. 일단 적이 패주하기 시작하면 추격 섬멸을 해야 합니다. 아이의 적들은 전멸되었고 다른 거민들은 사기가 땅에 떨어졌습니다. 지금이야말로 계속 적들을 추격해 섬멸해야 할 때입니다. 그러나 하나님의 백성들은 전혀 다른 행동을 취했습니다. 그들은 일단 거기서 멈추고 경배를 했습니다.

"때에 여호수아가 이스라엘의 하나님 여호와를 위하여 에발산에 한 단을 쌓았으니, 이는 여호와의 종 모세가 이스라엘 자손에게 명한 것과 모세의 율법책에 기록된 대로[신명기 11:29-30, 27:2-5]… 만든 단이라. 무리가 여호와께 번제와 화목제를 그 위에 드렸으며, 여호수아가 거기서 모세의 기록한 율법을 이스라엘 자손의 목전에서 그 돌에 기록하매… 그 후에 여호수아가 무릇 율법책에 기록된 대로 축복과 저주하는 율법의 모든 말씀을 낭독하였으니, 모세의 명한 것은 여호수아가 이스라엘 온 회중과 여인과 아이와 그들 중에 동거하는 객들 앞에 낭독하지 아니한 말이 하나도 없었더라"(여호수아 8:30-35).

믿을 수 있겠습니까? 그들은 하늘을 찌를 듯한 사기로 진격할 태세를 완전히 갖추었는데 돌연 하나님께서는 "진군나팔을 멈추어라! 모두 빠짐없이 성경 말씀의 잔치로 나오라!"고 말씀하셨습니다.

"뭐라고요?" 놀란 이스라엘 백성은 틀림없이 그렇게 물었을 것입니다.

"들으라. 우리는 지금 모세의 율법을 돌에 기록하려고 한다."

"율법 전체를 말입니까?"

"그렇다. 전부다. 한 자도 빠뜨리지 않고서 말이다."

왜 그랬을까요? 하나님께서는 이 시점에서 그들에게 필요한 것이 무엇인지 아셨기 때문입니다. 생각해 보십시오. 아이에서 취한 모든 노략물을 손에 쥔 그들은 이제 부유해졌습니다. 그 모든 보화가 그들의 것이었습니다. 갑자기 부자가 된 사람들에게 어떤 일이 일어나기 쉽습니까? 마음이 하나님께로부터 돌아서기가 쉽습니다.

하나님께서는 자기 백성들이 형통하며 축복된 삶을 살기 원하셨기 때문에 유례없이 긴 시간을 내어 참으로 중요한 것이 무엇인지를 그들로 깨달을 수 있게 해주셨습니다. 그들은 하나님의 말씀을 배웠고, 순종과 불순종의 결과로 나타나는 축복과 저주의 선택에 직면하게 되었습니다.

"부하려 하는 자들은 시험과 올무와 여러 가지 어리석고 해로운 정욕에 떨어지나니 곧 사람으로 침륜과 멸망에 빠지게 하는 것이라. 돈을 사랑함이 일만 악의 뿌리가 되나니, 이것을 사모하는 자들이 미혹을 받아 믿음에서 떠나 많은 근심으로써 자기를 찔렀도다"(디모데전서 6:9-10).

아간의 문제는 바로 이것이었습니다. 그는 아마도 광야에서 여러 해 동안 떠돌아다닌 뒤라 가진 것이 없어서 여리고의 노략물을 참으로 갖고 싶었을 것입니다. 가난한 사람이 그 생의 불타는 욕망을 부유해지는 데에만 두고 있을 때, 그는 "침륜과 멸망에"(6:9) 빠질 것이라고 하나님께서는 바울을 통해 경고하고 계십니다. 깨끗한 물에 빠지는 것도 심히 위험한데, 침륜과 멸망에 빠지는 것은 얼마나 더하겠습니까?

바울은 또한 기왕에 부유하게 된 사람들도 조심해야 한다고 경계하였습니다(디모데전서 6:17-18 참조). 물론, 재물 자체가 문제가 되는 것은 아닙니다. 문제가 되는 것은 돈에 대한 사랑, 더 많이 가지고자 하는 탐심, 그리고 재물을 생의 목표로 삼는 것 등입니다.

가나안 땅에서의 처음 몇몇 전투들을 두루 살펴본 바와 같이, 우리의 전략은 언제나 바뀔 수 있지만 승리를 위하여 우리는 온전히 그리고 변함없이 하나님을 의지해야 합니다. 이스라엘이 하나님께 청종할 때 승리는 그들의 것이 되었습니다. 그들이 하나님의 계명에서 떠날 때는 부끄러운 패배를 당했습니다. 똑같은 진리가 우리 삶에도 적용됩니다. 우리는 하나님과 하나님의 말씀을 의지해야 합니다.

연구 주제

1. 묵상에 관한 성경의 가르침(주제별 공부).
2. 주재권에 관한 성경의 가르침-신약의 예수 그리스도, 구약의 하나님(주제별 공부).
3. 경건한 생활의 중요성.
4. 성경에 나타난 여리고.
5. 아간의 죄(여호수아 7장)와 아나니아와 삽비라의 죄(사도행전 5장)를 비교해 보라.
6. 영적 승리를 기대하기에 앞서 우리 삶 속에 들어 있는 죄를 해결해야 하는 일의 중요성.

적용:

이 장에 나오는 사건들을 통해 배운 것 중에서 나의 삶에 적용될 수 있는 것은 무엇인가? 나는 이 원리들을 어떻게 실천에 옮길 것인가?

10

계속 진격!
약속의 땅에서의 나중 전투들

관련 구절: 여호수아 9-22장, 사무엘하 22-23장, 열왕기하 6장, 역대상 20장, 에베소서 6:10-20, 요한일서 5:1-5

이스라엘 백성은 이제 가나안 땅에 견고한 교두보를 구축했습니다. 그들은 약속의 땅에서 승리를 해왔지만 패배한 적도 있었습니다. 하나님의 말씀을 따라 행할 때는 승리했고, 하나님께 불순종할 때는 패배했습니다. 그들은 군사적이든 영적이든 승리에 만능 전술은 없다는 귀중한 교훈을 서서히 배우게 되었습니다. 그것은 오늘날에도 마찬가지입니다.

적의 연합

"요단 서편 산지와 평지와 레바논 앞 대해변에 있는 헷 사람과 아모리 사람과 가나안 사람과 브리스 사람과 히위 사람과 여부스 사람의 모든 왕이 이 일을 듣고 모여서 일심으로 여호수아와 이스라엘로 더불어 싸우려 하더라"(여호수아 9:1-2). 적들은 하나님의 백성을 대적하여 연합했습니다.

사무실에 근무하는 한 친구가 겪고 있는 어려움에 대해 들은 적이 있습니다. 휴식 시간에 커피를 한 잔 마시러 나갈 때면, 그리스도를 믿지 않는 입이 거친 동료 직원들이 그를 골려 주려고 함께 작당을 하고 별별 지저분하고 짓궂은 농담으로 그를 괴롭히려 든다는 것이었습니다. 마귀에 속한 사람들이 어떤 일을 하기 위해 연합하는 것을 보면 흥미롭습니다. "만일 사탄이 스스로 분쟁하면 저의 나라가 어떻게 서겠느냐?"(누가복음 11:18)고 하신 예수님의 말씀처럼 사탄은 하나님을 대적하여 필사적으로 사람들을 연합시킵니다. 우리는 신약에서 이러한 악의 연합의 명확한 예를 볼 수 있습니다. 하나님의 메시야를 적대하는 과정에서 불구대천의 두 원수가 친구가 된 경우입니다. "헤롯과 빌라도가 전에는 원수이었으나 당일에 서로 친구가 되니라"(누가복음 23:12). 예수님을 핍박한다는 공통점 때문에 이두매 사람과 로마 사람이 연합한 것입니다. 우리의 영적 원수들도 이런 유형을 따릅니다.

반면에 그리스도인들 사이에서는 서로 헐뜯고, 당을 짓고, 중상모략을 하는 일이 종종 나타나기도 하는데, 슬픈 일이 아닐 수 없습니다. 하나님의 백성이 서로 연합할 때 나타날 수 있는 힘은 세상의 힘보다 훨씬 크기 때문에 더욱 그렇습니다. 세상의 연합이 서로의 이기적인 이익을 기초로 한 반면, 우리의 연합은 사랑의 능력을 바탕으로 하고 있습니다.

적의 꾀-기브온

"기브온 거민들이 여호수아의 여리고와 아이에 행한 일을 듣고 꾀를 내어 사신의 모양을 꾸미되, 해어진 전대와 해어지고 찢어져서 기운 가죽 포도주 부대를 나귀에 싣고"(여호수아 9:3-4). 마귀와 그의 하수인들은 수완이 교활합니다. 그렇기 때문에 그는 간교한 뱀으로도 불리고 울부짖는 사자로도 불리는 것입니다. 그는 교활한 동시에 힘이 막강합니다. 그러므로 성경은 "너는 마음을 다하여 여호와를 의뢰하고 네 명철을 의지하지 말라. 너는 범사에 그를 인정하라. 그리하면 네 길을 지도하시리라"(잠언 3:5-6)고 경고하며, 또한 "마귀의 궤계를 능히 대적하기 위하여 하나님의 전신갑주를 입으라"(에베소서 6:11)고 명하고 있습니다.

기브온 거민들은 또한, "그 발에는 낡아 기운 신을 신고 낡은 옷을 입고 다 마르고 곰팡이 난 떡을 예비하고 그들이 길갈 진으로 와서 여호수아에게 이르러 그와 이스라엘 사람들에게 이르되, '우리는 원방에서 왔나이다. 이제 우리와 약조하사이다.… 우리의 이 떡은 우리가 당신들에게로 오려고 떠나던 날에 우리들의 집에서 오히려 뜨거운 것을 양식으로 취하였더니, 보소서, 이제 말랐고 곰팡이 났으며, 또 우리가 포도주를 담은 이 가죽 부대도 새것이더니 찢어지게 되었으며, 우리의 이 옷과 신도 여행이 심히 길므로 인하여 낡아졌나이다' 한지라, 무리가 그들의 양식을 취하고 어떻게 할 것을 여호와께 묻지 아니하고"(여호수아 9:5-6,12-14).

우리는 이 사건에서 큰 교훈을 배웁니다. 우리에게는 영적 승리를 위한 세 가지 기본적인 무기가 있습니다. 그 첫째는 하나님의 말씀입니다. 예수님께서는 마귀와 싸울 때 그 말씀을 사용하라고 가르쳐 주셨습니다. "사람이 떡으로만 살 것이 아니요 하나님의 입으로 나오는 모든 말씀으로 살 것이라"(마태복음 4:4). 예수님은 신명기 8:3 말씀을 인용하심으로써 적을 물리치셨던 것입니다.

둘째 무기는 믿음입니다. "대저 하나님께로서 난 자마다 세상을 이기느니라. 세상을 이긴 이김은 이것이니 우리의 믿음이니라. 예수께서 하나님의 아들이심을 믿는 자가 아니면 세상을 이기는 자가 누구뇨?"(요한일서 5:4-5). 마귀는 그 능력으로 온갖 수단 방법을 다 동원하여 우리로 하여금 지속적으로 말씀 속에 푹 잠기지 못하게 하며 하나님께서 말씀하시는 것을 참으로 믿지 못하게 합니다.

영적 승리를 위한 세 번째 기본 무기는 하나님을 의지하는 것입니다. 우리 자신의 논리, 지혜, 명철을 의존해서는 안 됩니다. 우리는 육신을 의뢰하면 안 됩니다. "여호와여, 내가 알거니와 인생의 길이 자기에게 있지 아니하니 걸음을 지도함이 걷는 자에게 있지 아니하니이다"(예레미야 10:23). 여호수아의 실수는 바로 여기에 있었습니다. 그는 하나님을 의지하지 않고 자기의 걸음을 스스로 정하려 했습니다.

이들이 너저분한 차림으로 나타나자 여호수아의 참모들은 이렇게 말했습니다. "이 사람들이 가진 것을 보니 낡았고, 맛도 변했고, 오래되었고, 곰팡내가 나는 걸 보니, 이들의 말이 틀림없이 사실인 것 같습니다." 그들은 외모를 보고 판단했습니다. 자신들의 머리를 의지했던 것입니다.

이 상황은 에덴동산의 사건과 흡사합니다(창세기 3장 참조). 뱀의 형상을 한 마귀가 한 말은 이런 것이었습니다. "이것을 먹으면 너는 하나님처럼 된다. 이걸 먹어라. 네게 유익할 것이다. 그 안에는 놀라운 영적인 가치가 있다. 네 눈이 열리고 너는 그만큼 많은 것을 알게 될 것이다. 이것은 네 두뇌를 좋게 하고 지혜가 뛰어나게 해줄 것이다. 잘 생각해 봐라." 이런 논리는 길모퉁이 으슥한 곳에서 마약을 팔려고 옆구리를 찌르는 이의 논리와 다를 바 없습니다. "이거 한번 써보시죠. 몸에 참 좋습니다."

우리는 일찍이 8장에서 마귀는 더러운 싸움꾼이요, 추하고 비열한 존재라는 사실을 배웠습니다. 여기서는 그가 잔꾀를 부리며 교활하고 약삭빠른 성품의 소유자임을 배우게 됩니다. 우리의 안전과 보호는 말씀 안에 거하고, 믿음으로 동행하며, 끊임없이 하나님을 의지하는 데 있습니다.

기이한 일을 바라는 믿음

가나안 남부의 다섯 왕이 동맹을 맺고 하나님의 백성을 쳐들어옴으로써 벌어진 전투를 통하여 우리는 또 다른 교훈을 얻습니다. "이러므로 아모리 다섯 왕 곧 예루살렘 왕과 헤브론 왕과 야르뭇 왕과 라기스 왕과 에글론 왕이 함께 모여 자기들의 모든 군대를 거느리고 올라와서 기브온에 대진하고 싸우니라"(여호수아 10:5).

그러나 하나님께서는 그의 백성에게 격려를 해주셨습니다. "그들을 두려워 말라. 내가 그들을 네 손에 붙였으니, 그들의 한 사람도 너를 당할 자 없으리라"(10:8). 하나님께서는 큰 우박덩이를 비같이 적진 위에 내리심으로써 이스라엘이 그 싸움에서 이기게 도와주셨습니다. "이스라엘 자손의 칼에 죽은 자보다 우박에 죽은 자가 더욱 많았더라"(10:11).

그러다가 여호수아는 한 가지 문제에 부딪혔습니다. 그 싸움을 승리로 장식하기도 전에 날이 저물기 시작한 것이었습니다. 하나님께서 이미 승리를 약속하신 바 있는데 전장에 어둠이 깔리기 시작한다면 당신은 어떻게 하시겠습니까? "글쎄요. 내일 병력을 재편성하고 계획을 새로 세워야겠지요" 하고 말할지도 모르겠습니다. 해가 멈춰 서도록 기도해야겠다는 생각이 당신에게 떠올랐겠습니까? 이 사실을 염두에 두고 당신이 여호수아의 입장에 있다고 생각해 보십시오.

여호수아는 하나님께 아뢰었습니다. 그는 이 문제를 곧바로 하나님께로 가져갔습니다. "태양아, 너는 기브온 위에 머무르라. 달아, 너도 아얄론 골짜기에 그리할지어다"(10:12). 당신이 모든 친구들 앞에서 그런 말을 한다고 생각해 보십시오!

나는 이 말씀을 읽고 자문해 보았습니다. "리로이, 네가 최근에 하나님께 기적을 구한 것은 언제냐?" 그 결과를 보십시오. "여호와께서 사람의 목소리를 들으신 이 같은 날은 전에도 없었고 후에도 없었나니, 이는 여호와께서 이스라엘을 위하여 싸우셨음이니라"(10:14).

이와 유사한 경우가 그로부터 수세기 후 또 있었습니다. 선지자 엘리사가 선지자의 생도들과 함께 강가에 나가 나무를 베다가 일어난 사건입니다. "한 사람이 나무를 벨 때에 도끼가 자루에서 빠져 물에 떨어진지라, 이에 외쳐 가로되, '아아, 내 주여, 이는 빌어 온 것이니이다'"(열왕기하 6:5). 그 때 하나님의 사람은 "알았어. 잠수 장비를 가져와서 찾아보도록 하자"라고 대답하고, 부주의했던 그 생도에게 가까이 가서, "좋은 기회다. 이번 일을 계기로 해서 사소한 일을 세심하게 잘 점검하는 걸 배우도록 해라"고 말했습니까?

아닙니다. 엘리사와 대답은 달랐습니다. 우리가 그런 처지에 있었더라면, 대개 우리는 그 사건을 사소한 일의 중요성에 대해 설교하는 좋은 기회로 삼았을 것입니다. 우리는 도끼를 자루에 단단히 붙들어 매야 하는 일의 중요성 등에 대해 강조했을 것입니다. 아무도 "그 도끼가 수면에 떠오르게 하자"고 말하지 않았을 것입니다. 그러나 엘리사는 바로 그렇게 말했고 이어 도끼가 수면에 떠오르는 기적 중의 기적이 일어났습니다(6:6-7).

요즈음 그리스도인의 삶을 보면 우리는 즉각적으로 하나님을 의지하는 믿음을 많이 상실한 것 같습니다. 모든 각도에서 철저히 재보고 모든 것을 계산해 보려고 합니다. 물론, 하나님께서는 우리에게 임의대로 쓰라고 이미 맡겨 주신 자원들을 우리가 적극 활용할 것을 기대하십니다. 우리는 문제가 생길 때마다 기적의 해결책만을 찾아다녀서도 안 됩니다. 그러나 우리는 마치 이 세상 사람들이 가진 것 이상의 다른 자원은 우리에게 없는 것처럼 하나님을 잊어서도 안 됩니다. 엘리사는 그런 식으로 생각하거나 행동하지 않았습니다. 여호수아도 그렇지 않았습니다. 그들은 하나님께서 믿음에 응답하여 기이한 일도 하신다는 것을 알았습니다(예레미야 33:3 참조).

하나님의 방법은 사람이다

소문은 삽시간에 퍼졌습니다. "이럴 수가 있나. 이제 막 사막에서 나온 그 백성이 중부와 남부의 가나안 족속들을 깨끗이 쓸어버렸다니." 가나안 북부 지방 종족들은 적이 염려가 되었습니다.

"하솔 왕 야빈이 이 소식을 듣고 마돈 왕 요밥과 시므론 왕과 악삽 왕과 및 북방 산지와 긴네롯 남편 아라바와 평지와 서방 돌의 높은 곳에 있는 왕들과 동서편 가나안 사람과 아모리 사람과 헷 사람과 브리스 사람과 산지의 여부스 사람과 미스바 땅 헤르몬산 아래 히위 사람들에게 사람을 보내매 그들이 그 모든 군대를 거느리고 나왔으니, 민중이 많아 해변의 수다한 모래 같고 말과 병거도 심히 많았으며, 이 왕들이 모여 나아와서 이스라엘과 싸우려고 메롬 물가에 함께 진쳤더라"(여호수아 11:1-5).

이처럼 북방 족속들이 연합했는데, 여기서 우리는 다시 한 번 하나님의 대적들의 협력 모습을 보게 됩니다. 하나님께서는 다시 그의 백성들에게 격려의 메시지를 보내 주셨습니다.

"그들을 인하여 두려워 말라. 내일 이맘때에 내가 그들을 이스라엘 앞에 붙여 몰살시키리니 너는 그들의 말 뒷발의 힘줄을 끊고 불로 그 병거를 사르라"(여호수아 11:6). 여호수아의 최대 강점 중 하나가 담대함이었는데도 하나님께서는 수시로 그를 격려하실 필요가 있었다는 점을 기억하십시오. 여호와께서 그 군대를 통해 어떤 일을 하실 것인가가 재차 강조되었습니다.

"여호와께서 그들을 이스라엘의 손에 붙이신 고로 그들을 격파하고"(11:8). 이스라엘이 싸웠지만 승리를 주신 분은 하나님이셨습니다. "저희가 자기 칼로 땅을 얻어 차지함이 아니요 저희 팔이 저희를 구원함도 아니라. 오직 주의 오른손과 팔과 얼굴의 빛으로 하셨으니 주께서 저희를 기뻐하신 연고니이다"(시편 44:3). 하나님께서 그들에게 승리를 주셨지만 그 기사를 읽어 보면 그들이 아침부터 저녁 늦게까지 싸움을 계속했던 것을 알 수 있습니다.

이것은 계속적으로 나타나고 있는 전형적인 패턴입니다. 끊임없이 전투가 있었지만 전투마다 승리를 가져다준 것은 그들의 칼이 아니라 하나님의 힘이었습니다. 우리가 그 원리를 이해한다면, 그건 우리가 하나님께서 의도하고 계시는 교훈들을 배우며 성장하고 있다는 증거가 됩니다. 하나님의 방법은 사람을 쓰시는 것임을 이해해야 합니다. 일반적으로, 하나님께서 이 땅 위에서 무언가 일을 이루고자 하실 때 우리를 사용하십니다. 메롬 물가의 전투에서 하신 일도 바로 이것이었습니다.

이 형식은 구약에서 자주 되풀이되고 있습니다. "아호아 사람 도대의 아들 엘르아살이니… 싸움을 돋우고 저가 나가서 손이 피곤하여 칼에 붙기까지 블레셋 사람을 치니라. 그날에 여호와께서 크게 이기게 하셨으므로"(사무엘하 23:9-10). 호미나 망치 자루가 손에 달라붙어 떨어지지 않을 정도로 오랫동안 일해 본 적이 있습니까? 엘르아살이 바로 그렇게 했습니다. 그는 나중에 칼을 놓을 수가 없었습니다. 싸움이 끝나고, 엘르아살이 하도 오랫동안 칼을 쥐고 있었서 손을 펼 수 없을 정도였는데, 사무엘하를 기록한 사람은 "그날에 여호와께서 크게 이기게 하셨다"고 말하고 있습니다.

"그 다음은 하랄 사람 아게의 아들 삼마라. 블레셋 사람이 떼를 지어 녹두나무가 가득한 밭에 모이매… 블레셋 사람을 친지라, 여호와께서 큰 구원을 이루시니라"(23:11-12). 하나님께서 큰 승리를 이루시되, 삼마라는 사람 없이 하지 않으셨습니다. 이 사건에서 삼마는 하나님께서 사용하신 도구였습니다.

여러분의 교회와 직장 안에서도 이 사실을 기억하십시오. 우리 그리스도인들은 하나님께서 그의 목적들을 성취하시기 위해 쓰시는 도구입니다. 일을 하시는 분은 하나님이시지만, 그분은 우리를 사용하여 그 일을 하시는 것입니다(로마서 15:18 참조).

삼마와 엘르아살도 처음에는 다른 많은 사람들과 함께 힘이 빠지고 좌절 가운데서 다윗에게로 온 사람들이었다는 사실을 유의해 보면 격려가 됩니다. "환난당한 모든 자와 빚진

자와 마음이 원통한 자가 다 그에게로 모였고, 그는 그 장관이 되었는데"(사무엘상 22:2). 이들은 온갖 종류의 문젯거리들을 안고 있었던 사람들이었지만, 단 몇 년 안에 다윗의 용감하고 담대하며 굳건한 용사들이 되었습니다. 그들을 사용하셔서 큰 승리를 거두게 하신 하나님은, 지금 당장은 아무리 부적합하다 할지라도 당신을 사용하실 수 있습니다.

한 가지 예를 더 들겠습니다. "이후에 블레셋 사람과 게셀에서 전쟁할 때에 후사 사람 십브개가 장대한 자의 아들 중에 십배를 쳐 죽이매 저희가 항복하였더라. 다시 블레셋 사람과 전쟁할 때에 야일의 아들 엘하난이 가드 사람 골리앗의 아우 라흐미를 죽였는데 이 사람의 창 자루는 베틀채 같았더라. 또 가드에서 전쟁할 때에 그곳에 키 큰 자 하나는 매 손과 매 발에 가락이 여섯씩 모두 스물넷이 있는데 저도 장대한 자의 소생이라. 저가 이스라엘을 능욕하는 고로 다윗의 형 시므아의 아들 요나단이 저를 죽이니라. 가드 장대한 자의 소생이라도 다윗의 손과 그 신복의 손에 다 죽었더라"(역대상 20:4-8).

사울이 왕이었을 때에는 그 군대 중에 장대한 거인을 죽인 자가 몇이나 있었습니까? 아무도 없었습니다. 왜 그랬을까요? 사울 자신이 거인들을 두려워했기 때문이었습니다. 그는 장대한 자를 죽인 적이 없었습니다. 그러다가 다윗이 왕이 되었습니다. 이제 그의 군대 안에는 장대한 자를 죽인 용사가 얼마나 있었습니까? 얼마든지 있었습니다. 이스라엘은 이런 용사들로 가득했습니다. 왜 그랬을까요? 그것은 다름 아니라 장대한 자를 죽인 다윗이 지도자로 있었기 때문입니다.

여기서 요점은 명장이 명장을 만든다는 것입니다. 장대한 자를 무찌르는 용사를 길러 내는 데는 장대한 자를 무찌르는 용사가 필요했습니다. 지상사명(신약에는 다섯 군데에 기록됨)이 언제나 제자들에게 주어진 이유가 바로 여기에 있습니다. 명장이 명장을 만들기 때문입니다. 제자를 삼는 데는 제자가 필요합니다.

하나님께서는 진리를 가르치기 위해 거짓을 사용하는 법이 결코 없습니다. 그는 다른 한 사람의 견고한 기도 생활을 계발시켜 주는 데 게으르고 보잘것없는 기도 생활을 하고 있는 사람을 쓰시지는 않습니다. 명장만이 명장을 만들 수 있습니다. 그러나 승리는 하나님 한 분만이 주실 수 있습니다.

마지막 전투가 가장 힘들다

이스라엘 자손들이 약속의 땅을 정복하며 전쟁을 수행하는 동안 마음속에는 한 가지 생각이 자리 잡고 있었습니다. '우리는 아직도 아낙 자손들과 맞서야 해.' 여리고, 아이, 남부의 열왕과 북부의 열왕들은 모두 정복되었습니다. 그러나 그중 가장 난폭하고, 가장 장대하며, 가장 거칠고, 가장 강인한 아낙 자손들이 남아 있었습니다. 그들은 10명의 비관적인 정탐꾼들이 보고한 바 있는 장대한 족속이었습니다. "그러나 그 땅 거민은 강하고 성읍은 견고하고 심히 클 뿐 아니라 거기서 아낙 자손을 보았으며"(민수기 13:28).

마지막 전투란 언제나 가장 힘듭니다. 인생길을 오래 걷다 보면 차츰 노년의 징후가 나타나기 시작합니다. 뼈마디가 쑤시기 시작하고, 쉽게 피곤해지기 시작합니다. 휠체어, 고독감, 허약함, 쓸모없다는 생각, 양로원, 냉대받는 느낌, 청각 상실, 시각 상실, 특별한 섭생, 지팡이, 목발 등이 우리를 기다립니다. 이런 것들이 우리의 마지막 싸움이 될 것이며 극히 힘든 싸움이 될 것입니다. 앞을 내다보면 이 두려운 적들이 기다리고 있는 것을 볼 수 있습니다.

그러나 인생의 초기에 싸워 승리하는 법을 배운 사람은 마지막 싸움에서도 승리하게 될 것입니다. 이스라엘이 막상 그들 조상들도 그처럼 두려워하던 아낙 사람을 만났을 때 어떤 일이 일어났습니까? "그때에 여호수아가 가서 산지와 헤브론과 드빌과 아납과 유다 온 산지와 이스라엘의 온 산지에서 아낙 사람을 멸절하고, 그가 또 그 성읍들을 진멸하였으므로"(여호수아 11:21).

여호수아의 개인적인 삶은 노년에도 능력과 승리의 삶이었습니다. 생애가 끝나 갈 무렵, 약속의 땅을 정복하여 이스라엘 각 지파에 배분한 후에까지도 여호수아는 여전히 전과 마찬가지로 하나님을 의지하는 믿음과 담대함의 사람이었습니다. 고별 연설에서 그는 이렇게 말했습니다. "나는 나이 많아 늙었도다. 너희 하나님 여호와께서 너희를 위하여 이 모든 나라에 행하신 일을 너희가 다 보았거니와 너희 하나님 여호와 그는 너희를 위하여 싸우신 자시니라"(여호수아 23:2-3).

여호수아는 지나온 길을 돌아보고 하나님의 신실하심을 상기시켰습니다. 하나님께서 이스라엘 백성을 인도하셨고, 그들을 먹이셨으며, 그들을 위해 싸우셨습니다. 여호수아는 하나님께서 그들의 마지막 전투에서도 처음 전투에서와 마찬가지로 여전히 그들을 저버리지 않으실 것을 알았습니다. 하나님은 신실하시기 때문에 우리는 그를 의지할 수 있습니다. 그는 모든 싸움에서 우리와 함께하십니다.

연구 주제

1. 군사 작전 시 여호수아의 전략(여호수아).
2. 하나님을 대적하는 자들의 연합과 그리스도인들의 연합의 능력 비교.
3. 영적 전쟁의 무기: 성경 말씀, 믿음, 하나님을 의지함.
4. 하나님의 계획에서 사람의 중요성(주제별 공부).
5. 제자의 도(道)와 제자삼는 사역.
6. 영적 전쟁을 위한 우리의 전신갑주(에베소서 6:10-20).

적용:

이 장에서 가르쳐 주는 중요한 교훈은 무엇인가? 나는 이 교훈들을 나 자신의 삶에 어떻게 적용할 수 있는가?

11

수많은 기적들
사사 시대의 전투들

관련 구절: 사사기 1-8장.

사사기는 다소 산발적이기는 하나 그리스도인의 승리의 삶에 관련된 매우 중요한 진리들을 담고 있는 풍부한 자료의 보고입니다. 사사기 전체의 대표적인 유형이 되는 구절은 이것입니다. "이스라엘 자손이 또 여호와의 목전에 악을 행하니라. 이스라엘 자손이 여호와의 목전에 악을 행하므로 여호와께서 모압 왕 에글론을 강성케 하사 그들을 대적하게 하시매"(사사기 3:12). 이 유형은 사사기에 반복되어 나타나고 있습니다. 이스라엘이 영적으로 타락하면 그 징벌로 주변 민족들의 압제를 받곤 했습니다. 그러면 이스라엘 백성들은 회개하며 하나님께 부르짖고, 하나님께서는 사사나 다른 지도자를 세워 그들을 회복시키곤 하셨습니다. 그 뒤 얼마간 평화로운 시대가 이어지다가 이 같은 일이 다시 되풀이되곤

했습니다. 옷니엘의 지도하에서 이스라엘은 오랫동안 평화를 누렸습니다. 그러다가 "그 땅이 태평한 지 사십 년에 그나스의 아들 옷니엘이 죽었습니다"(사사기 3:11). 옷니엘이 사는 동안 40년의 좋은 시절이 그의 죽음과 함께 끝나고 상황은 금방 악화되었습니다. 왜 그랬을까요? 세 가지 이유가 있습니다. 그 첫째는 인간의 타락한 성품 속에 잠재해 있는 이상한 힘 때문입니다. 우리는 빗나가려는 경향이 있습니다.

나는 총잡이, 보안관, 인디언들이 등장하는 옛 서부 이야기를 읽길 좋아합니다. 언젠가 역마차가 나오는 이야기를 읽었는데, 그 책에는 서부로 가는 마차에 만취한 주정뱅이와 젊은 여교사가 함께 타고 가는 내용이 있었습니다. 얼마쯤 가다가 여교사는 콧노래로 찬송가를 흥얼거리기 시작했는데, 그 가사는 우리의 빗나가기 쉬운 성향을 노래한 것이었습니다. 이에 모자를 푹 눌러쓰고 한참 안절부절 어쩔 줄 몰라 하던 사나이는 모자챙을 추켜올리면서 벌겋게 충혈된 눈으로 그녀를 쳐다보며 말했습니다. "아가씨, 그 콧노래 좀 그만둘 수 없겠소!"

왜 그러느냐고 묻는 그녀에게 사나이는 대답했습니다. "옛날 생각이 너무 많이 나서 그러오. 아가씨, 그 가사는 내가 지은 거라오." 자신이 지은 찬송가 가사 속에 들어 있는 성경 진리로부터 빗나가 방황하는 사람도 있었던 것입니다. 솔직히 우리 모두의 마음속에는 빗나가기 쉬운 성향이 있습니다. 특히 우리가 하나님의 말씀을 소홀히 할 때 더욱 그렇습니다.

둘째, 이스라엘 백성은 그들의 안이한 생활의 해로운 영향 때문에 문제에 빠졌습니다. 그들은 옷니엘의 보호하에서 40년을 지내며 나약해졌습니다. 그들은 걱정이 없고, 방탕하고, 방자하고, 도무지 규율이 없으며, 남을 의지하기만 하는 응석받이가 되어 있었습니다. 안락한 생활은 멀리서 보면 좋아 보여도 그러한 생활을 하는 당사자에게는 극히 해로운 것입니다.

셋째, 옷니엘의 사망 후 이스라엘이 급격히 쇠잔해진 이유는 훌륭한 지도자의 부재에 있었습니다. 옷니엘이 살아 있는 동안은 살기 좋은 세상이었습니다. 그러나 그가 죽자 모든 것이 쓰러졌습니다. 그로부터 여러 세기가 지난 후 예수님께서는 지도자가 없이 목자 없는 양과 같이 방황하는 백성들을 보시고 민망히 여기셨습니다(마태복음 9:36 참조). 예수님은 사람들이 훌륭한 지도자를 얼마나 절실하게 필요로 하고 있는지를 알고 계셨던 것입니다.

드보라와 바락

드보라와 바락은 군대장관 시스라가 지휘하는 야빈 왕의 군대를 무찌르고 이스라엘에 승리를 안겨 준 사람들입니다(사사기 4장 참조). 사사기 5장에 기록된 그들의 승리의 노래에는 다른 몇 지파 사람들은 힘을 합쳐 전투를 하고 있는 동안 다른 행동을 취한 한 지파에 대해 언급한 흥미 있는 내용이 담겨 있습니다. "르우벤 시냇가에 큰 결심이 있었도다. '네가 양의 우리 가운데 앉아서 목자의 저 부는 소리를 들음은 어찜이뇨?' 르우벤 시냇가에서 마음에 크게 살핌이 있도다"(사사기 5:15-16). 하나님의 백성이 큰 전쟁을 치르고 있을 때 르우벤 지파 중에는 마음에 큰 결심과 관심이 있었습니다. 그러나 그들은 끝내 양 우리 가운데 주저앉고 말았습니다. 왜 그랬겠습니까? 양 우리는 싸움터보다 더 따뜻하고 편안하며, 더 안전했기 때문입니다. 그들의 행동은 곤경을 두려워하고 안일을 좋아하며 하나님의 부르심보다 자신의 이익을 더 중요시하고 추구하는 대표적인 예입니다.

선지자 에스겔은 하나님에 의하여 철저히 멸망당한 도시 소돔에 대하여 놀라운 사실을 언급했습니다. 우리는 대개 소돔의 죄라 하면 주로 음란을 생각합니다. 그러나 에스겔은 이렇게 기록했습니다. "네 아우 소돔의 죄악은 이러하니 그와 그 딸들에게 교만함과 식물의 풍족함과 태평함이 있음이며 또 그가 가난하고 궁핍한 자를 도와주지 아니하며"(에스겔 16:49). 쾌락, 자기만족, 탐욕, 게으름으로 비대한 소돔은 궁핍한 사람들을 도우려 하지 않았습니다.

르우벤 지파만이 잘못한 것은 아니었습니다. 이런 기록도 있습니다. "단은 배에 머무름은 어찜이뇨? 아셀은 해변에 앉고 자기 시냇가에 거하도다"(사사기 5:17). 단과 아셀은 모험적 무역에 손대고 있었는데 그들은 동족 이스라엘 백성들과 힘을 합쳐 싸움터로 가는 것보다 이것을 더 중시했습니다.

드보라와 바락의 노래 중에 언급된 또 다른 이색 집단은 메로스 거민들입니다. 성경에 메로스라는 이름은 여기서 단 한 번 나오는데, 그것도 하나님의 저주를 받고 있는 내용입니다. "여호와의 사자의 말씀에, '메로스를 저주하라. 너희가 거듭거듭 그 거민을 저주할 것은 그들이 와서 여호와를 돕지 아니하여 여호와를 도와 용사를 치지 아니함이니라' 하시도다"(5:23). 메로스는 가까이 있어 싸우는 소리를 듣고 그 필요를 알았지만 등을 돌려 버렸던 것입니다.

성경은, "네 손이 선을 베풀 힘이 있거든 마땅히 받을 자에게 베풀기를 아끼지 말며"(잠언 3:27)라고 명하고 있습니다. 하나님께서는 이렇게 하나님의 일이나 궁핍한 사람들의 생활을 돕지 않는 태만이라는 죄를 결코 가벼이 여기지 않으십니다. 하나님은 그 때문에 소돔을 정죄하시고 메로스를 저주하셨습니다. 메로스가 한 일이 무엇입니까? 그는 무엇 때문에 미움을 받았습니까? 그의 끔찍한 죄는 무엇입니까? 메로스는 행하지 아니함으로써 이렇게 말한 셈입니다. "나는 당신에게 관심이 없소. 아무 흥미도 못 느끼오. 당신을 돕고 싶은 마음이 없소."

함께 일하는 사람들은 참으로 같은 마음과 뜻과 정성으로 뭉쳐야 합니다. 신약성경에 영어로 one accord에 해당되는 말(마음을 같이하여, 한마음, 일심으로 등등)이 13번 나오는데 그중 11번이 사도행전에 나옵니다. 신기하게도 사랑(아가페)이라는 말이 사도행전에는 나오지 않는데, 신약의 다른 부분에서는 무려 319회나 나옵니다. 왜 그럴까요? 아마도 사도행전이 사도들의 묵상의 기록이 아니라 행동의 기록이기 때문일 것입니다. 그들의 사랑은 "한마음(one-accord)"으로 하는 행동에 표현되어 있었습니다. 우리의 경우도 그러해야 합니다. 믿는 우리는 한 몸의 지체들로서 상호의존적인 존재들입니다. 우리는 서로를 필요로 합니다.

예수님도 말씀하셨습니다. "너희 중에 두 사람이 땅에서 합심하여 무엇이든지 구하면 하늘에 계신 내 아버지께서 저희를 위하여 이루게 하시리라"(마태복음 18:19). 여기서 "합심하여"라는 말에 해당되는 헬라어는 sumphonia인데 영어의 symphony(교향곡)라는 말이 여기서 나왔습니다. 예수님께서 우리들에게 말씀하고자 하신 것이 무엇입니까? 교향곡에 대해서 잘 아시겠지만, 그것은 모든 연주자가 자기 기분대로 연주하는 것도 아니고, 모두 똑같은 악기로 똑같은 가락을 연주하는 것도 아닙니다. 교향곡은 모든 사람이 정해진 악기를 각자 연주하되 다른 사람들과 화음을 맞추어 연주하는 것입니다. 전체 소리가 조화 있게 나오려면 함께 수고해야 하는 것입니다.

사도행전에서 사도들은 합심하고 한마음과 한뜻을 가졌습니다. 복음서도 교향곡과 같은 개념을 강조하고 있습니다. 사도 바울은 몸의 예를 들어 그 개념을 설명하고 있습니다(고린도전서 12장 참조). 이 모든 것에서 보여 주는 것은 그리스도인들이 함께 일해야 한다는 것입니다. 모든 영적 은사를 다 가진 사람은 아무도 없습니다. 예수님만이 모든 은사를 가지신 유일한 분이십니다. 우리는 다 온전해지기 위해서는 서로를 필요로 하는 사람들입니다. 자기 백성들이 하나 되어 함께 일하는 곳에, 하나님께서는 분쟁과 쟁투와 개인주의가 있는 곳에서는 결코 나타나지 않는 방법으로 크신 능력을 베풀어 주십니다.

우리는 앞장에서 어떻게 세상 세력이 종종 그리스도를 대적하여 연합하며, 서로 나뉜 그리스도인들에게 수치를 안겨 주는지 살펴보았습니다. 연합에는 능력이 있습니다. 비록 경건치 못한 사람들의 연합이라도 그렇습니다. "여호와께서 가라사대, '이 무리가 한 족속이요 언어도 하나이므로 이같이 시작하였으니 이후로는 그 경영하는 일을 금지할 수 없으리로다"(창세기 11:6). 하나님께서는 무엇을 주시고 계셨습니까? 경건하고 의로운 뜻을 가진 사람들이었습니까? 아닙니다. 그는 바벨탑을 쌓고 있는 사람들을 보고 계셨습니다. 한마음으로 뭉친 사람들에게는 경건치 못하고 불의한 것에서 조차도 불가능한 일이 거의 없습니다.

그리스도인들이 참으로 연합한다면, 우리들 가운데서 놀라운 일들이 이루어지는 것을 볼 것입니다. 그러나 그것은 각자의 올바른 마음과 태도에서 시작되어야 합니다. 우리는 자신의 유익과 마찬가지로 다른 사람의 유익도 돌봐야 합니다. 뭔가 도움을 필요로 하는 사람이 있는데도 불구하고 르우벤처럼 양 우리 가운데 그냥 주저앉아 있어서는 안 됩니다.

우리는 단과 아셀처럼 자신의 일에만 신경을 써서도 안 됩니다. 또 메로스처럼 필요와 궁핍을 보고도 눈을 돌려 모른 척하지 말아야 합니다.

"메로스를 저주하라… 그들이 와서 여호와를 돕지… 아니함이니라"(사사기 5:23). 실수하지 마십시오. 하나님의 사람들을 돕는 데 실패하는 것은 여호와 하나님을 돕는 데 실패하는 것입니다. 하나님께서 보시는 관점은 바로 그것입니다.

기드온

드보라와 바락이 야빈을 무찌르고 그 땅이 40년 동안 태평하다가 미디안 사람들이 이스라엘을 괴롭히기 시작했습니다. "이는 그들이 그 짐승과 장막을 가지고 올라와서 메뚜기 떼같이 들어오니… 그들이 그 땅에 들어와 멸하려 하니"(사사기 6:5). 적이 그 땅을 멸하러 왔습니다.

사도 베드로는 경고합니다. "근신하라. 깨어라. 너희 대적 마귀가 우는 사자같이 두루 다니며 삼킬 자를 찾나니"(베드로전서 5:8). 우리의 대적에 대해 이 점을 기억하는 것은 중요합니다. 그는 두루 다니면서 단지 물어뜯을 사람을 찾는 것이 아닙니다. 단지 괴롭히려고 그러는 것도 아닙니다. 그는 당신의 생명을 멸하고 당신을 죽이려고 두루 다니는 것입니다.

미디안의 압박은 하나님의 백성에게 두 가지 재난을 안겨 주었습니다. 첫째, 그들은 구멍과 굴에서 살기 시작했습니다 (사사기 6:2 참조). 이것은 사실상 자기 땅에서 옥살이하는 격이었습니다. 물론 이것은 하나님의 백성으로서 살아야 하는 삶과는 전혀 다른 모습이었습니다. "그러므로 아들이 너희를 자유케 하면 너희가 참으로 자유하리라"(요한복음 8:36). 비록 그러한 자유가 그리스도인의 기본적인 생득권이라 할지라도, 하나님과의 교제 가운데 거하지 않을 때는 자신의 정욕과 약함으로 말미암아 함정에 빠질 수 있습니다.

그렇게 되면 그는 하나님의 자녀로서의 또 다른 생득권, 즉 그의 모든 필요에 따른 공급을 누릴 수 없게 됩니다. "나의 하나님이 그리스도 예수 안에서 영광 가운데 그 풍성한 대로 너희 모든 쓸 것을 채우시리라"(빌립보서 4:19). 따라서 이스라엘에 닥친 둘째 재난이란 극심한 빈곤이었습니다. "이스라엘이 미디안을 인하여 미약함이 심한지라"(사사기 6:6). 죄에 눌린 그리스도인들이 회개하고 하나님께로 돌이키지 않을 때, 빈곤 즉 육신적 자원의 빈곤은 아닐지라도 영혼의 빈곤에 빠지게 됩니다.

자기 백성을 곤경으로부터 구하기 위해 하나님께서는 분별력 있고 근면한 기드온을 세우셨습니다. 하나님께서 그에게 나타나신 것은 그가 미디안 사람들의 눈을 피하여 포도주 틀에서 혼자 밀을 타작하고 있을 때였습니다.

자기 집 종들에게 그 일을 시킬 수도 있었을 텐데 그는 혼자 일하고 있었습니다. 그는 흔히 하는 대로 타작 틀을 쓰지 않았습니다. 팔레스타인 지방을 여행해 보면 이런 타작 틀을 흔히 볼 수 있습니다. 이 타작 틀이란 별게 아니고 넓은 들판에 나와 있는 평평한 바위 덩어리에 불과한 것이었습니다. 기드온은 쉽게 적의 눈에 띌 수도 있었을 것입니다. 그러나 포도 수확기가 아니어서 아무도 그가 포도주 틀에 있으리라고 생각하지 못했습니다. 기드온은 머리를 썼던 것입니다.

예수님께서도 부지런히 일하는 것을 칭찬하셨고 이런 특성이 있는 사람들을 제자로 부르셨습니다. 그는 늘 붙어 다니며 함께하는 몇 안 되는 제자들 가운데 게으른 자가 있는 것을 원치 않으셨습니다. 그는 그물을 고치며 일하고 있던 사람들, 즉 자기가 맡은 일을 열심히 할 줄 아는 사람들을 부르셨습니다. 똑같은 원리가 오늘날 우리에게도 적용됩니다. 하나님께서는 일할 줄 아는 사람들을 택하십니다.

이런 좋은 특성이 있었지만 기드온에게는 믿음이 없었습니다. 하나님께서 하신 말씀을 그는 모두 의심했습니다. "큰 용사여, 여호와께서 너와 함께 계시도다" 하고 말씀하시는 하나님께, 그는, "나의 주여, 여호와께서 우리와 함께 계시면 어찌하여 이 모든 일이 우리에게 미쳤나이까? 또 우리 열조가 일찍 우리에게 이르기를 '여호와께서 우리를 애굽에서 나오게 하신 것이 아니냐?' 한 그 모든 이적이 어디 있나이까? 이제 여호와께서 우리를 버리사 미디안의 손에 붙이셨나이다"(6:13) 하고 대답했습니다. 물론, 사실은 하나님께서 그들을 버리신 것이 아니라, 그들이 하나님을 버렸던 것입니다.

다음에 또 하나님께서 기드온에게 말씀하셨습니다. "너는 이 네 힘을 의지하고 가서 이스라엘을 미디안의 손에서 구원하라. 내가 너를 보낸 것이 아니냐?"(6:14). 그러나 기드온은 거절했습니다. 그는 주장했습니다. "주여, 내가 무엇으로 이스라엘을 구원하리이까? 보소서. 나의 집은 므낫세 중에 극히 약하고 나는 내 아비 집에서 제일 작은 자니이다"(6:15). 기드온은 자신이 그 일에 합당한 사람인 것을 믿지 않았습니다.

우리들도 기드온과 같은 반응을 나타내기가 대단히 쉽습니다. 종종 우리는 가서 어떤 일을 하라는 하나님의 명령을 받을 때 즉각적으로 나타내는 반응이, "오 주님, 사람을 잘못 택하셨습니다" 하는 식인 때가 많습니다. 기드온처럼, 우리는 왜 그 일에 자기가 합당치 못한지 여러 이유를 늘어놓기 시작합니다.

그러나 하나님께서는 기드온에게 "내가 반드시 너와 함께 하리니 네가 미디안 사람 치기를 한 사람을 치듯 하리라"(6:16)고 말씀하셨습니다. 그의 변명은 모두 온당치 못했습니다. 중요한 사실은 하나님이 그와 함께하시리라는 것이었습니다. 예수님께서는 제자들에게 지상사명을 주실 때 "내가 세상 끝 날까지 너희와 항상 함께 있으리라"(마태복음 28:20)고 말씀하셨습니다. 우리는 하나님의 부르심에 순종하여 어떤 일을 하고자 할 때마다 하나님께서 함께하시며 능력 주실 것을 믿을 수 있습니다.

예레미야도 기드온과 비슷한 경험이 있었습니다. 하나님께서 그를 부르셔서 "내가… 너를 열방의 선지자로 세웠노라"(예레미야 1:5)고 말씀하셨을 때 예레미야는 이에 반대했습니다. "슬프도소이다, 주 여호와여. 보소서. 나는 아이라 말할 줄을 알지 못하나이다"(1:6). 이에 하나님은 어떻게 대답하셨습니까? "너는 그들을 인하여 두려워 말라. 내가 너와 함께하여 너를 구원하리라"(1:8).

이런 비슷한 일들이 성경 전반에 걸쳐 자주 반복되고 있습니다. 하나님께서 누군가를 불러 어떤 일을 맡기면 그는 변명들을 늘어놓기 시작하는데, 그러면 하나님께서, "보아라. 네가 꼭 한 가지 기억해야 할 것은 내가 이 일에 너와 함께한다는 사실이다. 나를 믿고 내 힘을 믿으라. 내가 그곳에 있으리라"고 대답하시는 것입니다.

그래도 하나님께서 함께하시는 것을 의심한 기드온은 표징을 구하였고 하나님께서는 즉각 응하셨습니다. 믿지 않을 수 없게 된 기드온은 그제야 자기가 여호와의 사자를 대면한 줄 깨닫고 외쳤습니다. "슬프도소이다, 주 여호와여!"(사사기 6:22). 하지만 하나님께로부터 더욱 격려를 받고 기드온은 순종할 준비가 되었습니다.

하나님께서는 이스라엘을 미디안으로부터 구해 내는 주된 사명을 맡기기 전에 몇 가지 할 일을 기드온에게 주셨습니다. "바알의 단을 헐며… 네 하나님 여호와를 위하여 규례대로 한 단을 쌓고"(6:25-26). 이 일을 하는 데는 두 단계가 필요했습니다. 첫째는 바알의 단을 없애는 것이었습니다. 이교의 단을 하나님을 예배하는 단으로 돌릴 수는 없었습니다. 둘째 단계는, 하나님께 예배드리는 데 필요한 수단을 마련하는 것이었습니다.

비록 은밀하게 하기는 했지만 기드온은 여호와의 말씀에 순종하였습니다. "이에 기드온이 종 열을 데리고 여호와의 말씀하신 대로 행하되, 아비의 가족과 그 성읍 사람들을 두려워하므로 이 일을 감히 백주에 행하지 못하고 밤에 행하니라. 성읍 사람들이 아침에 일찍이 일어나 본즉 바알의 단이 훼파되었으며…"(6:27-28). 이 우상 숭배자들을 볼 때 우리는 그리스도인으로서 부끄러움을 느낍니다. 왜냐하면 그들은 아침 일찍 일어나 그들의 제단으로 나아갔던 것입니다. 그리스도인들이 흔히 하는 변명이 이것입니다. "저는 기도할 시간이 없어요." 그러나 바알 숭배자들은 아침 일찍 제단에 나아갔습니다.

어느 회교 국가를 여행하든지 아침 일찍 기도 시간을 알리는 외침 소리를 들을 수 있습니다. 그런데 그리스도인들에게는 온갖 변명이 다 있습니다. "글쎄요, 당신은 아침에 잠자리를 뛰쳐나오는 것이 얼마나 어려운지 모를 겁니다." 아마도 우리는 회교 국가에서 하듯이 아침에 잠자리에서 일어나도록 창가에서 소리치며 깨워 주는 사람이 필요한지도 모르겠습니다. 하지만 우리에게는 그런 제도가 없으므로 각자가 스스로 해결해야 합니다. 그것은 자신을 훈련시켜 해결할 문제이며, 성령 충만한 삶과 연관되어 있습니다. "오직 성령의 열매는… 절제니"(갈라디아서 5:22-23).

기드온은 하나님께 순종하여 바알의 단을 부수어 버리고 여호와의 단을 세우는 일차적인 일은 해냈지만 아직도 여전히 심각한 의심을 안고 있었습니다. "기드온이 하나님께 여짜오되, '주께서 이미 말씀하심같이 내 손으로 이스라엘을 구원하려 하시거든, 보소서, 내가 양털 한 뭉치를 타작마당에 두리니 이슬이 양털에만 있고 사면 땅은 마르면 주께서 이미 말씀하심같이 내 손으로 이스라엘을 구원하실 줄 내가 알겠나이다' 하였더니, 그대로 된지라. 이튿날 기드온이 일찍이 일어나서 양털을 취하여 이슬을 짜니 물이 그릇에 가득하더라. 기드온이 또 하나님께 여짜오되, '주여, 내게 진노하지 마옵소서. 내가 이번만 말하리이다. 구하옵나니 나로 다시 한 번 양털로 시험하게 하소서. 양털만 마르고 사면 땅에는 다 이슬이 있게 하옵소서' 하였더니, 이 밤에 하나님이 그대로 행하시니 곧 양털만 마르고 사면 땅에는 다 이슬이 있었더라"(사사기 6: 36-40).

하나님께서는 기드온의 약한 믿음을 굳게 하기 위해 모든 방법을 다 쓰셨으며, 이런 특별한 이적까지 보이셨습니다. 때때로 우리가 그리스도인으로서 겪는 여러 문제들은 우리가 그 배경을 살펴보면 하나님께서 우리 믿음을 강하게 하기 위해 계획하신 것들임을 알 수 있습니다.

어느 해 여름 나는 마드리드에 가서 그곳 시간대에 적응하려고 노력하며 처음 몇 날을 보낸 적이 있습니다. 어느 날 새벽 1시쯤에 눈이 떠졌습니다. (나는 이것을 해결하려고 노력 중이었습니다.) 일어난 김에 경건의 시간을 가지려고 마음먹었습니다. 그때 마가복음 9장을 열어서 귀신 들려 고통을 겪고 있는 아이에 관한 부분을 읽었습니다. 아이의 아버지가 예수님께 "그러나 무엇을 하실 수 있거든 우리를 불쌍히 여기사 도와주옵소서"라고 간청하자 예수님은 이렇게 대답하셨습니다. "믿는 자에게는 능치 못할 일이 없느니라"(9:22-23). 여기서 아이의 아버지나 예수님은 다같이 조건을 제시하는 말을 했습니다. "하실 수 있거든, 믿는 자(라면)." 그러나 한 가지 다른 것은 아이의 아버지는 "무엇을 할 수 있거든"이라고 말했지만 예수님은 "모든 것을 다 할 수 있다"고 말씀하신 것입니다. 예수님은 우리가 믿기만 하면 우리의 모든 필요를 능히 다 채워 주실 수 있는 분이십니다.

기드온의 문제 역시 하나님께 있지 않았습니다. 그의 문제는 자신의 믿음 부족이었는데, 이것은 하나님께서 채워 주기를 즐겨 하시는 것이었습니다. 기드온은 다가올 전투에 대비하여 큰 믿음이 필요했습니다. 그것은 하나님께서 그 전투를 이끌어 가실 방식이 그러한 믿음을 요구했기 때문입니다. 하나님께서는 목표를 분명히 하고자 하셨습니다. 하나님의 목표는 단지 백성들에게 그들의 빼앗긴 농토나 찾아 주는 데 있지 않았습니다. 백성들을 죄로부터 구원하기를 원하셨습니다. 백성들에게 하나님을 의뢰하고 순종하도록 가르쳐 주기 위해서는 미디안 사람들을 어떤 방법을 사용하여 이기느냐 하는 것이 매우 중요했습니다.

"여호와께서 기드온에게 이르시되, '너를 좇은 백성이 너무 많은즉 내가 그들의 손에 미디안 사람을 붙이지 아니하리니, 이는 이스라엘이 나를 거스려 자긍하기를, "내 손이 나를 구원하였다" 할까 함이니라. 이제 너는 백성의 귀에 고하여 이르기를 "누구든지 두려워서 떠는 자여든 길르앗산에서 떠나 돌아가라" 하라' 하시니, 이에 돌아간 백성이 이만 이천 명이요, 남은 자가 일만 명이었더라"(사사기 7:2-3).

기드온의 군사 이만 이천 명은 왜 싸우길 두려워했습니까? 믿음이 부족했기 때문이었습니다. 믿음의 반대는 의심이 아니라 두려움입니다.

기드온의 군사가 10,000명으로 줄었는데도 하나님께서는 "백성이 아직도 많다"(7:4)고 말씀하셨습니다. 기드온을 따르는 부하들의 숫자를 줄이기 위해 하나님께서 주신 시험 방법은 그들이 물을 어떻게 마시는지 살피기만 하면 되는 간단한 것이었습니다. 하나님께서는 싸움을 염두에 두고 있는 사람들을 찾고 계셨습니다. 물가에 이르자, 대부분의 부하들이 무릎을 땅에 대고 직접 입을 물에 대고 마음껏 마셨습니다. 그러나 그중 삼백 명은 손으로 물을 움켜 입에 대고 핥으면서 동시에 눈을 크게 뜨고 경계 태세를 취했습니다. 운동선수로 뛰어 본 적이 있는 사람은 이것을 이해할 것입니다. 물을 잔뜩 마시고 나서 뛰어 본 적이 있습니까? 그런 상태에서 어떤 기록을 낼 수 있겠습니까? 목마른 것은 다 마찬가지였지만, 임박한 전투에 마음을 두고 있는 사람은 극히 적었다는 것을 기억해야 합니다. 그들 대부분은 자신의 안락과 만족에 마음을 두고 있었던 것입니다. 하나님께서 말씀하셨습니다. "이들 삼백 명만 남기고 나머지는 돌려보내라."

요점은 이렇습니다. 세상에는 세 부류의 사람들이 있습니다. 그리스도가 아무 의미도 없는 부류의 사람들이 있습니다. 이 세상에는 이런 사람들이 대단히 많습니다. 또 그리스도가 어느 정도의 의미가 있는 사람들도 있습니다. 교회 내에는 예수님께 대하여 그런 태도를 가지고 있는 사람들이 많이 있습니다. 마지막으로, 예수 그리스도가 모든 것이 되시는 부류의 사람들이 있습니다. 하나님께서는 언제나 이 땅 위에서 자신의 목적을 이루고자 하실 때 이 부류의 작은 무리를 사용하십니다. 이것이 기드온에 관한 이야기의 요점입니다.

기드온의 믿음이 다시 한 번 확고해지자 싸움은 시작되었습니다. 의례적인 방법이 아니라 나팔 소리와 깨진 항아리에서 나오는 횃불 빛을 통하여 승리를 쟁취하였습니다. 상상이 됩니까? 기드온과 그의 용사들은 이전에 사용해서 성공을 거두었던 전략들을 그대로 모방하지 않았습니다. 그들은 적의 성채 주위를 돌지도 않았으며, 기도하는 지도자의 손을 떠받치지도 않았습니다. 또한 가만히 멈추어 서서 여호와의 구원하심을 보거나, 복병을 배치하지도 않았습니다. 만능의 전술은 없었습니다. 그들이 치른 전투마다 작전은 서로 달랐습니다.

사사기 8:1 뒤의 여백에 너희가 그것도 몰랐더냐!라는 말을 써넣으면 실감이 더 날 것입니다. "에브라임 사람들이 기드온에게 이르되, '네가 미디안과 싸우러 갈 때에 우리를 부르지 아니하였으니, 우리를 이같이 대접함은 어찜이뇨?' 하고 크게 다투는지라." 너희가 그것도 몰랐더냐! 승리를 거두자마자 이스라엘 자손들 사이에 싸울 조짐이 보였습니다. 기드온의 동족들이 그와 싸우려고 했습니다. "왜 우리를 부르지 않은 거냐?" 요컨대 이 말은 "우리도 그 영광을 좀 차지할 수 있었을 텐데, 왜 너는 그걸 온통 네 혼자 차지하려 했느냐?"는 불평인 것입니다.

기드온의 대답은 후일 솔로몬이 말한 잠언을 예견한 듯한 것이었습니다. "유순한 대답은 분노를 쉬게 하여도 과격한 말은 노를 격동하느니라"(잠언 15:1). 기드온은 이렇게 말했던 것입니다. "나의 이제 행한 일이 너희의 한 것에 비교되겠느냐? 에브라임의 끝물 포도가 아비에셀의 맏물 포도보다 낫지 아니하냐? 하나님이 미디안 방백 오렙과 스엡을 너희 손에 붙이셨으니 나의 한 일이 어찌 능히 너희의 한 것에 비교되겠느냐?"(사사기 8:2-3). 기드온처럼 대답하기란 쉽지 않습니다. 우리는 하나님의 뜻을 성취시키기 위해 최선을 다하고 우리의 가진 모든 것을 다 그 일에 드렸는데 누군가가 와서는 부당하게 우리를 비난하면서 따지고 들 때, 성경적 태도를 취하며 예수님처럼 행동하기란 쉽지 않은 것입니다. 반격을 가하기가 쉬운 법입니다.

그러나 기드온은 온유하게 답변했고 그 결과는 만족스러웠습니다. "기드온이 이 말을 하매 그들의 노가 풀리니라"(8:3). 모든 그리스도인 지도자들은 기드온의 모범을 배울 필요가 있습니다. "마땅히 주의 종은 다투지 아니하고 모든 사람을 대하여 온유하며 가르치기를 잘하며 참으며 거역하는 자를 온유함으로 징계할지니, 혹 하나님이 저희에게 회개함을 주사 진리를 알게 하실까 하며"(디모데후서 2:24-25).

그렇습니다. 어떤 싸움은 딱딱한 무기보다는 부드러운 말로 잘 이길 수 있는 것입니다.

연구 주제

1. 사사기에 나타난 순환-범죄, 징벌, 도우심을 구하여 부르짖음 (회개), 회복, 안정-에 대한 개선책.
2. 사사들이 하나님께 쓰임받게 된 특성들.
3. 참여와 비참여(주제별 공부).
4. 신약에서의 몸의 개념-왜 그리스도인들은 서로를 필요로 하는가?

5. 영적 싸움에 있어서 믿음의 위치(주제별 공부).
6. "부드러운 말"의 사용과 정면 대결의 비교.

적용:

나는 이 장과 사사기에서 어떤 교훈을 배웠는가? 이 교훈들 중 몇 가지를 어떻게 나의 삶에 실제로 적용할 수 있을까를 적어 보자.

12

곤경에서 눈을 돌려라
사무엘과 왕정 시대의 전쟁들

관련 구절: 사무엘상 4-7장, 10-17장, 사무엘하 5장,
열왕기하 18-19장, 역대하 20장

사 시대 후반은 이스라엘 역사에서 중추적인 위치를 차지하고 있습니다. 하나님이 다스리시는 이 나라는 이제 다양한 사사들의 지역적 통치로부터 중앙집권화된 왕정 통치로 옮아가게 됩니다. 이 시대를 연구할 때에는 사사기와 사무엘상 사이에 연대적으로 중복되는 부분이 있다는 점을 기억해야 합니다. 사무엘의 사역의 무대는 "이스라엘 자손이 다시 여호와의 목전에 악을 행하였으므로 여호와께서 그들을 사십 년 동안 블레셋 사람의 손에 붙이시니라"(사사기 13:1)고 기록된 당시를 출발점으로 하고 있습니다.

사무엘

사무엘은 구약에 나오는 가장 위대한 인물 중 하나입니다. 마지막 사사였던 그는 또한 선지자였으며, 이스라엘 처음 두 왕인 사울과 다윗에게 기름을 부은 제사장이기도 했습니다. 그는 이스라엘이 블레셋의 40년 압제를 받는 기간 중에 성장했습니다.

약 20년의 압제를 받고 난 후부터 이스라엘은 잔인한 압제자들의 멍에를 꺾으려는 노력을 시작했습니다. "이스라엘은 나가서 블레셋 사람과 싸우려고 에벤에셀 곁에 진 치고 블레셋 사람은 아벡에 진 쳤더니 이스라엘을 대하여 항오를 벌이니라. 그 둘이 싸우다가 이스라엘이 블레셋 사람 앞에서 패하여 그들에게 전장에서 죽임을 당한 군사가 사천 명가량이라"(사무엘상 4:1-2). 하나님 없는 이스라엘 스스로의 노력은 처음부터 실패로 끝날 운명이었습니다. 이스라엘은 아직도 자신의 힘으로 하나님께 속한 전쟁을 치를 때 얻게 될 결과가 어떻게 되리라는 것을 깨닫지 못하고 있었습니다.

여기서 패배를 당한 이스라엘은 이것을 통하여 교훈을 얻었습니까? 아니면, 회개하거나 하나님께 부르짖었습니까? 아닙니다. 대신 그들은 믿을 수 없는 짓을 저지릅니다. 이들은 오히려 패전에 대한 책임을 하나님께 돌리고 하나님을 비난하려 했습니다. "이스라엘 장로들이 가로되, '여호와께서 어찌하여 우리로 오늘 블레셋 사람 앞에 패하게 하셨는고? 여호와의 언약궤를 실로에서 우리에게로 가져다가 우리 중에 있게 하여 그것으로 우리를 우리 원수들의 손에서 구원하게 하자' 하니"(4:3). 이것은 이스라엘 백성들이 여전히 죄 가운데 살면서 하나님의 도우심을 얻고자 한 것이나 매한가지입니다.

성경은 "사람이 미련하므로 자기 길을 굽게 하고 마음으로 여호와를 원망하느니라"(잠언 19:3)고 말합니다. 이들은 억지로 하나님을 자기편에 서서 일하시게 할 꾀를 생각해 냈습니다. 이들의 생각이 얼마나 어리석은지 이해하려면 언약궤와 그것을 둘 장소에 대해 하나님께서 하신 명령을 주의 깊게 살펴볼 필요가 있습니다. 언약궤는 실로에 머물러 있어야 했고 백성들이 거기서 경배하게 되어 있었습니다. 그러나 그들은 하나님의 지시를 순종하길 원치 않고, 그 궤를 전장으로 가져오자고 했습니다. 그들은 궤를 싸움이 벌어지는 곳에 두면 하나님께서 그들을 위해 싸우시게 될 줄로 생각했습니다.

그 결과는 어떻게 되었습니까? "블레셋 사람이 쳤더니 이스라엘이 패하여 각기 장막으로 도망하였고 살육이 심히 커서 이스라엘 보병의 엎드러진 자가 삼 만이었으며"(사무엘상 4:10). 그 때문에 이스라엘군은 많이 죽었습니다. 병력은 뿔뿔이 흩어져 오합지졸이 되었고 적은 하나님의 궤를 빼앗아 갔습니다. 일곱 달이 지난 뒤, 일련의 이상한 재앙들을 당한 블레셋은 그 궤를 이스라엘로 돌려보냈습니다(사무엘상 5-6장 참조).

"궤가 기럇여아림에 들어간 날부터 이십 년 동안을 오래 있은지라, 이스라엘 온 족속이 여호와를 사모하니라"(7:2).

이스라엘이 40년간 압제를 받게 되었던 것과 그중 20년이 지난 뒤 그들이 육신의 힘으로 스스로를 구원코자 했던 것을 기억하십시오. 그로부터 20년이 더 경과해, 이제 40년간의 압제 생활이 바야흐로 거의 끝나 가고 있었습니다.

이스라엘 백성은 어떻게 하여 마침내 적들을 무찌르게 되었습니까? 그들은 무엇을 했습니까? "사무엘이 이스라엘 온 족속에게 일러 가로되, '너희가 전심으로 여호와께 돌아오려거든 이방신들과 아스다롯을 너희 중에서 제하고 너희 마음을 여호와께로 향하여 그만 섬기라. 너희를 블레셋 사람의 손에서 건져 내시리라'"(7:3). 해결책은 그처럼 간단했지만 이스라엘이 적용하여 실행하기에는 또 그토록 어려운 것이 없었습니다. 사무엘은 그들에게 네 가지를 상기시켰습니다. (1) 그들이 전심으로 하나님께로 돌아와야 한다. (2) 하나님께서는 결코 우상을 용납하지 않으시므로 그 우상들을 버려야 한다. (3) 하나님을 향하여 바른 마음을 가져야 한다. (4) 그리고 여호와를 섬겨야 한다. 그러면 하나님은 그들을 건져 내시리라는 것이었습니다.

사무엘은 이어 말했습니다. "온 이스라엘은 미스바로 모이라. 내가 너희를 위하여 여호와께 기도하리라"(7:5). 이스라엘에는 기도하는 한 사람이 있었습니다. 사무엘은 하나님 앞에 엎드려 기도했습니다. "의인의 간구는 역사하는 힘이 많으니라"(야고보서 5:16).

백성들은 회개를 외치는 사무엘에게 귀 기울였습니다. "그들이 미스바에 모여 물을 길어 여호와 앞에 붓고 그날에 금식하고 거기서 가로되, '우리가 여호와께 범죄하였나이다' 하니라"(사무엘상 7:6).

그 결과 어떤 일이 일어났습니까? "이스라엘 자손이 미스바에 모였다 함을 블레셋 사람이 듣고 그 방백들이 이스라엘을 치러 올라온지라, 이스라엘 자손이 듣고 블레셋 사람을 두려워하여"(7:7). 그리하여 그들은 누구에게로 향했습니까? 군대장관들에게로? 위정자들에게로? 아니면 그들 스스로의 힘에로? 아닙니다. 감사하게도, 그들은 이제 마땅히 배워야 할 교훈을 깨닫고 있었습니다. 그들은 기도할 수 있는 한 사람에게로 나아갔습니다. "사무엘에게 이르되, '당신은 우리를 위하여 우리 하나님 여호와께 쉬지 말고 부르짖어 우리를 블레셋 사람의 손에서 구원하시게 하소서'"(7:8). 그들은 중보 기도를 하는 사람에게로 갔던 것입니다.

어떤 곤란에 부딪혔을 때, 우리는 성대한 파티를 열어 주는 사람이나 재미있는 농담을 하는 사람, 또는 인정 많은 체하는 사람에게로 가지 않습니다. 우리는 기도할 수 있는 사람에게로 향합니다. 이들도 마침내 이 교훈을 배운 것입니다. "우리의 싸우는 병기는 육체에 속한 것이 아니요 오직 하나님 앞에서 견고한 진을 파하는 강력이라"(고린도후서 10:4). "그[하나님의] 제사장 중에는 모세와 아론이요, 그 이름을 부르는 자 중에는 사무엘이라. 저희가 여호와께 간구하매 응답하셨도다"(시편 99:6). 어떻게 하면 당신의 이름이 기도하는 자 중에 기록될 수 있겠습니까?

이제 이스라엘이 나타내는 태도를 보신 하나님께서는 그들이 블레셋과 싸워 승리하게 하시는 데에 문제될 것이 없었습니다(사무엘상 7:10-11). "사무엘이 돌을 취하여 미스바와 센 사이에 세워 가로되, '여호와께서 여기까지 우리를 도우셨다' 하고 그 이름을 에벤에셀이라 하니라"(7:12). 이것이 놀라운 점입니다. 사무엘은 여호와께서 그들을 도운 것이지 어떤 종교적 행위나 혹은 사무엘 자신의 기도가 그렇게 한 것이 아님을 분명히 밝혔던 것입니다. 우리는 말씀 자체가 승리를 주는 것은 아니라는 사실을 기억해야 합니다. 기도 자체가 승리의 요소인 것도 아닙니다. 하나님만이 변함없이 그 열쇠가 되십니다. 말씀과 기도는 하나님께서 우리 삶 가운데서 어떤 일을 이루고자 하실 때 쓰시는 수단인 것입니다. 하나님께서 우리 삶을 청결케 하기 위해 말씀을 사용하시지만, 일은 하나님이 하십니다. 기도를 통하여, 하나님께서는 우리의 태도를 변화시키십니다.

"이에 블레셋 사람이 굴복하여 다시는 이스라엘 경내에 들어오지 못하였으며 여호와의 손이 사무엘의 사는 날 동안에 블레셋 사람을 막으시매"(7:13). 무릎 꿇고 엎드린 한 사람이 모든 군대, 모든 스스로의 노력, 혹은 이스라엘이 동원할 수 있었던 모든 종교적 행위보다도 더 많은 일을 했습니다. 그는 하나님과 직접 만났던 것입니다.

사울

이스라엘 역사에서 가장 슬픈 곳의 하나는 초대 왕 사울에 관한 부분입니다. 백성들은 주변의 다른 나라들처럼 그들이 존경하고 따를 수 있는 사람을 세워 왕으로 삼기를 원했습니다. 사무엘은 이에 대해 경고했지만 백성들이 고집하여 마침내 사울이 왕이 되었습니다. "그가 백성 중에 서니 다른 사람보다 어깨 위나 더 크더라. 사무엘이 모든 백성에게 이르되, '너희는 여호와의 택하신 자를 보느냐? 모든 백성 중에 짝할 이가 없느니라' 하니, 모든 백성이 왕의 만세를 외쳐 부르니라"(사무엘상 10:23-24).

사울은 비난받을 것도 많이 있었지만 큰일을 시작한 것 또한 사실입니다. 틀림없이 그는 앞에 놓인 엄청난 직임을 알고 있었고 그 자신의 부족과 약점에 대해서도 알고 있었습니다. 어쨌든 사울은 겸손한 마음으로 그 일을 받아들였습니다 (10:21-22 참조). 그는 즉시 행동을 개시하여 명령을 내리고 권력을 휘두르기 시작하지는 않았습니다. 처음에는 조용히 자신의 농토로 돌아갔습니다. "마침 사울이 밭에서 소를 몰고 오다가 가로되, '백성이 무슨 일로 우느냐?' 그들이 야베스 사람의 말로 고하니라"(11:5).

사울이 이스라엘을 위해 봉사할 수 있는 첫 기회가 예기치 않게 찾아왔습니다. 백성의 일부가 심히 곤란을 당하는 상황이 벌어졌던 것입니다. 암몬 사람 나하스가 길르앗 야베스를 포위하고는, 단 한 가지 조건만을 내세우면서 그것이 안 되면 백성들을 살려 두지 않겠다고 위협했습니다. "내가 너희 오른 눈을 다 빼어야 너희와 언약하리라. 내가 온 이스라엘을 이같이 모욕하리라"(11:2). 그 당시 전쟁에 나가는 사람은 한 손에 방패를 들고 다른 한 손에는 검을 들었습니다. 방패를 치켜들면 왼 눈은 가려지고 오른 눈으로만 볼 수 있었습니다. 만약 오른 눈을 잃게 된다면 시각에 막대한 지장을 받게 되어 자기를 보호할 수가 없었습니다. 그러므로 야베스 사람들은 곡식이나 가꾸고 양이나 치며 노예 생활은 할 수 있을지 몰라도, 전쟁에서 스스로를 방어할 수 없는 지경에 빠지게 될 위기에 처해 있었습니다.

사울은 그 포위 소식을 듣고 야베스가 큰 곤란에 처해 있다는 것을 즉시 깨달았습니다. 그리하여 그는 믿음으로 나아갔고, 하나님께서는 그를 사용하셔서 그 성읍을 구했습니다. 그러자 백성들은 그를 향해 환호하였고, "'사울이 어찌 우리를 다스리겠느냐?' 한 자가 누구니이까? 그들을 끌어내소서. 우리가 죽이겠나이다"(11:12) 하고 외쳤습니다. 전에는 몇몇 사람들이 사울이 왕 되는 것을 반대했었지만 이제는 전체 분위기가 바뀌었습니다. 백성들은 "그는 큰일을 해냈다," "불평한 자들을 끌어내소서. 우리가 죽이겠나이다" 하고 떠들었습니다. 사울은 그것을 금했습니다. "이 날에는 사람을 죽이지 못하리니 여호와께서 오늘날 이스라엘 중에 구원을 베푸셨음이니라"(11:13). 사울은 승리의 모든 영광을 하나님께 돌렸을 뿐만 아니라 전에 반대하던 사람들을, 당시 관습대로라면 모두 죽일 수도 있었지만 넓은 아량으로 대했습니다.

그런데 시간이 지나면서 사울의 삶에 불길한 변화가 일기 시작했습니다. 이전에 사무엘은 사울에게 하나님께서 내리신 지시 사항을 분명하게 전한 적이 있었습니다. "너는 나보다 앞서 길갈로 내려가라. 내가 네게로 내려가서 번제와 화목제를 드리니, 내가 네게 가서 너의 행할 것을 가르칠 때까지 칠 일을 기다리라"(10:8). 사울은 길갈로 내려가서 사무엘을 기다렸습니다. 그러나 그의 군대가 겁에 질리고 전황이 급격히 악화되어 가자, 일곱째 날 그는 더 이상 기다릴 수 없다고 생각하고는 제사를 드릴 수 없음에도 불구하고 자기가 나서서 스스로 제사를 드렸습니다(13:7-9 참조).

사울이 제사를 막 드리고 나자 사무엘이 나타났습니다. "사무엘이 사울에게 이르되, '왕이 망령되이 행하였도다. 왕이 왕의 하나님 여호와께서 왕에게 명하신 명령을 지키지 아니하였도다. 그리하였더면 여호와께서 이스라엘 위에 왕의 나라를 영영히 세우셨을 것이어늘, 지금은 왕의 나라가 길지 못할 것이라. 여호와께서 왕에게 명하신 바를 왕이 지키지 아니하였으므로 여호와께서 그 마음에 맞는 사람을 구하여 그 백성의 지도자를 삼으셨느니라' 하고"(13:13-14).

사울은 통치를 시작할 때 칭찬받을 만한 겸손한 자세로 임했으나 얼마 되지 않아 넘어져 버렸습니다. 이 구절에서 볼 때 그의 죄는 자기만족, 두려움, 불신에서 싹텄습니다. 그리고는 자기 합리화에 빠져 버렸습니다. 사무엘이 도착하자 사울은 도리어 사무엘의 처신에 대해 비난하고 자기가 미리 한 일에 대해 "백성은 나에게서 흩어지고 당신은 정한 날 안에 오지 아니하고 블레셋 사람은 믹마스에 모였음을 내가 보았으므로"(13:11) 그랬다고 변명했습니다. 사울은 두세 시간을 참지 못하여 나라를 잃었습니다. 사실 사무엘은 그 약속한 날에 왔던 것입니다.
 우리가 하나님의 뜻에서 빗나가기 쉬운 때는 다름 아닌 막다른 골목에 다다른 것처럼 보일 때입니다. 돌파구가 보이지 않을 때 우리는 우리 손으로 문제를 해결해 보려는 유혹에 얼마나 자주 말려듭니까? 예를 들어, 아브라함의 경우 아들을 하나 약속받았지만 몇 년이 지나도 그의 아내 사라를 통해서는 아들을 얻을 것 같지 않았습니다. 그리하여 그는 하갈을 첩으로 맞아들였는데, 결국 여기서 이삭과 이스마엘 사이의 다툼이 야기되고 그 쓴 열매와 고통은 오늘날까지도 계속 내려오고 있는 것입니다.

다윗

다윗과 골리앗의 이야기는 이미 잘 알려져 있는 이야기입니다. "블레셋 사람들이 그 군대를 모으고 싸우고자 하여"(사무엘상 17:1). 당시 이런 일은 끊임없이 반복되고 있었습니다. 블레셋은 계속 이스라엘을 적대하여 싸웠던 것입니다.
 싸움이 끝없이 계속되는 것처럼 보일 때 우리는 그 어려움이 어서 종식되기를 바라게 됩니다. 그러나 우리가 이 육체에 거하고 있는 동안은 "블레셋"과 싸워야 할 것입니다.
 "블레셋 사람들이 그 군대를 모으고 싸우고자 하여… 블레셋 사람의 진에서 싸움을 돋우는 자가 왔는데 그 이름은 골리앗이요 가드 사람이라. 그 신장은 여섯 규빗 한 뼘이요"(사무엘상 17:1,4). 골리앗은 앞에 나서서 하나님과 이스라엘을 동시에 모욕하면서 자기와 싸울 자를 내보내라고 했습니다. "사울과 온 이스라엘이 블레셋 사람의 이 말을 듣고 놀라 크게 두려워하니라"(17:11). 사울은 왜 그렇게 두려워했습니까? 그가 보인 자세는 전에 암몬 사람 나하스가 야베스를 에워싸고, 싸울 수 있는 용사들의 오른 눈을 모두 뽑겠다고 위협할 때와는 딴판이었습니다. 그때는 하나님의 성령이 사울의 위에 머물러 계셨기 때문에 담대한 마음으로 나아갔었습니다. 지금의 사울은 하나님과 단절된 상태에 있었습니다. 그는 육신의 힘으로 살고 있었던 것입니다. 한 블레셋 사람이 던지는 도전에 사울은 겁에 질렸습니다. 사람은 같은 사람이었지만 한 가지 중요한 차이점이 있었습니다. 그가 지금은 하나님과의 교제에서 떠나 있었다는 것입니다.

나는 그리스도인이 된 이후, 하나님의 능력하에서 벗어나서 그리스도를 열정적으로 섬기려고 뛰는 사람들을 많이 보아 왔습니다. 그런 사람들은 그러다가 어떤 일이 생기면 간증이 점점 나빠지다가 결국에는 뒤따르는 어떤 일로 말미암아 등을 돌려 버리고 도망치곤 했습니다. 그런 일은 비극이 아닐 수 없습니다.

다윗이 싸움터에 도착하자, 그의 맏형인 엘리압이 화를 내면서 그와 시비를 하려고 했습니다. "네가 어찌하여 이리로 내려왔느냐? 들에 있는 양 몇을 뉘게 맡겼느냐? 나는 네 교만과 네 마음의 완악함을 아노니, 네가 전쟁을 구경하러 왔도다"(17:28).

엘리압의 말은 "네가 순 게으름만 피우며 빈둥거리는구나"

하는 뜻이었습니다. 그리고 그는 양 몇 마리를 지키는 다윗의 직책에 대해 조롱조로 말하면서 그를 억누르려 했습니다. 다윗의 대답은 짧고 단순했습니다. "'내가 무엇을 하였나이까? 어찌 이유가 없으리이까?' 하고 돌이켜 다른 사람을 향하여"(17:29-30).

여기서 우리는 중요한 원리를 배웁니다. 다윗이 자기 형과 다투기 시작했더라면 결코 골리앗을 맞아 싸울 수 없었을 것입니다. 오늘날 흔히 여러 "골리앗"들이 저만치 서서 우리에게 싸움을 걸어오는 이유는 바로 이것입니다. 우리는 그들을 효과적으로 맞서기 위해 교회 안에서 우리끼리 티격태격 다투면서 너무 많은 시간을 허비합니다. 다윗처럼, 우리도 적절하지 못한 비판의 자리에서 돌이켜 진짜 적과 싸우는 일에 뛰어들 필요가 있습니다. 우리가 늘 진짜가 아닌 적과 잘못된 장소에서 잘못된 시간에 잘못된 싸움만 하고 있다면 올바른 승리는 결코 얻지 못할 것입니다.

골리앗은 심히 크고 장대하며 힘이 막강하고 목소리가 우렁차 두려워 보였습니다. 그러나 다윗은 사실 그 싸움은 영적인 것이며 전적으로 하나님께 달려 있는 것을 알았습니다. 그는 골리앗에게 말했습니다. "너는 칼과 창과 단창으로 내게 오거니와, 나는 만군의 여호와의 이름 곧 네가 모욕하는 이스라엘 군대의 하나님의 이름으로 네게 가노라"(17:45). 그는 "여호와의 구원하심이 칼과 창에 있지 아니함을 이 무리로 알게" 하기 위하여, 또 "전쟁은 여호와께 속한 것인즉 그가 너희를 우리 손에 붙이시리라"는 것을 보이기 위해 하나님께서 자기에게 승리를 주실 것이라고 말했습니다(17:47). 하나님은 과연 그렇게 하셨습니다.

다윗의 생애에서 또 다른 사건을 통하여 승리에 만능 전술은 없다는 것이 재확인됩니다. 다윗이 전 이스라엘을 다스리는 왕이 된 직후 블레셋이 그를 대적하여 몰려왔습니다. 그러자 다윗은 여호와께 물었습니다. "다윗이 여호와께 물어 가로되, '내가 블레셋 사람에게로 올라가리이까? 여호와께서 저희를 내 손에 붙이시겠나이까?' 여호와께서 다윗에게 말씀하시되, '올라가라. 내가 단정코 블레셋 사람을 네 손에 붙이리라' 하신지라"(사무엘하 5:19).

이런 생각이 들 수도 있을 것입니다. 과거 오랫동안 블레셋의 도발을 그처럼 여러 번 겪어 보았으면 다윗은 어떻게 해야 하는지 잘 알고 있었을 것이 아니냐는 것입니다. 그러나 그는 하나님께 또 물었고, 하나님께서는 그에게 승리를 주셨습니다. 그러나 다음에 어떤 일이 일어났습니까? "블레셋 사람이 다시 올라와서 르바임 골짜기에 편만한지라"(5:22). "다윗이 여호와께 묻자온대, 가라사대, '올라가지 말고… 저희를 엄습하되'"(5:23).

만약 다윗이, "얼씨구, 우리가 할 일은 뻔하지. 우리는 수백 년 동안이나 그 일을 해왔어. 블레셋이 가까이 올 때마다 우리는 올라가는 거야" 하고 말했다면 어떻게 되었겠습니까? 그러면 다윗은 그때 실책을 범했을 것입니다. 왜냐하면 하나님께서는 다른 방법을 의중에 두고 계셨기 때문입니다. 하나님은 창조적이시며 자원이 풍성하십니다. 승리를 위한 조그만 공식을 주시는 대신, 하나님께서는 새로운 전략과 지시를 받으러 우리가 규칙적으로 자기에게 나아오기를 원하십니다.

여호사밧

하나님께서 색다른 방법으로 싸움에서 승리를 얻게 하신 일은 여호사밧 왕의 통치 중에도 있었습니다. "그 후에 모압 자손과 암몬 자손이 몇 마온 사람과 함께 와서 여호사밧을 치고자 한지라"(역대하 20:1). 이 장면에 나타난 전황을 자세히 볼 필요가 있습니다. 그것은 엄청나게 많은 군대가 한 작은 시골 읍을 포위한 것과 흡사한 상황이었습니다. 승패는 너무나 뻔했습니다. 전혀 가망 없는 싸움이었습니다. 빠져나갈 구멍도 없었습니다.

여호사밧 왕과 온 유다 백성은 간절히 기도했습니다. "우리 하나님이여, 저희를 징벌하지 아니하시나이까? 우리를 치러 오는 이 큰 무리를 우리가 대적할 능력이 없고, 어떻게 할 줄도 알지 못하옵고 오직 주만 바라보나이다"(20:12). 아름다운 모습이 아닙니까? 그들은 "주여, 우리는 어떻게 해야 할지 정말 털끝만큼도 모릅니다. 우리는 아무 해결책이 없고 다만 주님 당신만 바라보고 있습니다" 하고 말했던 것입니다. 그것은 강력한 요청이었습니다.

선지자를 통해 주신 하나님의 응답은 명확했습니다. "이 전쟁에는 너희가 싸울 것이 없나니 항오를 이루고 서서 너희와 함께한 여호와가 구원하는 것을 보라. 유다와 예루살렘아, 너희는 두려워하며 놀라지 말고 내일 저희를 마주 나가라. 여호와가 너희와 함께하리라"(20:17). 이 말씀은 수백 년 전 이스라엘 민족이 홍해에 이르러 전멸될 위협 가운데 있을 때 하나님께서 그들에게 말씀하신 것과 흡사합니다.

여호사밧은 백성들에게, "너희는 너희 하나님 여호와를 신뢰하라. 그리하면 견고히 서리라. 그 선지자를 신뢰하라. 그리하면 형통하리라"(20:20)고 이르고 그들을 이끌고 앞으로 나아갔습니다. 그리고 그는 믿을 수 없는 일을 하였습니다. "백성으로 더불어 의논하고 노래하는 자를 택하여 거룩한 예복을 입히고 군대 앞에서 행하며 여호와를 찬송하여 이르기를, '여호와께 감사하세. 그 자비하심이 영원하도다' 하게 하였더니"(20:21).

나는 해병대에서 복무했지만 우리 지휘관이 보병의 전초부대로 성가대를 내보낸 일은 한 번도 본 적이 없습니다. 사실, 이것은 처음이자 마지막으로, 역사에 단 한 번 기록된 사건입니다. 여호사밧이 어디서 그런 아이디어를 얻었는지 모르지만 그는 하나님의 약속을 그처럼 확신했기 때문에 자기의 찬양하는 마음을 표현하고 싶어 한 것이 분명합니다.

찬양, 감사, 그리고 믿음을 통하여 이스라엘은 사흘간에 걸쳐 전리품들을 거두어들이기만 하면 되었습니다.

감사는 믿는 자의 생활양식의 일부가 되어야 합니다. 사람마다 각자의 삶에서 너무 절망적이어서 기도할 힘마저 잃을 때가 있을 것입니다. 그럴 때 남는 단 한 가지 일이 있습니다.

주님을 찬양하는 것입니다. 당신이 믿음 안에서 찬양드릴 때, 주님께서는 승리를 주실 것입니다.

히스기야

마지막으로 검토해 보고자 하는 승리의 유형은 히스기야 왕의 통치 중에 하나님께서 자기 백성들에게 주신 것입니다. "히스기야 왕 십사 년에 앗수르 왕 산헤립이 올라와서 유다 모든 견고한 성읍들을 쳐서 취하매"(열왕기하 18:13). 히스기야는 적을 달래려고, "여호와의 전과 왕궁 곳간에 있는 은을 다 주었고 또 그때에 유다 왕 히스기야가 여호와의 전 문의 금과 자기가 모든 기둥에 입힌 금을 벗겨 모두 앗수르 왕에게 주었더라"(18:15-16).

산헤립 왕의 마음을 돈으로 사고자 한 그의 노력은 효과가 있었습니까? 아닙니다. 도리어 산헤립은 또 다른 공격을 가해 왔습니다. "앗수르 왕이… 대군을 거느리고… 예루살렘으로 가서"(18:17). 그의 마음을 달래려는 노력은 허사였습니다. 이와 마찬가지로 우리는 적과 타협할 수 없습니다. 적과는 흥정을 할 수 없습니다. 우리가 할 수 있는 유일한 길은 대항하는 것뿐입니다. "마귀를 대적하라. 그러하면 너희를 피하리라"(야고보서 4:7).

그러자 앗수르 왕은 히스기야에 대한 역선전 공세를 펴기 시작했습니다. 그는 하나님의 백성들에게 이렇게 소리쳤습니다. "너희는 히스기야의 말을 듣지 말라. 앗수르 왕의 말씀이

'너희는 내게 항복하고 내게로 나아오라. 그리하고 너희는 각각 그 포도와 무화과를 먹고 또한 각각 자기의 우물의 물을 마시라. 내가 장차 와서 너희를 한 지방으로 옮기리니 그곳은 너희 본토와 같은 지방 곧 곡식과 포도주가 있는 지방이요, 떡과 포도원이 있는 지방이요, 기름 나는 감람과 꿀이 있는 지방이라. 너희가 살고 죽지 아니하리라. 히스기야가 너희를 면려하여 이르기를, '여호와께서 우리를 건지시리라' 하여도 듣지 말라. 열국의 신들 중에 그 땅을 앗수르 왕의 손에서 건진 자가 있느냐?"(열왕기하 18:31-33).

이런 식으로 하는 약속을 들어 본 적이 있습니까? "나에게 항복하라. 그러면 잘 살고 행복하게 해주겠다. 보다 나은 생활 여건에서 멋지게 살게 해줄 것이다. 너희가 나에게 오기만 하면 된다." 오늘날에도 마귀는 여전히 이런 식으로 유혹합니다. 우리의 적은 그 책략을 결코 바꾸지 않습니다. 그는 오랫동안 그 일을 해왔고, 사람들을 유인하여 자기가 파놓은 함정에 빠뜨리는 법을 잘 알고 있습니다. 그는 사람들로 하여금 그의 길은 탄탄대로지만, 하나님의 길은 좁고 힘들고 엄하다고 생각하게 만듭니다.

히스기야가 보인 반응을 유의해 보십시오. "히스기야 왕이 듣고 그 옷을 찢고 굵은 베를 입고 여호와의 전에 들어가서"(열왕기하 19:1). 이어서 그는 지혜롭게 행했습니다. 그는 선지자 이사야에게 사람을 보내어 기도를 요청했습니다(19:2-4 참조).

이사야는 하나님께서 산헤립의 군대를 멸하실 것이라고 히스기야에게 확답해 주었습니다. "이 밤에 여호와의 사자가 나와서 앗수르 진에서 군사 십팔만 오천을 친지라, 아침에 일찍이 일어나 보니 다 송장이 되었더라"(19:35). 그 싸움은 이사야 한 사람의 기도를 통해 이겼습니다.

산헤립에게는 어떤 문제점이 있었습니까? 그는 교만했습니다. 그는 아무도 자기를 대적하지 못하리라고 생각하면서 우쭐댔습니다. 때때로 나는 그와 같은 사람들을 봅니다. 그들은 성경을 잘 안다고 하면서 미묘한 질문들을 던지는데, 마치 자기가 하나님보다 더 많이 아는 것처럼 말합니다. 나는 그런 사람들을 지금까지 수십 명이나 만났는데, 그들처럼 되고 싶은 마음은 조금도 없습니다. 성경은 허탄한 자랑의 말을 하는 사람들에 대해서도 이야기하고 있습니다(베드로후서 2:18, 유다서 16절 참조). 요즈음에도 허탄한 자랑의 말을 토하는 사람들이 있지만 진실은 알려지게 되는 법입니다. 우리 모두가 각자 하나님 앞에 드러나게 되는 때가 다가오고 있습니다.

하나님은 교만의 죄를 미워하십니다. 다윗도 "사단이 일어나 이스라엘을 대적하고 다윗을 격동하여 이스라엘을 계수하게"(역대상 21:1) 할 때 이 죄에 빠졌습니다. 다윗 편에서 볼 때는 교만 때문에 부추겨진 이 행동은 쓸데없는 모험이었습니다. 다윗은 그저 자기 왕국이 얼마나 큰지 흐뭇한 마음으로 자랑하고 싶었습니다. "하나님이 이 일을 괘씸히 여기사 이스라엘을 치시매"(21:7).

다윗의 삶 가운데 있었던 이 범죄의 결과로 얼마나 많은 사람이 죽었습니까? 적어도 7만 명이 죽었습니다(사무엘하

24:15 참조). 다윗이 밧세바와 간음한 결과로는 몇 명이 목숨을 잃었습니까? 둘입니다. 하나님 보시기에, 죄는 같은 죄입니다. 그러나 이스라엘에 내려진 재앙을 보면 하나님께서 교만을 얼마나 미워하시는지 알 수 있습니다. 사람들로 하여금 예수 그리스도의 십자가 앞에 무릎 꿇지 못하게 하기 위해 마귀가 사용하는 첫째 수단이 바로 교만입니다. 그렇기 때문에 하나님께서는 교만을 그처럼 미워하시는 것입니다. 그 죄는 사람들로 하여금 그리스도의 십자가에 무릎 꿇지 못하게 하여 영원한 파멸로 이끕니다.

이스라엘의 전 역사를 통하여, 하나님께서는 자기 백성들에게 승리를 안겨 주실 때마다 그때그때 다른 방법을 사용하셨습니다. 만능의 전술은 없었고, 오직 믿음의 사람들만이 승리했습니다. 사울처럼 자신의 방법으로 일을 처리하고자 한 이들은 실패했습니다. 그러나 사무엘, 다윗, 여호사밧, 히스기야 등은 하나님을 의뢰함으로 승리한 이들이었습니다. 오랜 세월이 흐른 지금, 그들은 우리에게 그들의 본을 따르라고 외치고 있습니다.

연구 주제

1. 사무엘의 생애와 사역(사무엘상 1-12장).
2. 사울과 다윗의 성격과 행동들의 비교(사무엘상 9장-사무엘하 4장).
3. 성경에서 자기 뜻대로 했을 때의 비극적 결과들(주제별 공부).

4. 교만이라는 끔찍한 죄(주제별 공부).
5. 히스기야 왕에 대한 선지자 이사야의 영향력.
6. 마귀의 책략들(주제별 공부).

적용:

나는 여기서 살펴본 이스라엘 역사의 한 토막에서 어떤 구체적인 교훈을 배웠는가? 나는 이 교훈들을 오늘의 삶에 어떻게 적용할 것인가?

13

만능 전술은 없다

관련 구절: 여호수아 23-24장

"안"녕" 하고 사랑하는 사람들과 작별 인사를 나눌 때면 내 눈에는 대개 눈물이 핑 돕니다. 그 작별이 단 며칠이든, 한 달이든, 아니면 1년이든 나로서는 애써 슬픔을 감추려 하지만, 눈시울이 붉어지는 것은 어쩔 도리가 없습니다.

반면 만남의 순간은 정말 설레는 기쁨을 이길 수 없습니다. 착륙하는 비행기 안에서 마중 나온 손주들 만날 생각에 들떠 있는 할머니나 트랩에서 내리자마자 서로 얼싸안고 좋아하는 사람들의 모습은 보기만 해도 기분이 좋아집니다. 그러나 작별을 하는 경우에는 떠나는 사람들에게나 떠나보내는 사람들에게나 슬픔이요 고통입니다. 떠날 때도 서로 얼싸안지만, 이때는 기쁨 대신 슬픔을 얼싸안아야 합니다.

성경에도 작별에 대한 기록이 몇 군데 나옵니다. 밀레도

해변에서 에베소 장로들에게 작별을 고하는 바울, 솔로몬에게 이별의 말을 남기는 다윗, 임종 자리에서 일어나 아들들에게 마지막 고별의 말을 하는 야곱 등이 있습니다.

영적 전쟁과 승리에 관한 이 책의 연구를 마무리 짓는 마당에서 고별사 하나를 살펴보겠습니다. 여호수아의 고별사입니다. 여호와께서 이스라엘을 모든 적들의 위험에서 벗어나게 하시고 평안을 주신 뒤 여호수아가 했던 말로, 애굽 노예 생활에서부터 가나안 정복 때까지 백성들과 함께했던 지도자의 마지막 부탁이었습니다. 여호수아는 출애굽의 처음과 끝 모든 과정을 보고 경험한 사람이었습니다. 그는 애굽으로부터의 탈출, 홍해의 기적, 만나의 공급, 십계명, 광야에서 뱀의 저주, 그 밖의 수많은 사건들을 백성들과 함께 경험했습니다. 이 모든 과정을 겪은 후 그는 백성들을 이끌고 가나안으로 들어와 승리를 쟁취했습니다.

이제 죽음을 앞두고 여호수아는 모세가 그랬던 것처럼 새 세대의 백성들을 불러 모아 놓고 지나온 날들을 회고하면서 앞날을 바라보게 하였습니다. 그는 그들에게 다섯 가지 중요 사항을 상기시켰습니다.

하나님의 신실하심

"여호수아가 온 이스라엘… 을 불러다가 그들에게 이르되, '나는 나이 많아 늙었도다. 너희 하나님 여호와께서 너희를 위하여 이 모든 나라에 행하신 일을 너희가 다 보았거니와,

너희 하나님 여호와 그는 너희를 위하여 싸우신 자시니라.…너희 하나님 여호와가 너희 앞에서 그들을 쫓으사 너희 목전에서 떠나게 하시리니, 너희 하나님 여호와께서 너희에게 말씀하신 대로 너희가 그 땅을 차지할 것이라'"(여호수아 23:2-3,5).

그 첫 번째 것은 하나님이 신실하시다는 사실이었습니다. 하나님께서는 과거에 약속하신 것을 모두 이루어 주셨습니다. 그러므로 장래에도 그분을 의지할 수 있을 것입니다. 하나님은 신실하십니다.

우리에게는 시시로 이렇게 상기시켜 주는 존재가 필요합니다. 우리는 내일 일을 알 수 없습니다. 예기치 못한 일들이 생겨 우리가 애써 세운 계획들을 과감히 버리는 일이 종종 있습니다. 우리의 차분하던 생활이 갑자기 갈등과 곤란의 회오리바람 속에 휩쓸리는 때도 있습니다. 그러나 하나님의 신실하심에 우리의 영적 시야를 고정시켜 놓고 바라볼 때 우리는 올바른 전망 가운데서 우리의 문제들을 해결할 수 있게 됩니다.

예수님이 받으신 시험을 한번 살펴봅시다. 첫째 시험에서 그는 하나님의 신실하심을 의심하게 만드는 유혹을 받으셨습니다. "시험하는 자가 예수께 나아와서 가로되 '네가 만일 하나님의 아들이어든 명하여 이 돌들이 떡덩이가 되게 하라'"(마태복음 4:3). 물론 예수님은 그렇게 하실 수 있었습니다. 물로 포도주를 만드신 분이라면(요한복음 2:1-11 참조), 돌로 떡을 만드는 능력 또한 가지신 분이었습니다. 그러나 예수님은 그렇게 하지 않으셨습니다. 그는 유혹을 받았으나 극복했으며, 어떻게 하나님의 말씀으로 유혹을 물리치는지 본을 남겨 주셨습니다.

그 시험의 본질은 어떤 것이었습니까? 마귀가 한 말의 속뜻은 이러했습니다. "하나님은 그대를 여기 내버려 두어 굶어 죽게 하셨다. 그는 그대에 대해 모든 것을 잊었다. 그대는 외롭고 굶주리고 있다. 그러므로 그대는 차라리 그대 손으로 이 문제를 해결하는 것이 좋을 것이다. 살아남는 문제는 그대에게 달렸다. 하나님의 도움은 믿을 수 없다. 그는 그대를 이 광야에 내어 버린 것이다." 마귀가 예수님에게 기도하라고 하지 않은 것, 즉 그 돌들로 떡덩이를 만들어 주시도록 하나님께 간구하라고 하지 않았다는 점이 흥미롭지 않습니까?

이런 시험은 모든 사람에게 흔히 있는 것입니다. 때로 우리는 '하나님이 내가 처한 상황을 아실까? 하나님은 이 일에 신경이나 쓰실까? 하나님이 정말 나를 사랑하실까?' 하고 의심하기도 합니다. 이와 같은 생각과 의문들은 우리 계획과 꿈이 밑바닥부터 송두리째 무너져 버릴 때 자연히 생겨나는 것이긴 합니다. 그러나 여호수아의 경우, 이스라엘이 앞으로 여러 싸움과 곤경들을 겪을 줄 알았지만 모세가 한 세대 전에 백성들에게 한 말의 진리도 이해하고 있었습니다. "영원하신 하나님이 너의 처소가 되시니 그 영원하신 팔이 네 아래 있도다"(신명기 33:27). 그래서 여호수아는 새로운 세대 백성에게 하나님의 신실하심을 상기시켰습니다.

담대히 하나님의 말씀을 따라 살 것

여호수아가 고별사에서 두 번째로 훈계한 것은 담대하게 하나님의 말씀에 따라 살라는 것이었습니다. "그러므로 너희는 크게 힘써 모세의 율법책에 기록된 것을 다 지켜 행하라. 그것을 떠나 좌로나 우로나 치우치지 말라"(여호수아 23:6). 그는 약 30년 전에 자기가 하나님께 받은 바로 그 교훈을 그의 뒤를 잇는 사람들에게 그대로 전하고 있었습니다. 그 당시, 여호와께서는 그에게 승리와 형통을 약속하시고 결론적으로 "내가 네게 명한 것이 아니냐? 마음을 강하게 하고 담대히 하라!"(여호수아 1:9)고 말씀하셨던 것입니다.

여기서 우리는 다시 한 번 우리 생애에 대한 이 부르심과 지시에 세심한 주의를 기울일 필요가 있습니다. 우리는 하나님의 말씀을 따라서 살 뿐만 아니라 그 한계 안에서 살아야 합니다. 우리는 그 권위 아래에 있습니다. 여호수아는 "그 가운데 기록한 대로 다 지켜"(1:8) 행하는 법을 배우도록 그 말씀을 묵상하라는 명령을 받았습니다. 그는 순종해야 할 명령들, 곧 기록으로 남겨 주신 말씀을 늘 간직하고 있었습니다.

몇 년 전 나는 처음으로 해외여행을 하며 말씀을 전하는 기회가 있었습니다. 약 두 달에 걸쳐 유럽과 중동의 7개국에서 말씀을 나눌 예정이었습니다. 그 당시 나는 콜로라도스프링스 글렌에리에 있는 네비게이토 선교회 본부에서 수양회 총책임을 맡고 있었습니다. 그때 지금은 고인이 된 IVF(국제기독 학생회)의 폴 리틀 형제님을 강사로 초빙하여 대학생 수양회를 가진 적이 있습니다. 나는 그의 조언을 구하는 마음에서 앞으로 있을 여행에 대해 그에게 이야기해 주었습니다. 폴은 세계를 두루 다녀 본 경험이 많이 있었기 때문에 나는 이 하나님의 사람으로부터 조언을 얻고 싶었습니다. 그는 내가 기대했던 대로 정말 귀중한 조언을 해주었습니다.

"리로이 형제, 해외에 나가서 주님의 일을 할 때에는 성경 말씀에 착념하십시오. 성경은 하나님께서 모든 인류의 마음을 지으셨고 또 하나님은 말씀을 통하여 그 마음에 직접 이야기하신다고 가르치고 있습니다." 폴의 말은 나의 첫 여행에 참으로 큰 도움이 되었습니다. 나는 스칸디나비아인, 영국인, 독일인, 화란인, 중동인 등 언어와 문화가 다른 사람들에게 어떤 말을 어떻게 해야 할지에 대해 걱정할 필요가 전혀 없었습니다. 하나님의 말씀은 전 세계 모든 사람 누구에게나 두루 적용되기 때문입니다.

나는 똑같은 원리가 미국에서도 적용되는 것을 보아 왔습니다. 예를 들어, 콜로라도의 청장년 수양회에서 말씀을 전할 때면 다양한 사람들을 대하게 됩니다. 포트카슨 육군기지에서 온 군인, 공군사관학교 생도, 콜로라도 주립대학교의 농학도 및 공학도, 북콜로라도 대학교의 교수, 보울더의 콜로라도 대학교에서 온 히피 차림의 학생 등 각계각층 사람들이 참석합니다. 긴 머리, 짧은 머리, 대머리, 절도 있는 사람, 자유분방한 사람, 점잖은 복장, 야한 복장, 산뜻한 제복 차림. 한껏 광을 낸 구두를 신은 사람과 샌들을 끌고 다니는 사람. 오는 사람들은 무지개 빛깔처럼 다채롭습니다.

나는 그 수양회 기간 동안 성경 말씀으로 힘있게 도전하였으며, 그 결과 각계각층의 사람들이 그리스도께로 돌아왔습니다. 하나님께서 그들의 마음을 동일하게 지으셨고, 성령께서는 하나님의 말씀을 사용하여 그들의 마음을 감동시키셨습니다. 참석자들의 철학이나 이념이 서로 극단적일 정도로 달랐고, 생활양식 또한 서로 상충되는 점이 많았지만, 하나님의 거룩한 말씀으로부터 오는 예수 그리스도의 메시지는 그들을 하나님의 가족의 일원으로 묶어 주었습니다.

마찬가지로, 우리가 가정과 가족, 직장이나 직업, 또는 우리 각자의 삶에 대한 방향을 찾을 때, 우리는 성경 말씀으로 생의 모든 국면을 비추어 보아야 합니다. 거기에는 용기가 필요합니다.

모세 세대의 백성들이 광야에서 방황할 때 여러 차례 되돌아가려고 했던 길을 여호수아 세대의 백성들은 왜 한 번도 가려고 하지 않았을까 생각해 본 적이 있습니까? 근본적으로 그들 마음속에는 되돌아서고자 하는 생각 자체가 비집고 들어설 틈이 없었습니다. 이 새 세대는 하나님을 따르고 있었습니다. 우리도 하나님을 위해 생애를 드리고자 할 때 그렇게 헌신해야 합니다. 우리는 되돌아서고자 하는 생각이 우리의 마음을 넘볼 틈을 주지 말아야 합니다.

나는 언젠가 한 젊은이와 심각한 이야기를 한 적이 있었는데, 그는 갑자기 이렇게 말하는 것이었습니다. "선생님, 저는 때로 너무나 실망되는 일이 많아 모든 걸 집어치우고 돌아가고 싶어집니다."

"돌아가다니, 어디로?" 나는 이렇게 물었습니다.

갈 길은 오직 하나 있을 뿐입니다. 그것은 앞으로 똑바로 나아가는 것입니다. 그러나 거기에는 담대함이 필요합니다.

우상 숭배의 심각한 위험

여호수아의 세 번째 도전은 우상을 물리치라는 것이었습니다. 이스라엘에게 하나님의 말씀에 착념하라고 권고한 주된 이유는 "너희 중에 남아 있는 이 나라들 중에 가지 말라. 그 신들의 이름을 부르지 말라. 그것을 가리켜 맹세하지 말라. 또 그것을 섬겨서 그것에게 절하지 말라"(여호수아 23:7)는 데 있었습니다. 하나님이 백성들의 삶에서 첫자리에 계셔야 하며, 그 백성들은 하나님을 그들의 유일한 기초로 삼아야 합니다(누가복음 6:46-49 참조). 그렇지 않으면 심히 곤란한 지경에 처하게 됩니다.

이와 마찬가지로 바울도 우리 그리스도인들에게 이 세상을 본받지 말라고 당부합니다(로마서 12:2 참조). 우리의 삶이 겉으로는 그럴듯해 보이지만, 뭔가 우리 영혼 곧 속사람을 갉아먹고 있을 수도 있습니다. 당장은 눈에 띄지 않는 미미한 것일지 모르지만, 마침내는 커지게 됩니다. 예수님 말씀에 인생의 폭풍우가 닥칠 때 그런 사람의 삶은 무너짐이 심하리라고 하셨습니다(마태복음 7:24-27 참조). 그 파멸이 눈에 띄게 드러나고 심할 것이라는 뜻입니다. 흔들리지 않는 견고한 기초가 필요합니다.

우상 숭배를 피하려면 마음속 깊이 거룩함에 대한 갈망과 거룩하신 하나님과 동행하고자 하는 열망이 있어야 합니다. 우리의 환경은 언제나 우리에게 적대적이기 때문에 하나님의 말씀에 의하지 않고서는 그러한 열망을 가질 수 없습니다. 우리는 대양 밑바닥에 내려와 있는 심해 잠수부와도 같이 주위 모든 것들로부터 생명을 위협받고 있습니다. 심해 잠수부는 한 가닥의 공기 호스로 연결되어 있지만 당신과 나는 하나님께 직접 연결되어 있습니다. 설사 우리가 적대적인 환경에 싸여 산다 한들 어떻습니까? 예수님께서 말씀하십니다. "볼지어다. 내가 세상 끝 날까지 너희와 항상 함께 있으리라"(마태복음 28:20).

꾸준히 지속하라는 도전

여호수아의 고별사에서 백성들에게 준 네 번째 도전은 하나님과 동행하는 삶을 꾸준히 지속하라는 것이었습니다. "오직 너희 하나님 여호와를 친근히 하기를 오늘날까지 행한 것같이 하라"(여호수아 23:8). "여호와를 친근히 하라" 함은 하나님을 대적하는 모든 것을 근절하라는 말입니다. 나는 중동 지역에서 네비게이토 선교 사역을 맡고 있을 때 우리와 함께 수고하던 사람들에게 한 성경 말씀을 암송하도록 했습니다. "너희가 만일 그 땅 거민을 너희 앞에서 몰아내지 아니하면 너희의 남겨 둔 자가 너희의 눈에 가시와 너희의 옆구리에 찌르는 것이 되어 너희 거하는 땅에서 너희를 괴롭게 할 것이요"(민수기 33:55).

  우리 삶에 사소한 죄들을 허용하면-이런 건 적당히 얼버무리고 저런 건 견뎌 보는 식으로 하면-주님의 일에 대한 우리 비전이 영향을 받게 됩니다. 우리는 더 이상 앞으로 나아가지 못하게 되고 죄는 그때부터 우리를 끊임없이 괴롭히는 두통거리가 됩니다. 하나님을 섬기면서 사소한 죄들을 내버려 두어서는 안 됩니다. 그대로 둔다면 사사 시대에 주위의 경건치 못한 나라들이 이스라엘을 괴롭혔던 것처럼 그 죄들 때문에 우리는 시달림을 받게 됩니다.

  초대 교회에도 이와 똑같이 꾸준히 지속하라는 도전이 다시 한 번 주어져 있습니다. "때에 스데반의 일로 일어난 환난을 인하여 흩어진 자들이 베니게와 구브로와 안디옥까지 이르러 도를 유대인에게만 전하는데, 그중에 구브로와 구레네 몇 사람이 안디옥에 이르러 헬라인에게도 말하여 주 예수를 전파하니, 주의 손이 그들과 함께하시매, 수다한 사람이 믿고 주께 돌아오더라. 예루살렘 교회가 이 사람들의 소문을 듣고 바나바를 안디옥까지 보내니, 저가 이르러 하나님의 은혜를 보고 기뻐하여 모든 사람에게 굳은 마음으로 주께 붙어 있으라 권하니"(사도행전 11:19-23).

  이 말씀이 오늘날에 어떻게 적용됩니까? 그것은 우리 모두 스스로 하나님의 말씀 안에 거하고, 기도의 삶을 꾸준히 지속하며, 하나님과의 교제와 믿는 이들 간의 교제를 충실히 하라는 도전입니다.

온전히 하나님을 사랑하라는 당부

여호수아가 고별사에서 마지막으로 준 도전은 이스라엘 백성들에게 여호와를 사랑하라고 한 것이었습니다. "그러므로 스스로 조심하여 너희 하나님 여호와를 사랑하라"(여호수아 23:11). 하나님께 대한 사랑을 우리는 어떻게 나타냅니까? 예수님은, "나의 계명을 가지고 지키는 자라야 나를 사랑하는 자니"(요한복음 14:21)라고 말씀하셨습니다.

하나님께 대한 나의 사랑을 불러일으킬 수 있는 최선의 방법은 무엇이겠습니까? 하나님을 점점 더 알아 가며 나 자신을 온전히 그분께 드리는 것입니다. "너는 마음을 다하고 성품을 다하고 힘을 다하여 네 하나님 여호와를 사랑하라"(신명기 6:5). 이 사랑에는 두 가지 특성이 있는데, 오로지 하나님만을 사랑해야 한다는 것과, 우리가 가진 모든 것으로 온전히 그를 사랑해야 한다는 것입니다. 예수님께서는 나중에 신약성경에서 똑같은 계명을 거듭 말씀하셨습니다(마태복음 22:35-40 참조).

우리가 해야 할 일은 바로 하나님을 온전히 사랑하는 것입니다. 이것이 첫째 되는 큰 계명입니다. 이 말씀이 나오는 문맥을 다시 한 번 유의해 보십시오. "…네 하나님 여호와를 사랑하라. 오늘날 내가 네게 명하는 이 말씀을 너는 마음에 새기고"(신명기 6:5-6). 이것이 곧 영적 승리에 이르는 길입니다.

우리는 하나님의 말씀을 통하여 우리 생활 가운데 일어나는 각종 전투에 대비한 준비를 갖추게 됩니다. 우리는 하나님의 말씀으로 영적인 싸움을 싸워야 합니다. 우리는 하나님께서 지도해 주시도록 그를 의지해야 합니다. 왜냐하면 하나님께서 우리에게 승리를 주시기 위해 택하시는 방법은 그때그때 크게 바뀔 수 있기 때문입니다. 하지만 그때나 지금이나 변함없는 마지막 도전은 이것입니다. 하나님을 사랑하라. 또한 승리를 위한 만능 전술은 없다는 사실을 기억하라.

연구 주제

1. 하나님의 신실하심.
2. 시험을 이기는 법(마태복음 4장 참조).
3. 이 세상에서 담대하게 사는 법.
4. 오늘날의 우상들을 피하는 법.
5. 신약성경에서 순종과 사랑의 불가분의 관계.
6. 큰 계명-하나님을 온전히 사랑하는 것-에 대한 성경적인 가르침.

적용:

여호수아의 고별사에서 나에게 특별히 감명을 준 것은 무엇인가? 나는 그것을 나의 삶에 어떻게 구체적으로 적용할 것인가?

본 출판사의 서면 허락 없이는 본서의 전부 또는
일부의 무단 복제, 또는 원문에 대한 무단 번역을 금합니다.

영적 전쟁의 성서적 원리

개정 1쇄 발행 : 2003년 10월 1일
개정 11쇄 발행 : 2016년 1월 25일

펴낸곳 : 네비게이토 출판사 ©
주소:03784 서울시 서대문구 연희로 16 (창천동)
전화:334-3305(대표), 334-3037(주문), FAX:334-3119
홈페이지:http://navpress.co.kr
출판등록:제10-111호(1973년 3월 12일)

ISBN 978-89-375-0265-1 03230

이 도서의 국립중앙도서관 출판시도서목록(CIP)은 e-CIP 홈페이지(http://www.nl.go.kr/cip.php)에서 이용하실 수 있습니다. (CIP제어번호: CIP2003001099)